数字营销

(第2版)

李永平　李九思　董彦峰　主编

清华大学出版社

北京

内容简介

数字营销的本质是借助数据与算法，依靠实时数据跟踪，使营销由粗放向精准发展，使渠道由单一向多元发展，使企业由经验决策转变为智能决策，帮助企业实现营销的精准化、智能化和营销效果的可量化，构建消费者全渠道触达、精准互动和交易的数字化营销平台。本书共 12 章，介绍了数字时代的市场营销、数字时代的消费者、数字营销创新、数字营销模式、以数据为基础的市场运营、数字营销驱动、企业数字化战略升级转型、品牌建设的数字化、市场营销产品的数字化、市场营销价格的数字化、市场传播与营销的数字化和营销渠道的数字化，全面阐述了数字营销的原理和架构。

本书可作为普通高等院校市场营销、国际贸易、企业管理、移动互联网数据管理和应用、大数据分析等专业的教材，也可供从事大数据市场分析工作、移动互联网数据工作、市场营销工作、市场运营与管理工作的读者参考使用。

本书封面贴有清华大学出版社防伪标签，无标签者不得销售。
版权所有，侵权必究。举报：010-62782989，beiqinquan@tup.tsinghua.edu.cn。

图书在版编目（CIP）数据

数字营销 / 李永平, 李九思, 董彦峰主编. -- 2 版.
北京 : 清华大学出版社, 2025. 7. -- ISBN 978-7-302-69842-5
I. F713.365.2
中国国家版本馆 CIP 数据核字第 2025P32W96 号

责任编辑：王　定
封面设计：周晓亮
版式设计：恒复文化
责任校对：马遥遥
责任印制：沈　露

出版发行：清华大学出版社
网　　址：https://www.tup.com.cn，https://www.wqxuetang.com
地　　址：北京清华大学学研大厦 A 座
邮　　编：100084
社 总 机：010-83470000
邮　　购：010-62786544
投稿与读者服务：010-62776969，c-service@tup.tsinghua.edu.cn
质 量 反 馈：010-62772015，zhiliang@tup.tsinghua.edu.cn

印 装 者：大厂回族自治县彩虹印刷有限公司
经　　销：全国新华书店
开　　本：185mm×260mm　　印　张：15.5　　字　数：357 千字
版　　次：2021 年 8 月第 1 版　　2025 年 8 月第 2 版　　印　次：2025 年 8 月第 1 次印刷
定　　价：59.80 元

产品编号：107838-01

前言

进入21世纪以来，大数据、云原生、人工智能、区块链、5G、移动互联网、ChatGPT、SORA等数字化技术高速发展，学科交叉融合加速，新兴学科不断涌现，前沿领域不断延伸。以人工智能、虚拟现实、量子计算、量子通信、物联网、大数据、机器人、纳米技术、生物基因等为代表的新技术推动的第四次工业革命，正在不断取得更多、更新的成果，改变着人们的工作方式和生活方式。新技术带来的新工艺、新产品、新应用使人们产生了新思维、新行为。云原生、物联网、移动通信、光子信息等技术与大数据的结合，使移动支付、无人驾驶、智能穿戴、智能家居、语音识别、图像识别、趋势预测、深度学习和异构数据等得到极大的发展，数字时代已然来临。

数字经济作为全球经济的重要组成部分，正推动整个人类社会的数字化转型，无论是生产、消费、科研，还是教育、维权、医疗，数字化趋势不可逆转。数字经济也成为驱动中国经济发展的重要力量。2023年，中国数字经济规模为53.9万亿元，占GDP比重达42.8%，数字经济已成为中国经济增长的新引擎，随着社会的发展和技术水平的提高，相信这一比重还将进一步增加。

数字营销是借助互联网络、计算机通信技术和数字交互式媒体来实现营销目标的一种营销方式。数字营销作为企业数字化转型的重要突破口，将尽可能地利用先进的技术，以最有效、最节约成本的方式谋求市场的开拓和消费者的挖掘。信息技术的发展不断推动营销技术、架构、方式的变革，同时，以消费者为核心的数字营销也促进了技术的发展、产品的创新与迭代，不断扩大的数字营销版图不仅是数字经济发展的新风口，也成为互联网巨头及创新型企业竞相追逐的新蓝海。

本书由李永平、李九思和董彦峰主编，李永平负责设计全书的整体架构。其中，第1、第3、第4、第8、第12章由董彦峰撰写；第2章由董彦峰和李永平共同撰写；第5、第6、第7、第9、第10、第11章由李永平撰写。此外，李九思参与编写5.1、5.2、5.3、6.4、6.5、7.1、7.3、9.1、9.2、10.3、11.1等章节，并对全书数据及数据处理部分进行了校对和修改。

技术不断发展，环境日新月异，数字化和营销这两门学科博大精深。本书写作过程中参考了大量国内外同行和企业管理者的著作、文章、案例，广泛借鉴和引用了互联网中的资料及学术研究成果，在此对原作者表示诚挚的谢意。

本书虽然删旧增新不断充实完善,但由于编者水平有限,书中不足之处在所难免,诚望同行和读者不吝赐教,以便再版修订时予以完善。

本书提供教学课件,读者可扫下列二维码获取。

教学课件

编 者

2025 年 3 月

目 录

第1章 数字时代的市场营销 1
1.1 数字营销概述 2
- 1.1.1 数字时代已然来临 2
- 1.1.2 数字技术推动产业变革 5
- 1.1.3 企业数字化转型 7
- 1.1.4 数字营销应运而生 11
- 1.1.5 数字营销的定义 11

1.2 数字营销的特点 12
- 1.2.1 营销技术化 12
- 1.2.2 深度互动性 13
- 1.2.3 目标精准性 14
- 1.2.4 平台多样性 16
- 1.2.5 服务个性化与定制化 16
- 1.2.6 重实效及转化率 17

1.3 数字营销的发展 17
- 1.3.1 营销生态及链条重构 17
- 1.3.2 数据构建营销竞争力 18
- 1.3.3 大数据、AI 赋能营销 18
- 1.3.4 物联网重构触媒习惯 21
- 1.3.5 区块链加速去中介化 21
- 1.3.6 5G 技术助力数字营销 21
- 1.3.7 信息流广告成为重要形式 22
- 1.3.8 短视频激发用户分享 24
- 1.3.9 内容营销成为行业重点 26
- 1.3.10 数字中台支撑营销架构 27

本章要领梳理 28
教练作业 28

第2章 数字时代的消费者 29
2.1 消费者心理洞察 29
- 2.1.1 动机 30
- 2.1.2 感觉和知觉 31
- 2.1.3 学习 32
- 2.1.4 信念和态度 32

2.2 影响消费行为的个人特征 33
- 2.2.1 年龄及生命周期阶段 33
- 2.2.2 性别 33
- 2.2.3 职业 34
- 2.2.4 受教育程度 34
- 2.2.5 经济状况 34
- 2.2.6 生活方式 34
- 2.2.7 性格和自我观念 35

2.3 消费群体分析 35
- 2.3.1 文化和亚文化群 35
- 2.3.2 社会阶层 36
- 2.3.3 相关群体 37
- 2.3.4 家庭 38

2.4 消费行为分类 38
- 2.4.1 根据消费者购买目标的选定程度区分 38
- 2.4.2 根据消费者的购买态度与要求区分 39
- 2.4.3 根据消费者卷入购买的程度区分 39

2.5 消费行为分析 41
- 2.5.1 需求多元,圈层崛起 41

2.5.2　群体分层，消费分级 ········ 42
　　2.5.3　数字"Z世代"降临 ·········· 44
　　2.5.4　数字的跨次元价值凸显 ···· 45
　　2.5.5　顾客的"变"与"不变" ······ 47
　　2.5.6　构建以消费者为中心的营销
　　　　　原则与生态 ···················· 47
本章要领梳理 ································· 49
教练作业 ······································· 49

第3章　数字营销创新 ··············· 50
3.1　数字营销创新的主体 ················ 51
　　3.1.1　营销管理者 ······················ 51
　　3.1.2　企业家 ···························· 51
　　3.1.3　企业 ······························· 52
3.2　数字营销创新的分类 ················ 52
　　3.2.1　渐进性创新和根本性创新 ···· 52
　　3.2.2　产品创新和过程创新 ········ 53
3.3　数字营销创新的过程 ················ 53
　　3.3.1　企业市场机会分析 ············ 54
　　3.3.2　市场创新战略选择 ············ 55
3.4　数字营销创新的维度 ················ 56
　　3.4.1　产品创新 ························· 56
　　3.4.2　服务创新 ························· 57
　　3.4.3　技术创新 ························· 57
　　3.4.4　模式创新 ························· 57
　　3.4.5　业态创新 ························· 59
　　3.4.6　市场创新 ························· 59
　　3.4.7　组织创新 ························· 59
　　3.4.8　场景创新 ························· 60
本章要领梳理 ································· 61
教练作业 ······································· 61

第4章　数字营销模式 ··············· 62
4.1　社群营销模式 ··························· 63
4.2　内容营销模式 ··························· 64
4.3　直播带货模式 ··························· 66
　　4.3.1　直播带货成为新的营销模式 ···· 66

　　4.3.2　直播带货的优势 ················ 67
4.4　短视频营销模式 ······················· 68
　　4.4.1　短视频营销发展迅速 ········ 68
　　4.4.2　短视频营销特点 ················ 69
4.5　大数据营销模式 ······················· 70
4.6　MarTech 营销模式 ··················· 71
　　4.6.1　MarTech 生态的发展 ········ 71
　　4.6.2　行业变化 ························· 72
　　4.6.3　MarTech 发展趋势 ············ 72
4.7　KOL 营销模式 ························· 73
　　4.7.1　KOL 营销现状及发展趋势 ···· 74
　　4.7.2　客户在 KOL 营销上的主要需求 ···· 76
　　4.7.3　KOL 营销服务商的甄别 ···· 76
4.8　OTT 营销模式 ························· 76
4.9　效果营销模式 ··························· 77
　　4.9.1　效果营销的关键点 ············ 77
　　4.9.2　效果营销的发展趋势 ········ 78
4.10　全域营销模型 ························· 79
　　4.10.1　阿里巴巴：全域营销 ········ 80
　　4.10.2　腾讯：腾讯智慧营销 Tencent In ···· 80
　　4.10.3　百度：N.E.X.T. 百度全链 AI
　　　　　　营销 ······························· 80
　　4.10.4　京东：京东营销 360 ········ 80
　　4.10.5　巨量引擎：O-5A-GROW ··· 81
　　4.10.6　快手：磁力引擎 ·············· 81
　　4.10.7　小米："MOMENT+"全场景智能
　　　　　　生态营销 ························ 82
　　4.10.8　爱奇艺：AACAR 营销模型 ···· 82
本章要领梳理 ································· 82
教练作业 ······································· 83

第5章　以数据为基础的市场运营 ········ 84
5.1　企业数据化运营 ······················· 85
　　5.1.1　企业对运营数据的要求 ···· 85
　　5.1.2　数据驱动决策的步骤 ········ 86
　　5.1.3　企业市场运营数据分析 ···· 87

5.2 企业数据化运营体系 90
5.2.1 企业运营数据的获得 90
5.2.2 数据指导产品与运营 90
5.2.3 数据管理平台的产品模块梳理 93
5.3 企业数据化运营的数据处理 93
5.3.1 数据指标制定 94
5.3.2 数据获取 94
5.4 企业市场运营的策略 96
5.4.1 无差异性市场策略 96
5.4.2 差异性市场策略 96
5.4.3 集中性市场策略 97
本章要领梳理 98
教练作业 98

第6章 数字营销驱动 99
6.1 AISAS 模型 100
6.1.1 注意 100
6.1.2 兴趣 100
6.1.3 搜索 100
6.1.4 行动 101
6.1.5 分享 101
6.2 从 4A 到 5A：让顾客成为品牌"传道者" 102
6.3 营销驱动方式 103
6.3.1 价值观驱动 104
6.3.2 数字驱动 107
6.3.3 量身定制：为顾客创造独特价值 111
6.4 数据会说话和用数据说话 114
6.4.1 利用数据技术改变沟通方式 115
6.4.2 利用数据技术改变生产方式 116
6.4.3 利用数据技术改变决策方式 116
6.4.4 利用数据技术构筑产业生态 116
6.5 数据驱动新价值 116
6.5.1 发掘新需求，创造新价值 117
6.5.2 企业领导者决定企业数字化的未来 118
本章要领梳理 120
教练作业 120

第7章 企业数字化战略升级转型 122
7.1 大数据重构企业战略 123
7.1.1 企业战略的数字化转型 123
7.1.2 数字时代的 7P 战略 123
7.2 原点：战略制高点 126
7.2.1 司训 127
7.2.2 经营理念 127
7.2.3 使命 127
7.2.4 愿景 128
7.2.5 核心价值观 128
7.3 分析：看数字，知己知彼 129
7.3.1 波士顿矩阵 129
7.3.2 GE 矩阵 130
7.3.3 SWOT 分析 131
7.3.4 TOWS 矩阵 132
7.3.5 PEST 分析 132
7.4 定位：不是第一，就是唯一 132
7.4.1 波特的三大战略 133
7.4.2 目标：设立具体的数字化目标 134
7.4.3 规划：今天做什么才有未来 135
7.4.4 实施：从管理到经营 136
7.4.5 评估：在战争中学习战争 138
本章要领梳理 139
教练作业 140

第8章 品牌建设的数字化 141
8.1 数字时代，谁需要品牌 142
8.2 信念：品牌之魂 143
8.2.1 强势品牌都有一个"灵魂" 143
8.2.2 以企业的自我实现为最终目的 144
8.3 构想：精准定位，品牌设计走心 145

8.3.1 精准定位 145
8.3.2 价值驱动的品牌设计思维 146
8.4 价值：三生万物 147
8.4.1 功能价值 148
8.4.2 情感价值 148
8.4.3 自我表达价值 149
8.5 识别：四轮驱动筑品牌 150
8.5.1 作为产品的品牌 151
8.5.2 作为组织的品牌 151
8.5.3 作为个体的品牌 151
8.5.4 作为符号的品牌 152
8.6 表达：传情播爱话传播 153
8.7 确认：升级品牌资产 155
8.7.1 使命：世界一流的产品 155
8.7.2 团队精神：一家与众不同的公司 156
8.7.3 通过推销公司而非产品建立感知 156
8.7.4 建立与顾客的关系 157
8.7.5 零售商战略 157
8.7.6 与众不同的公司 158
8.8 策略：千里走单骑，还是抱团打天下 158
8.8.1 单一品牌策略 158
8.8.2 多品牌策略 159
8.8.3 复合品牌策略 159
8.8.4 副品牌策略 160
8.8.5 品牌延伸策略 160
本章要领梳理 161
教练作业 161

第9章 市场营销产品的数字化 162
9.1 产品整体和产品数字化 163
9.1.1 产品整体 163
9.1.2 产品数字化 164
9.2 产品开发与生产的数字化 165
9.2.1 产品数字化的要求 165
9.2.2 产品开发的用户需求分析 166
9.2.3 企业产品决策 167
9.2.4 产品功能设计和体验设计 168
9.3 产品创新及其形式 169
9.3.1 产品创新 169
9.3.2 产品创新形式 170
本章要领梳理 171
教练作业 171

第10章 市场营销价格的数字化 172
10.1 产品定价 173
10.1.1 产品智能定价 174
10.1.2 产品定价分类 174
10.1.3 产品定价目标 175
10.2 企业活动的特征与成本 177
10.2.1 企业活动的特征 177
10.2.2 企业成本 178
10.3 企业的成本费用与利润 179
10.3.1 企业的成本费用 179
10.3.2 企业的利润 179
10.4 用户需求弹性 180
10.4.1 需求价格弹性 181
10.4.2 需求收入弹性 182
10.4.3 需求交叉弹性 182
10.4.4 用户需求的替补 182
10.5 企业市场定价 184
10.5.1 企业市场定价方式 184
10.5.2 企业市场定价方法 186
10.6 企业定价策略 190
10.6.1 低价定价策略 190
10.6.2 定制生产定价策略 191
10.6.3 使用定价策略 191
10.6.4 拍卖竞价策略 192
10.6.5 时效产品定价策略 193
本章要领梳理 193

教练作业 ················194

第11章 市场传播与营销的数字化 ······195
11.1 市场传播的数字化 ············196
11.1.1 数字营销的客户推荐算法 ······196
11.1.2 跨界："不务正业"做传播 ······197
11.1.3 网红：自媒体模式做传播 ······197
11.2 微信传播与营销 ············199
11.2.1 微信营销的特点 ······199
11.2.2 微信营销的模式 ······200
11.2.3 微信营销的手段 ······201
11.3 短视频传播与营销 ············205
11.3.1 短视频传播的特点 ······205
11.3.2 短视频传播方法 ······206
11.4 QQ传播与营销 ············209
11.4.1 QQ营销 ······209
11.4.2 QQ传播的说服力 ······211
11.4.3 企业QQ营销的技巧与方法 ······212
11.5 社群传播与口口相传 ············212
11.5.1 社群与社群传播 ······213
11.5.2 客户的口口相传 ······214
11.6 游戏与植入式广告传播 ············215
11.6.1 游戏与植入式广告 ······215
11.6.2 植入传播的方式 ······216
11.6.3 植入传播的优点和缺点 ······217
11.7 效果评估 ············218
11.7.1 信息传递效果的评估 ······218
11.7.2 销售效果的评估 ······218

本章要领梳理 ················218
教练作业 ················219

第12章 营销渠道的数字化 ······220
12.1 营销渠道体系 ············221
12.1.1 营销渠道的概念 ······221
12.1.2 营销渠道的作用 ······222
12.1.3 营销渠道的功能 ······223
12.1.4 营销渠道结构 ······223
12.2 渠道进化 ············225
12.2.1 单渠道销售 ······225
12.2.2 多渠道销售 ······225
12.2.3 跨渠道销售 ······226
12.2.4 全渠道销售 ······226
12.3 数字时代的全渠道 ············227
12.3.1 渠道演化的阶段 ······227
12.3.2 全渠道时代的消费者行为变化 ······228
12.3.3 全渠道战略转型 ······229
12.3.4 全方位购物渠道 ······230
12.4 数字时代的全渠道营销 ············231
12.4.1 数字时代的新零售 ······231
12.4.2 线上与线下渠道的无缝对接 ······232
12.4.3 线下门店的互联网化转型 ······233

本章要领梳理 ················236
教练作业 ················236

参考文献 ················237

数字时代的市场营销

第 1 章

> 我们要坚持以供给侧结构性改革为主线，加快发展数字经济，推动实体经济和数字经济融合发展，推动互联网、大数据、人工智能同实体经济深度融合，继续做好信息化和工业化深度融合这篇大文章，推动制造业加速向数字化、网络化、智能化发展。
>
> ——2017年12月8日，习近平在十九届中央政治局第二次集体学习时的讲话

我们身处一个技术飞速进步、经济快速发展的时代，每隔一段时间，就有新名词来描述这些新的变化，帮助我们理解正在发生的变革和未来可能的趋势。

近年来，我国经济发展面临复杂的内外部环境，无论是当前提振信心、推动经济回升向好，还是在未来发展和国际竞争中赢得战略主动，同样根基在实体经济，关键在科技创新，方向是产业升级。

二十届中央财经委员会第一次会议提出，推进产业智能化、绿色化、融合化，建设具有完整性、先进性、安全性的现代化产业体系。

习近平总书记在黑龙江考察调研期间，提到一个令人耳目一新的词汇——"新质生产力"。要整合科技创新资源，引领发展战略性新兴产业和未来产业，加快形成新质生产力。积极培育新能源、新材料、先进制造、电子信息等战略性新兴产业，积极培育未来产业，加快形成新质生产力，增强发展新动能。

"新兴产业""未来产业"和"新质生产力"相互关联，信号鲜明、意涵丰富——积极发展、培育新兴产业和未来产业，以科技创新引领产业全面振兴，带动新经济增长点不断涌现。

新质生产力有别于传统生产力，它涉及领域新、技术含量高，依靠创新驱动是其中关键。从经济学角度看，新质生产力代表一种生产力的跃迁。它是科技创新在其中发挥主导作用的生产力，高效能、高质量，区别于依靠大量资源投入、高度消耗资源能源的生产力发展方式，是摆脱了传统增长路径、符合高质量发展要求的生产力，是数字时代更具融合性、更体现新内涵的生产力。

新质生产力的提出，不仅意味着以科技创新推动产业创新，更体现了以产业升级构筑新竞争优势、赢得发展的主动权。形成新质生产力，要依托科技，依托创新。从人工智能、工业互联网到大数据，纵观近年来全球经济增长的新引擎，无一不是由新技术带来的新产业，进而形成的新生产力。当前，全球科技创新进入密集活跃期，新一代信息、生物、能源、材料等领域颠覆性技术不断涌现，呈现出融合交叉、多点突破态势。

新一轮科技革命和产业变革与我国加快转变经济发展方式形成历史性交汇，面向前沿领域及早布局，提前谋划变革性技术，夯实未来数字经济发展的技术基础，是不容错过的重要战略机遇，是抢占发展制高点、培育竞争新优势的先手棋。

对于企业而言，除了技术、模式、产业、组织、文化，数字经济还带来了哪些变革？先进制造、科技金融、新零售、智慧物流、智能医疗、数字内容、智慧城市，数字经济为各行各业带来了哪些新机遇、新挑战？传统行业应如何迎接数字经济？

"数字经济"反映了这个时代已经到来和正在到来的变革，指引着经济社会的未来走向。数字经济作为我国经济的重要组成部分，也被视为经济增长的新引擎。那么，什么是数字经济？数字经济将带来哪些变革？政府、企业、消费者和整个社会该如何迎接数字经济？

5G、大数据、人工智能、VR(virtual reality，虚拟现实)、AR(augmented reality，增强现实)、ChatGPT、SORA 等新技术的广泛应用，为数字营销带来了革命性的变化，各种新颖的数字营销工具、方法和策略不断涌现，成功的实战案例层出不穷，政府、企业、消费者和整个社会又该如何适应营销方式的变化？

1.1　数字营销概述

20 世纪 90 年代中期以来，随着互联网技术的广泛应用，数字科技在传统传播技术的基础上，开发了庞大的数字媒体渠道，消费者的生活方式也发生了巨大的变化，社会进入了由美国学者尼葛洛庞帝在 1996 年提出的"数字化生存"的新阶段。在此背景下，传统的营销模式已经跟不上时代的步伐，适应互联网时代的数字营销应运而生并得到了快速发展。

1.1.1　数字时代已然来临

进入 21 世纪以来，各学科的融合加速，新兴学科不断涌现，前沿领域不断延伸，以机器人、大数据、云原生、人工智能、区块链、5G、ChatGPT、SORA、DeepSeek 等为代表的新一轮信息技术革命已成为全球关注的焦点，欧、美、日等发达国家争相竞逐新一代信息技术市场蓝海。

1. 数字产品和服务的未来

当下，社会正处于第四次工业革命中，以人工智能、虚拟现实、量子计算、量子通信、物联网、大数据、机器人、纳米技术、生物基因等为代表的新技术推动的第四次工业革命正在不断取得更多、更新的成果，新技术带来的新工艺、新产品、新应用也使人们的行为方式、思维模式、生活方式发生改变。今天少数人正在体验的数字产品和服务，未来会成为一种很普及的产品和服务。

(1) 云原生、物联网、移动通信、光子信息等技术的发展将促进大数据技术的发展，这意味着计算从赛博空间进入人机物三元世界，这是21世纪信息领域基本的范式变革。在面向三元世界的计算中，计算过程不再局限于计算机与网络的硬件、软件和服务，而是综合利用物理世界、赛博空间和人类社会的资源，通过人机物的协作完成任务。

(2) 人机物三元融合将使信息科技渗透到实体经济和社会服务中。传统计算机科学将演变为人机物三元计算信息科学，传统信息技术将升级为"端—网—云"信息网络技术，出现新的硬件、软件、应用模式、协议和标准。

(3) 新一代信息技术的发展会加速深化全球产业分工和促进经济结构调整，重塑全球经济竞争格局。中国须抓住全球信息技术和产业新一轮分化与重组的机遇，打造核心技术产业生态，推动前沿技术突破，实现产业链、价值链等环节协调发展，进而推动中国数字经济的发展。

2. 数字经济正成为驱动我国经济发展的重要力量

《中国互联网发展报告2023》显示，以习近平新时代中国特色社会主义思想，特别是习近平总书记关于网络强国的重要思想为指导，中国数字基础设施"大动脉"作用凸显，5G、IPv6规模部署、算力总规模等多项指标居全球前列；数字经济发展势头强劲，成为稳增长促转型的重要引擎；数据管理体制更加完善，数据基础制度和数据资源体系加快构建；数字政务协同治理效能普遍提升，数字公共服务普惠便捷，"数字为民"成效彰显；网络综合治理体系基本建成，网络生态持续向好，网络空间正能量充沛、主旋律高昂；数字文化产业发展、产品丰富，人民群众精神文化生活多姿多彩；网络安全保障体系和能力建设力度加大，数据安全治理基础不断夯实；中国对人工智能治理的实践探索走在世界前列，为世界提供了中国方案；网络法治化程度不断提高，未成年人网络保护等重点领域网络立法取得突破；网络空间国际交流合作深化拓展，积极搭建国际交流平台，有力推动构建网络空间命运共同体。网络强国、数字中国建设稳步推进，人民群众的获得感、幸福感、安全感持续提升。报告对31个省(自治区、直辖市)互联网发展总体情况进行了评估，其中，广东、北京、江苏、浙江、山东、上海、福建、四川、天津、湖北等位居前列。

《世界互联网发展报告2023》则显示，信息基础设施建设持续推进，逐渐成为大国关注焦点；信息技术创新引领社会变革，人工智能、量子计算等新兴技术进入发展快车道，数字经济成为发展强劲引擎,在全球经济总量中的比重不断增加,多国强化顶层设计和布局;政府数字化转型步伐加快,一体化在线政务服务成趋势;新技术赋能媒体融合,全球数字娱乐产业发展前景广阔;网络安全威胁升级,各国积极布局增强网络安全能力;网络空间法治化趋势明显,多国不断推出细分领域立法;网络空间碎片化程度加剧,生成式人工智能等新技术治理引发全球关注。

数字经济是指以数字化的知识和信息为关键生产要素,以数字技术创新为核心驱动力,以现代信息网络为重要载体,通过数字技术与实体经济深度融合,不断提高传统产业数字化、智能化水平,加速重构经济发展与政府治理模式的一系列经济活动。发展数字经济的重要性不言而喻,我国新一轮数字经济创新发展规划将加速落地。

从总量来看,近年来我国数字经济规模保持快速增长,占 GDP 比重持续上升。数字经济蓬勃发展,推动传统产业改造升级,为经济发展增添新动能。根据中国信息通信研究院发布的《中国数字经济发展报告(2022 年)》,2021 年中国数字经济规模达到 45.5 万亿元,同比名义增长 16.2%,占 GDP 比重达到 39.8%。数字经济在国民经济中的地位更加稳固、支撑作用更加明显。2023 年,中国数字经济规模已达 53.9 万亿元,占 GDP 比重高达 42.8%。中国电子信息产业发展研究院发布的《中国数字经济发展现状与趋势洞察》显示,中国已经成为数据量最大、数据类型最丰富的国家之一。预计到 2025 年,中国数据总量全球占比将接近 30%。发展数字经济是促进经济转型升级的必由路径,也是落实网络强国战略的重要内容。

3. 数字技术发展突破边界

人类文明进程的每一次重大飞跃,都是对固有边界的突破。人们通过发现边界与定义边界,将未知转化为已知,又通过对边界的突破和对未来的进一步探索,实现社会发展进程的跃升。

蒸汽机的发明,突破了人力的边界,把人类社会带入工业时代;电力的广泛应用,打破了人类生产与生活的动力边界,人类从此由蒸汽时代跨入电气时代;计算机与互联网的发明,突破了人类脑力的边界,拉开了信息时代的序幕。

进入 21 世纪,人类社会又一次站在变革前夕。以云原生、大数据和物联网等新技术驱动的数字经济迅速崛起,数字化变革的趋势和力量正在席卷全球。美国学者尼葛洛庞帝 20 多年前的预言成为现实,数字时代已然来临。

边界正在模糊,边界正在融合。人与人、物与物、人与物之间智能互联,物理世界和数字世界的深度融合正在发生,人类社会进入飞速发展的快车道,全联接世界、新商业文明正在诞生。

在数字时代的探索道路上,技术的边界不断被突破。3D 打印技术是数字化制造技术的重大成果,突破了一直以来人们采用的减材制造方法,反其道创新,从散碎物料入手,利用数字模板打造 3D 物体。事实上,研究人员已经开始研究 4D 打印,未来的产品将能通过自我调整适应温度、湿度等环境因素。

随着数字技术的发展,生物基因工程技术的边界也被一再突破。过去,人类基因组项目花了 10 年以上的时间才完成,耗资高达 27 亿美元。如今,一个基因组的排序仅需数小时便可完成，花费不足 1000 美元。未来，DNA 技术和合成生物学技术的发展甚至可以赋予人类定制有机体的能力。

移动支付、无人驾驶汽车、可穿戴联网设备等产品层出不穷。以 5G、云原生、大数据、人工智能与物联网为代表的数字技术，其能量在持续释放，社会网络化、信息数字化、交互实时化的生活方式已经成为现实。

技术的突变可谓日新月异。从 2022 年 11 月推出文生文模型 ChatGPT，到 2024 年 2 月突现的能一次生成 60 秒以上高质量视频的文生视频模型 Sora，再到 2025 年的 DeepSeek 拥有多模态大语言模型、多语言交互支持、企业级私有部署等功能，这些科技公司在不断压缩新技术革命周期的同时，亦在不断释放新的商业机遇信号。

在数字技术的驱动下，行业边界越发模糊。数字技术正在和各行各业深度融合，越来越多的传统企业探索打破行业之间的传统边界，进行数字化重构与升级，以应对行业变革。

在汽车领域，车辆变成了带车轮的电脑，电子元件的费用占据了 40% 的车辆成本。在金融行业，区块链、全新的"智能顾问"(robo-advisory)算法等技术的应用大幅降低了结算与交易成本，将改变传统金融与投资领域的运作方式。在医疗行业，物理、生物和数字技术的融合使通过可穿戴设备与植入式技术采集信息成为现实，变革同样在悄悄发生。

不断涌现的以数字技术创新为驱动的公司，正在利用其领先的技术能力突破行业边界，成为行业的"搅局者""颠覆者"。对大部分企业来说，数字化转型将是关键，全球 1/3 的行业领导者将被全面数字化转型战略的竞争对手颠覆。

基于互联网平台的共享经济为行业的融合提供了更多的可能性：全球最大的出租车公司却没有一辆车，最受欢迎的社交媒体公司却不制作任何内容，最有价值的零售商却没有任何存货，最大的住宿提供商名下却没有任何房产。

人类已经开始全面迈入数字时代。数字产品和服务已经全面渗透到城市管理、企业运营、环境保护、公共安全等领域，以及人们工作、生活、娱乐的每一个角落，数字化社会释放出的想象力与创造力正在塑造着社会的未来，对人类社会结构变迁产生了深刻的影响。

数字化转型正成为国家创新发展的关键形式和重要方向，世界各国纷纷制定了相关的国家战略，如数字经济战略、ICT 发展战略、数字议程、数字化战略……各国对数字化转型之路的探索方兴未艾。这个过程需要付出许多艰苦的努力，需要国家、行业、科研机构之间打开边界、紧密合作，构建开放的数字生态，以繁荣生态和共生关系的确定性应对未来的不确定性。

对于数字化转型的探索，企业要努力推动跨界合作，打开组织边界与专业边界，构建开放的产学政研生态圈，以生态创新和技术创新驱动社会经济发展。

1.1.2 数字技术推动产业变革

未来，数字技术将成为推动全球产业变革的重要力量，并且不断集聚创新资源与要素，与新业务、新商业模式互动融合，快速推动农业、工业和服务业等产业的转型升级。当前，全球数字化进程正呈现一些新的趋势。

(1) 全球数字技术创新日益加快。先进计算、高速互联、智能感知等技术领域创新方兴未艾，类脑计算、深度学习、机器视觉、虚拟现实、增强现实、无人驾驶、智能制造、智慧医疗等技术及应用创新层出不穷；面向未来的新技术体系正在加速建立，竞争的焦点从单一产品转变为技术产品体系和生态体系的竞争。随着社会的网络化、融合化和体系化发展，全球范围内信息领域的技术与产品形态正不断创新，新一阶段的技术和产业演进脉络日渐清晰，并不断产生新的平台、新的模式。

(2) 全球数字技术产业格局进入深度调整期。全球数字技术产业并购与整合的规模、频度、范围屡创新高。半导体产业巨头纷纷投入巨资，垂直整合产业生态链中的稀缺资源和关键要素，以打造自身在产业和技术上的竞争优势；谷歌、苹果、脸书等公司持续并购大量人工智能、智能硬件、应用开发、平台服务等领域的公司，传统设备、软件行业的巨头水平整合云原生、大数据和物联网资源，以抢占人工智能等新一代信息技术发展先机。

(3) 互联网普及进入拐点。当前全球互联网普及进程逐渐开始减速，预测这一趋势将在未来几年得到持续强化。与此同时，随着可穿戴设备、智能家居、车联网、智慧城市等产品和服务的发展，接入网络的设备数量呈现逐年递增趋势，接入主体的变化将对网络的技术创新、应用形态及服务能力产生深远影响。

(4) 互联网深度融入社会治理。互联网逐步成为人们社会交往、自我展现、获取信息、购买产品和服务的基本生活空间。互联网及大数据正驱动社会治理从单向管理向双向协同互动转变，社会治理模式正从依靠决策者进行判断，发展到依靠海量数据进行精确引导。

经过数十年的发展，数字经济所依托的基础软硬件技术和产业取得了较大进展，初步形成了比较完整的产业链。未来10年，得益于我国政策引导、产业结构升级效应和数据资源禀赋效应，我国的数字经济还将迎来发展的机遇期。在许多领域，销售人员或成为多余角色，消费者通过互联网，特别是推特、小红书、微信、抖音等这样的社交平台，就能够掌握大量的商品消费信息。

在瞬息万变的互联网时代，新技术的诞生使聚焦营销的群体多了一个工具去创造更好的用户体验，H5、直播、短视频就是创意技术与媒体技术融合的现象级产品。在技术愈发成熟的今天，营销人员正抓住时机，以创新技术推动内容创造，主动利用新媒体，既能取得很好的传播效果，也让受众的碎片时间变得更加丰富多彩。新技术在品牌营销领域将大有可为，整个营销生态圈开创了不少精彩的技术营销尝试。

不断发展的广告技术、营销技术所带来的冲击力更大，它要求企业快速融合数字、技术基因，不仅要连接消费者，掌握消费者的消费动机，也需要挖掘消费者的潜在需求，更好地理解消费者，产生更有吸引力、传播力的创意。新技术的应用为创意的开发与应用打开了一个广阔、有趣的新天地，众多品牌创造了很多好玩的、有意义的品牌营销体验，既拉近了品牌和消费者之间的关系，又实现了高效、直接的效益转化。

1.1.3 企业数字化转型

企业数字化能力的提升涉及企业的组织架构、经营模式等多方面的调整。企业数字化的核心能力主要包括企业数字化基础设施建设、数字化应用、大数据分析等。相对于计算、存储、网络等传统基础设施，数字化基础设施涵盖了物联网、人工智能、区块链等 IT 技术设备。加快向感知型、敏捷型组织转型，夯实数字化基础支撑，提升企业数字化的核心能力，将是企业应对不确定、动态环境的必然选择。

很多企业已经为数字化转型做了准备，包括现代化数字设备的引进和管理系统如 ERP 系统、CRM 系统、财务系统、生产制造系统的建立。一些企业经过多年积累，已经在生产管理、顾客管理过程中收集了大量的数据，数字化转型就是将所有系统的数据打通，发挥数据的最大作用。

为了将数据打通，阿里云提出"数据中台"的概念。所谓数据中台，就是在 IT 系统上搭建一个数据管理的平台，将各个系统生产的各种数据放到这个中台上，把数据整理好之后，根据统一标准使用这些数据。这也是为什么预测未来会有大量数据分析场景出现，因为数字时代已经到来了。

文字、图像、声音、音频、视频、符号等都是数据，近年来通过对各类 AI 数据的技术应用，区块链、人工智能、5G 等技术越来越成熟。

企业的数字化转型，其实就是在移动互联网、人工智能技术背景下，以消费者为中心，重构人货场竞争赛道的过程。由于互联网的发展，销售由线下向线上迁移。近些年，随着智能手机的普及，越来越多的线上销售在移动终端上完成。

1. 企业数字化转型案例

企业迫切需要变革，数字化就是方向之一。以瑞幸咖啡为例，这家成立于 2017 年 6 月的企业一直在刷新自我，战略性地利用数据来保持竞争力。由于店面扩张速度较快，成立仅两年的瑞幸咖啡在 2019 年年底超过星巴克，成为中国门店数量最多的咖啡连锁品牌。这家公司 2019 年 5 月 17 日以 17 美元的发行价在纳斯达克上市，创造了中国创业公司的最快上市纪录，随后瑞幸咖啡于 2020 年 1 月 17 日创下最高报价 51.38 美元。

2019 年 5 月 17 日，北京时间晚 8 点，在纳斯达克标志性的敲钟现场，瑞幸咖啡的三位首席咖啡工艺大师敲响了上市的钟声。瑞幸咖啡在美国纳斯达克上市，发行 3300 万份 ADS(美国存托股份)，每份定价 17 美元，股票代码为"LK"。而此时，距离瑞幸咖啡上线试营业仅 502 天，不到 19 个月。新的 IPO(首次公开募股)速度纪录就此诞生。更值得注意的是，从发布招股书到正式上市，瑞幸咖啡仅仅花费了 25 天，相对于 2018 年以来上市的中概股(中国概念股)公司，这创造了一个新的纪录，此前的最快纪录是拼多多的 27 天。

以技术为驱动，以数据为核心，瑞幸将客户端、门店端和供应端三者打通。客户端帮助与客户建立密切的数据联系，而新型门店智慧运营方式，使门店运营变得非常简单。瑞幸门店的员工不用点单，也不用收银，只需要在接到订单后认认真真地把咖啡做好，打包好，等着客户来取就可以了。对店长来讲，不用管理库存，也不用管理排班，这些传统咖啡厅要做的事情都不用人来做，而是交给系统来做。系统搜集客户的消费数据对销售进行预测，进而确定应该怎么订货，应该怎么排班，资源的供给如何满足销售的需求。因此，店长和店员的工作变得非常简单。在库存和供应链端，把供应商、客户和中央仓库打通，系统自动根据销售的预测向上端供应商和中央仓库发送订单，完成无缝的供应链。这样的底层信息系统，一方面提高了整个运营效率，另一方面在成本上产生巨大的优势。完备的数据提高了质量管控有效性：管控到每一个订单，每一个客户评价都会关联到门店的 KPI；管控到每一杯咖啡，咖啡制作最关键的是咖啡机的稳定性及出品温度，因此瑞幸的每个咖啡机上都有感应装置，每个冰箱都有温度计。物联网把所有机器运行的数据都搜集到云端，通过后台系统来进行监控，一旦机器运行的参数和指标有偏差，系统就会自动发工单给维修工程师，同时发指令给门店，告诉门店这台机器的出品已经不稳定，需要暂停。

瑞幸咖啡的商业模式，是通过交易模式的创新和技术的应用，从根本上改变了原有咖啡行业的交易结构，从而带来了交易成本的显著下降。同时，瑞幸咖啡通过和各领域顶级供应商的深度合作，为客户带来高品质、高性价比和高便利性的咖啡及其他产品。瑞幸咖啡商业模式的本质，是在客户和供应商之间构建起了一个最为高效的销售渠道和流通平台。因此，瑞幸真正的"快"，不是开店之"快"，而是效率之"快"。瑞幸模式和传统模式的不同，在客户端、在运营端、在业务发展端，是数字时代更迭之下底层基础设施的不同。

可以说，中国的商业正在经历着与资本结合的沸点时代。在资本的热情加持下，饮品行业进入壁垒似乎不再高筑。对于咖啡领域而言，硬件方面，移动互联网设施的建设——移动社交网络、移动支付、即时物流，带来了信息流、资金流和物流的充分连接，能够降低咖啡交付的综合成本。同时，咖啡文化在目标消费人群中的接受度和渗透率提升，消费场景和频次的增加，为咖啡这样的可选消费品迎来了乐观的增长预期期。

瑞幸咖啡从成立到现在可以用"疯狂"一词来形容，除依靠碰瓷营销一战成名与联合张震和汤唯为品牌发声外，品牌在营销打法上还有哪些值得学习和借鉴的地方呢？

(1) 工艺上：对制作团队进行宣传，突出其高品质，出身名门。在制作者方面，宣传跨国大师团队的精心匹配。

(2) 原料上：突出其上等的阿拉比卡豆。

(3) 新鲜上：对于中国的消费者来说，新鲜是抵挡不住的诱惑，水果要吃新鲜的，海鲜要吃新鲜的，基本对于食物的要求都是新鲜，哪怕是咖啡，当然也希望是用最佳赏味期内的新鲜咖啡豆制作的新鲜咖啡。

(4) 视觉上：尽量做到简洁，直观。设计本身是内部团队+外部咨询+广告公司合作完成；选用鹿头标作为 Logo，打破常规视觉规范；选用蓝色这种波长最短的三原色，对肉眼的冲击力极强，可以快速形成抢眼的视觉锤；选用扁平化(蓝色)风格，无衬线字体。以上设计让瑞幸咖啡的品牌和"小蓝杯"的具象，与"星巴克绿"形成对比，加深了消费者的印象，如图 1-1 所示。

图1-1 瑞幸咖啡标志

瑞幸咖啡从色彩、Logo、产品包装到海报设计，无不体现出对品牌细节和一致性的关注。首先，瑞幸的主题色是精挑细选的皇室蓝，色彩明快、醒目，符合白领人群的偏好，同时又与星巴克的绿、Costa 的红形成了区隔；Logo 采用了扁平化设计的简约鹿头，醒目易识别的同时，曲线线条与哺乳动物的形象，又增加了亲切感，不同于目前大多数咖啡品牌仅采用文字做 Logo；咖啡杯采用大面积主题蓝色做底色，形成强烈视觉冲击，比星巴克的白色底更醒目。主题海报，普遍采用波点底图设计，形成一致性的同时，使界面干净、简洁，又易于放置文案内容。

(5) 听觉上："这一杯，谁不爱"，很容易引起消费者共鸣。

(6) 产品上，从咖啡口味、产品名称、菜单到包装，营销上，从 App、手机海报、视频广告到平面广告，店面上，从空间物料、动线设计、音乐到味道，服务上，从服务话术到服务动作，瑞幸都将视觉符号、语言符号与产品、服务人员行为进行融合，形成了一致化的品牌强化。

围绕用户体验，瑞幸不仅对自身存量用户，基于年龄、性别、所在城市级别、兴趣爱好、品牌流转等细分维度进行深度画像与分析，进行朋友圈、分众的精准投放，还在用户体验端设计了更多优化方案。自提与外卖的结合，提前下单无现金的方便性，组合套餐优惠力度，社交裂变的分享机制，IP 联名的参与感……瑞幸充分融通线上线下，全时、多触点地连接用户，并满足用户个性化的场景需求，适配全时购买行为。借助"数据模型、流量池、体验场景"三大策略，挖掘咖啡人群全渠道全生命周期价值，实现对用户的"无限场景"触达、开展多元化互动，打造个性化体验。通过从用户识别到消费行为的数据打通，实现用户与咖啡(轻食)的真正匹配，4000 多家门店和员工管理智能化，以用户价值为依归，与用户为友，瑞幸的体验法则为浓墨重彩的新零售逻辑画上了最值得重视的数字化点睛之笔。

2. 企业数字化转型要点

数字化转型是企业的必由之路，但这一转型无现成模式可借鉴，总体上来说应把握以下要点。

(1) 数字为王，重构企业营销生态。互联网将重构绝大部分企业、行业和产业。10 年以后，可能很多传统企业都不复存在，或者以"互联网+"的方式存在，每个人只要拿出手机等移动设备，就能直接享受最便利的服务。这样的转型使得服务成本极大降低，大家可以用更低的价格享受更好的生活。从消费者层面来看，最新数据显示，平均每 4 分钟看一次手机成为常态，并且手机延伸了人的视听功能。随着 5G 智能终端、家居智能终端等的发展，手机的功能也许会被这些智能终端所取代。从这个意义上讲，手机和智能终端应用是企业实现数字化转型的重要方向。

(2) 数字化的关键是价值的重构与升级。从互联网发展的角度来看，消费互联网市场已趋于稳定与饱和，而对实体资源有充分把控能力的企业仍有很大探索空间，它们已经开始与移动互联网融合，创造全新的价值经济，进而推动互联网行业迈向产业互联网时代。

消费互联网的商业模式以"眼球经济"为主，即通过高质量的内容和有效信息的提供来获得流量，从而通过流量变现的形式吸引投资商，最终形成完整的产业链条。然而，随着虚拟化进程逐渐从个人转向企业，以价值经济为主要盈利模式的产业互联网逐渐兴起。有别于消费互联网的"眼球经济"，产业互联网的商业模式以"价值经济"为主，即通过传统企业与互联网的融合，寻求全新的管理与服务模式，为消费者提供更好的服务体验，创造出不仅限于流量的具有更高价值的产业形态。

(3) 服务产品化、产品用户化、用户"粉丝"化、"粉丝"社群化。服务产品化能够更好地提升服务质量，不断地优化、规范服务产品，还可以根据用户的需要提供个性化、定制化的服务，让客户体验到不断提升、不断改进的卓越服务。服务的可重复利用和产品化已成为大势所趋，服务产品化转型最主要的挑战来自企业内部，企业需要在模式、流程、人员和文化等4个方面做好准备。

不管是互联网市场的产品，还是传统行业的产品，都需要产品用户化。产品用户化，从用户层面来讲，包括吸引用户、获取用户、转化用户和改变用户4个阶段。企业对于自己的核心用户群应时刻保持巨大的吸引力，并且尽可能提高这些核心用户的活跃度及转换率，甚至更进一步，像"米粉""果粉"那样，把这些用户打造成自己的"粉丝"，并让"粉丝"形成强大的部落。

随着移动互联网的快速发展，我国社会全面进入社交媒体和移动互联时代，个体消费者的影响力显著提升，消费者的消费权利和个性得以充分释放，而受日益碎片化的渠道及资讯入口的影响，用户的注意力也变得愈发分散，难以聚焦。在这样的商业背景下，任何一家企业要想成功，拥有一批关注企业品牌的忠实"粉丝"就显得尤为重要，因此"粉丝"忠诚度的打造就成了企业竞争中非常重要的一环，企业必须强化与"粉丝"的互动。许多品牌的腾飞正是因为"粉丝"的赋能，"粉丝"的价值和贡献已经很难从单一角度来衡量，他们不仅贡献购买力和传播口碑，有的甚至参与品牌产品的研发和设计，更有甚者，在面临危机时，"粉丝"还能力挺品牌渡过难关。可以说，未来的品牌只有两种，有"粉丝"的品牌和没有"粉丝"的品牌，显然，没有"粉丝"的品牌在竞争中将会非常被动。

凯文·凯利提出了1000名铁杆"粉丝"原理，即一个艺人只要有1000名铁杆"粉丝"就可以衣食无忧，可见"粉丝"的贡献力是惊人的。同样，在营销界也有一批依靠"粉丝"崛起的品牌，比如华为、小米等，"无'粉丝'，不品牌"，这是企业不得不去正视的严酷现实。

用户"粉丝"化和"粉丝"社群化的价值是巨大的，既可以为用户带来难以抵挡的专业价值和贴心服务，又可以为用户带来极佳的过程体验和完整的交互感受，还可以为用户带来长期的、持续的吸引力。

1.1.4　数字营销应运而生

近年来，数字经济作为全球经济的重要内容，已成为经济发展的主线，并在逐步推动产业界和全社会的数字化转型。数字营销作为企业数字化转型的重要突破口，市场需求不断增长，云原生、人工智能、大数据等新一代信息技术的发展不断推动着营销技术、营销架构、营销方式的变革，同时，以消费者为核心的数字营销也推动了技术的发展、产品的创新与迭代，不断扩大的数字营销市场不仅是数字经济发展的新风口，也成为互联网巨头及创新型企业竞相追逐的新蓝海。

无论是在强调网络化、信息化发展的数字营销 1.0 时代，还是在移动互联网、数字技术高速发展的数字营销 2.0 时代，以及正在催生人机交互、万物互动、智能世界的数字营销 3.0 时代，营销模式在新技术演进、商业模式创新中不断迭代、升级与变革，催生新架构、新技术、新模式、新服务，也由此产生新的行业领导者与生态阵营。全球范围内的企业数字化转型正在加速，时代变革已经来临，数字营销风口已然形成，谁把握先机，谁就会成为行业的颠覆者、引领者。

1.1.5　数字营销的定义

数字营销理论的发展与互联网的商业化应用同步而生，最早可追溯到 1994 年。Giobbe 在 1994 年发表的《数字时代的营销计划》一文中指出，虽然彼时"信息高速公路尚未完全建好，但报纸等媒体应该做好拥抱互联网的计划"，因为数字时代迟早要到来。Bishop 在 1995 年发表的《数字营销从战略规划开始》一文中首次使用了"数字营销"的概念，并讨论了互联网时代数字营销的兴起以及数字营销成功的十大策略。从此以后，数字技术日新月异，数字营销工具更是层出不穷，数字营销的研究也在不断发展，经过约四分之一个世纪的推进，数字营销理论的"大厦"已经初具规模。

什么是数字营销呢？对于数字营销的定义，各专家、学者莫衷一是。随着时代的变迁和技术的发展，数字营销的内涵和外延也在不断更新。Parsons、Zeisser 和 Waitman(1998)认为数字营销包括两类活动：一是利用新的交互式媒体，在消费者和营销商之间建立新的互动和交易形式；二是将交互式媒体与营销组合的其他工具结合起来。2007 年，美国数字营销协会将数字营销定义为：利用数字技术开展的一种整合、定向和可衡量的传播，以获取和留住客户，同时与他们建立更深层次的关系。Cristian、Elena 和 Camelia(2008)把数字营销定义为：用相关的、个性化和成本效益的方式，使用数字分销渠道送达消费者，以促进产品和服务销售的一种营销方式。数字营销包含互联网营销中的许多技术和实践，还包括不需要连接互联网的其他数字渠道，如户外数字广告牌。Smith(2011)认为数字营销是利用数字分销渠道推广产品和服务的实践。Kannan 和 Li(2017)则认为数字营销是一种适应性强、由数字技术支持的流程，通过该流程，企业可以与客户及合作伙伴协作，共同为所有利益相关者创造、沟通、交付和维持价值。

国内有学者认为，数字营销是使用数字媒体推广产品和服务的营销传播活动，主要包括社会化媒体营销、移动营销、微电影营销、虚拟游戏营销、搜索引擎营销及电子商务营销等。也有学者认为，数字营销是在线营销，是利用网络技术、数字技术和移动通信技术等技术手段，借助各种数字媒体平台，针对明确的目标用户，为推广产品或服务、实现营销目标而开展的精准化、个性化、定制化的实践活动，是数字时代与用户建立联系的一种独特的营销方式。

本书认为，数字营销是借助互联网络、计算机通信技术和数字交互式媒体来实现营销目标的一种营销方式。数字营销将尽可能地利用先进的计算机网络技术，以最有效、最省钱的方式，谋求新市场的开拓和新消费者的挖掘。数字营销是基于明确的数据库对象，通过数字化多媒体渠道，实现营销精准化，营销效果可量化、数据化的一种高层次营销活动。

数字营销正以"技术＋数据"双轮驱动，对传统营销进行在线化和智能化改造，进而帮助企业构建消费者全渠道触达、精准互动和交易的数字化营销平台。数字营销的本质是借助数据与算法，利用营销资源，依靠实时数据跟踪，实现营销由粗放向集约发展；依靠中台的强大连接能力，实现渠道从单一向多元发展；内容策划和投放依靠数据算法进行提前预测，由经验决策变为智能决策，最终帮助企业提高营销效率，使营销资源利用更高效，推广费用更合理。

数字营销更强调企业对新技术的运用，以及对互联网业务进行逻辑分析的能力，最终帮助企业更高效地利用营销资源，降低推广费用，实现业绩增长。

数字营销实现以消费者需求为核心的数字化体验创新，实现面向最终客户体验的触点创新。数字营销更强调对新技术运用、互联网业务逻辑分析的能力，赋予了营销组合新的内涵，是数字经济时代企业的主流营销方式。

1.2 数字营销的特点

数字技术的强大驱动力推动着产品、价格、渠道、市场、企业自身以及媒介组织形式等方方面面的更新和迭代，促进了各种形态的数字媒体的产生。在此背景下，媒介从传统媒体走向数字媒体，渠道由线下转为线上成为总体趋势，并形成了以精准化、个性化、定制化为特征的数字营销。

作为数字时代的一种独特的营销方式，数字营销拥有营销技术化、深度互动性、目标精准性、平台多样性、服务个性化与定制化、重实效及转化率等特点。

1.2.1 营销技术化

营销技术化的演进几乎重构了整个营销体系。从云原生、大数据到人工智能和区块链，营销技术正在不断地向前发展，而推动营销技术落地的则是一批行业数字营销公司，它们通过不断升级营销产品和服务，从而更好地匹配广告主的需求。

随着人工智能、AR、VR、物联网、大数据等技术的成熟，部分领先的营销企业已经开始应用这些数字技术提升消费者的体验，并降低运营成本。例如，在实体店内部署人工智能设备，

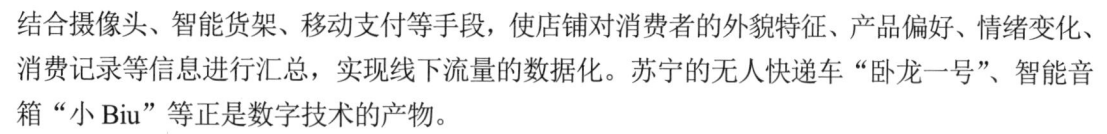

结合摄像头、智能货架、移动支付等手段，使店铺对消费者的外貌特征、产品偏好、情绪变化、消费记录等信息进行汇总，实现线下流量的数据化。苏宁的无人快递车"卧龙一号"、智能音箱"小 Biu"等正是数字技术的产物。

从人工智能到新零售，数字技术在驱动消费变革的同时，也驱动品牌营销的升级，品牌营销亟待重构用户体验，力争做到以消费者需求为核心，实现品牌与消费者之间更紧密的连接。这也要求企业必须掌握更多的营销技术。

当下，技术开始影响品牌营销的更多环节，形成了技术与营销逐渐融合的新局面。技术之所以越来越多地影响营销，核心在于数据。利用大数据来"读懂"每个消费者的需求，可以进行更精准的个性化营销，提升消费者体验。

事实上，只将数据、技术和营销效果关联是极为片面的，数据、技术可以从客户关系管理、营销决策、投放等多个方面渗透到品牌营销全链路。数据可以驱动更加智能、更加协同的跨屏营销，一旦跨屏资源被打通，对多方数据进行分析及挖掘可以完成更加精细的人群数据处理，这将成为企业最为宝贵的资产。

受碎片化信息及渠道的影响，"数据孤岛"现象成为当下绝大多数企业的痛点，企业亟待整合多方资源，使数据流通起来。因此，企业建立自己的"大数据战略"尤为重要，要加大对营销技术、数据等方面的投入，更自主地掌控营销，通过数据和技术打通多维营销场景，进而帮助企业认知完整而全面的消费者画像，从而科学地指导品牌决策，全渠道触达用户，让营销更加智能化、个性化。

1.2.2 深度互动性

数字技术下的营销面临转型，对于企业而言，需要通过数字营销提升企业的业绩，增强企业的核心竞争力。对于消费者而言，智能化、精准化的信息管理目标亟待实现。营销大师菲利普·科特勒指出，如今的营销正在实现以产品为中心向以消费者为中心，再向以人为中心转变，如何与消费者积极互动，如何使消费者更直接地参与品牌价值的构建过程，是企业在数字营销时代的新课题。这也带来了两个方向性的转变：一是消费趋势的转变，由功能导向型转变为参与体验式导向型；二是营销趋势的转变，由信息告知式转变为参与互动式。

互动性是数字营销的本质特征。在数字技术的推动下，绝大部分数字媒体都具有互动的功能，信息在其中沟通交互，使消费者能够拥有双向或多向的信息传播渠道。在这里，互动与传统传播模式中的反馈有一定差别，它是存在于信息传播过程中的一种特性，通过媒介在两者之间完成信息的传达后，受众不仅用信息反馈的方式作出回应，还在此基础上完成与传播者之间的信息交流。

传播模式由直线模式转变为循环互动模式，使创意、营销与传播协同一体化。消费者在拥有更多权利的情况下，可以完成从信息的搜集、参与互动到购买、反馈的一系列行为。

在体验经济的大背景下，参与品牌的信息传播体验已逐渐成为吸引受众的关键诉求点，建立在经济发展基础上的消费者素养的提高，使其对于品牌的分析、比较能力也有了相应增长。

商品的基本功能性诉求已经无法满足消费者对于商品价值的完整性感知，从传播的角度来看，图文设计的单向传播模式也逐渐变成通过给予消费者互动体验来完成传播的模式。

1.2.3 目标精准性

随着技术的进步，互联网时代的大数据技术解决了以前未解决的诸多问题，主要表现在两个方面：第一，技术上的进步使得大数据技术应用的成本大大缩减，降低了使用门槛。原来采集大数据主要依赖 Oracle 等数据库，以二维表为基本元素，动辄使用大型存储设备和小型机，而现在主要使用 HDFS 等分布式系统及内存技术替代传统的 IOE，但数据分析的思路和原理跟原来是一样的，即得到原始数据后首先进行数据清洗，再依据目标进行数据建模，建立各种数据集市，最后以报表的形式呈现结果。第二，数据的容量、速度、多样性及价值与原来不一样了。原来主要是结构化的数据，现在则可以有非结构化的数据，如日志、用户行为，甚至图片、声音文件等，这些非结构化的数据可以很快地与结构化的数据相关联，所有发生的事件都可以用大数据来关联分析，有助于快速得出结果，使数据发挥更大的价值。

1. 精准营销概述

随着技术的发展，数字营销背景下的互联网个性化传播特征明显，从传统的大众化"一对多"广播式传播到如今的通过媒介属性定位消费者特征传播，以及通过消费者属性定位目标受众传播，从传统的注重渠道曝光的营销模式到如今的以消费者需求为核心的营销模式，企业正通过多维数据驱动形成精准营销，并在场景化、电商化的背景下，形成完整的营销闭环系统。

如何通过精准定位消费者实现资源的方向性投放，避免浪费，从而达到效果最大化，逐渐成为企业追求的目标。因此，目标精准性成为数字营销的又一特征。国内的众多一站式营销平台通过对大数据价值的智能挖掘，将消费者需求与企业的品牌营销目标有效结合，使品牌更积极、更主动地触达消费者。

目前，国内众多营销平台借助专业大数据分析技术，通过对渠道的投入产出比进行数据分析，再依据不同品牌的推广需求，对渠道进行再评估及整合优化，实现最大限度的精准营销。精准营销包含 DSP(digital signal processing，数字信号处理)、用户画像、程序化购买、智能推荐等概念。精准数字营销可分为两个阶段：第一个阶段是通过精准推广获取更多数量的新客户；第二个阶段是通过精准运营实现新用户的成功转化，并在形成交易的同时，提升消费者对企业品牌的忠诚度。

精准营销的核心是用户画像，而用户画像的核心是标签。那么，标签是什么呢？具体来讲，某些用户喜欢健身，他们的标签就是"喜欢健身、阳光"；某些用户穿的衣服是修身型的，他们的标签就是"修身"。若系统为某个用户贴上了这个标签，那么等他下次来的时候，系统就会为他推送这类产品，比如健身器材、修身的衣服。

标签怎么来呢？来自大量用户的基本数据，主要包括用户数据、消费数据、商品数据、行为数据和客服数据等，任何跟用户有关系的数据都可以作为数据源。数据源可能会涉及数据交换，即从其他网站等渠道通过一定方法拿到需要的数据。数据管理平台得到用户基本数据后，就要做标签的管理，包括定义、编辑、审核、查询等，以及对应的分析工作。在此基础上再建立各种模型，包括用户购买力模型、群体画像模型、购买兴趣模型、促销敏感度模型等。通过系列模型得出的结果就是用户的标签，包括品类偏好、品牌偏好、促销偏好、价格偏好等。

2. 精准营销的应用

精准营销的应用具体包括以下几个方面。

(1) 个性化搜索。通过电商平台搜索"手机"，不同的人搜索出的结果是不一样的，因为不同的人有不同的喜好，比如有的人使用苹果手机，有的人使用华为手机，有的人使用小米或者其他品牌手机，系统会基于用户的行为来猜测用户想搜索什么。传统的搜索，若要搜索"手机"就只出现手机，然后加上一个业务权重，如果最近要推广苹果手机，就会把苹果的权重往上加，搜索出来的结果主要是苹果手机。个性化搜索不仅直接推荐用户想要的，也会猜测用户想要的然后进行推荐，相当于门店促销员的角色。

(2) 社交传播。以微信广告为例，微信广告不是向所有人推送所有的广告。微信后台会有一个分析系统，它分析出有些人经常看汽车信息，就会给这些人推送汽车广告；有些人经常浏览衣服，就会给这些人推送衣服广告。自己收到的广告，周围人不一定都收到，这就是基于用户画像推荐的广告。

(3) 热图工具。热图工具是企业内部使用的基于大数据进行分析的工具，主要显示哪些地区热度高、哪些品类用户比较关注等实时状态。

(4) 会员营销。传统意义上的会员营销主要包括发送短信、发送邮件、发放宣传单等方式，这些其实都是会员营销的应用，是基于大量数据分析的会员营销。

(5) 智能选品。当用户打开网站或者手机 App 时，一个网站页面或者一个手机登录页面上，哪些东西呈现在前面，哪些东西呈现在后面，这就是智能选品的结果，也是根据用户画像来做的，甚至显示的定价也是智能定价。

(6) DSP 广告。DSP 广告就是需求方的广告平台，简单地讲就是用户主动看过什么就会给用户推送相应的广告。例如，某用户看了一个杯子，接下来去浏览新浪、搜狐、微博等门户网站时，就会看到杯子的广告。

(7) 个性化推荐。个性化推荐与网站推荐类似，不太一样的地方在于它是实时的。电商行业的转化率平均值是 3%，许多电商平台的个性化推荐转化率达到 17%~18%，有时候也能达到 20%。转化率高说明推荐比较准确，核心就是用户画像比较准确。

近年来，大数据及人工智能技术使数字营销的作用发挥得淋漓尽致。依托为行业垂直深度定制的标签体系及大数据推荐算法，智能匹配系统完全可以通过营销端、客户端的用户画像和人工智能推荐算法，共同提炼一个包含用户心理态度、品牌、产品、媒体渠道调性特征等多种维度的创新性 IP 标签库，并进行动态交叉匹配，以制定最合理的资源匹配及传播策略。

1.2.4 平台多样性

随着消费需求的迭代升级，消费者看中的不再仅仅是产品本身，还包括背后的情感化满足与个性化匹配。许多曾在电视端投入大量精力并呈现诸多经典广告的企业开始做出改变，尝试利用新的营销方式抓住"90后""00后"等消费主力。而要真正抓住"90后""00后"，就必须在大数据算法和数字技术的驱动下，充分利用新媒体，掌握新的传播方式和内容营销方式。

数字时代，数字营销的渠道和平台逐渐多样化，除了传统的网站、App、微博、微信等社交媒体，还有迅速走红的移动直播平台、短视频平台等。

移动互联网的崛起，使得媒体进入了社交化时代。人人都是内容生产者，任何一个移动终端都可成为传播渠道，而微信、微博、今日头条、抖音、快手、小红书等各种移动化应用成为用户交流消费信息的平台。

媒介融合的生态环境下，数字化信息的承载与表达呈现多样化的特征，话语权的下放推动"人人都是自媒体"时代的来临。在这种大背景下，数字营销在丰富企业营销触角的同时也带来很多新问题，如多入口、多平台的管理与整合问题，以及各种渠道沉淀下来的数据分析与利用问题等。企业在营销传播的过程中，需要关注每一类营销传播的主体和接触点，积极构建全方位的营销传播平台，从而打造品牌独有的信息传播生态系统。

1.2.5 服务个性化与定制化

在用户层面，得益于知识付费、移动电商、O2O 的推动，用户的消费认知和自主意识均在大幅提升，消费偏好也更加多元、个性，更加强调小而美，品牌与消费者的关系不再局限于单向的传播和影响，而是呈现交互共建的特征。

在数字营销时代的消费者洞察中，企业和品牌需要不断创新来保证产品的新鲜度，但产品本身的创新虽能提升产品自身的竞争力，却无法支撑品牌的全面发展。从消费者的角度出发，对产品进行从生产模式到终端平台的全方位营销创新，才能驱动品牌的长远发展和持续发展，而这种创新的源头正是对市场与消费者的洞察和研究。

服务个性化与定制化是伴随网络、电子商务、信息等现代数字技术的发展而兴起的数字营销特征。随着市场环境与消费者需求的变化，个性化消费、品牌体验式消费已成为消费升级的趋势，企业和产品营销需要与消费者进行更为深入的沟通及交流，打造"千人千面"的营销服务体验。服务个性化与定制化是在大数据分析基础上，从策略层面精准定位数字时代的消费者，从而制定适合消费者的最佳营销方式。数字时代，用户不仅是信息的接收者，更是信息的传播载体，而不同用户的需求正是精准进行用户画像之后制定营销策略的本源。

以服务换数据的互联网产品设计思路，使得品牌能够获取多个平台上的用户数据，这成为提供个性化服务的前提。同时，由于消费者更加相信来自朋友和 KOL(key opinion leader，关键意见领袖)的口碑传播，购物社交化的倾向越来越明显，这也为品牌构建全维度的用户画像提供了社交数据。

1.2.6 重实效及转化率

迫于业绩和营收压力，宝洁、联合利华等传统广告金主们开始不断裁撤外部代理商的数量，并优化广告预算；可口可乐等公司的营销负责人则积极由CMO(chief marketing officer，市场营销官)向CGO(chief grouth officer，首席增长官)转型，市场营销从纯粹的成本支出转向更多关注销售转化和业绩增长，以至于"增长黑客"一时成为行业显学。

广告主和营销公司越来越"急功近利"。最明显的一个特征是，近几年，"品效合一"的概念越来越热，各方都在试图寻找实现品效合一的最佳解决方案，使品牌的长期价值和广告效果的转化更好地协同。2018年，全球最大的广告主之一宝洁公司调整与代理公司合作的模式，以获得更具本地化、时效性、高质量、低成本的广告。阿里巴巴集团旗下数字营销平台阿里妈妈在2017年提出了品效协同的概念，以此为卖点来吸引广告主。

市场的这种变化是大数据等技术的发展消除了原先广告主和营销公司之间信息不对称的问题所导致的，所有营销方法的可行性、广告投放取得的实际效果都可以在短时间内被验证。微博、微信、直播、短视频等新型移动社交互动平台的兴起，使所有的传播效果可以通过阅读数、转发量、点赞数等最直观的数字形式展现。广告主和营销公司对广告投放效果的追求都变得直接而急迫。

1.3 数字营销的发展

在数字经济时代，传统企业需要从市场营销、供应链、生产制造、内部管理等多个方面进行数字化转型升级，其中营销作为最接近消费者、最容易为企业带来实际收益的环节，受到了各企业的重视，数字营销也成为企业数字化转型升级中市场受众最广、发展潜力最大的一个板块。近几年，我国数字化营销持续向好。随着中国经济发展及升级转型，消费者的可支配收入及购买力将继续增长，继而刺激更多的消费需求。在面对消费需求不断扩大的情况下，促使品牌商和经销商在零售销售及营销服务上增加投入，以制定更有针对性及定制化的营销策略来迎合消费者的各种需求及偏好。同时，随着中国互联网用户的基本全面普及，用户已经习惯了使用社交软件、电子商务、在线视频等，用户的基础观念与使用习惯已经养成，移动端正在成为数字营销发展的重要引擎。

1.3.1 营销生态及链条重构

传统的营销链条中，产品从企业流转到消费者手里要经过品牌、市场、渠道及交易、消费及服务等环节。

在数字经济时代，由于消费的场景化、渠道的多元化、产品与服务的一体化，企业开始利用"互联网+"思维重构营销链条。以客户价值为核心，打通研发、营销、销售和服务环节，通过对消费者进行全方位洞察和全生命周期管理，使业务与数字形成营销闭环，达成业务到数字的一体化、数字到业务的运营化，从而提高获客数量、提升客户价值。

重构数字营销链条，首先，要打通所有销售通路，包括渠道类(B2B)、电商类(C2C)及线下门店类(O2O)，将客户信息、商品信息、交易信息、合同信息等汇聚到统一的平台上。其次，通过对数据的多场景分析，管理用户生命周期，判断用户运营策略，根据用户消费习惯和行为分析实现精准场景、精准渠道、精准业态的营销活动，根据数据分析和运营结果支持新产品研发、营销决策、业务运营，从而构建企业发展的新格局。

1.3.2　数据构建营销竞争力

在信息时代，智能传感器、移动互联网、物联网等技术的发展使数据的产生速度、产生规模出现了爆发式增长，使数据进行低成本的生成、采集、传输、存储成为可能。同时，大数据、人工智能等技术的发展极大地提高了数据处理效率，使海量的非结构化数据的清洗、分析、使用成为可能。数据成为信息时代最关键的生产要素，谁掌握了数据，谁就在市场竞争中占有优势，数据的获取、分析、使用能力成为数字营销开拓市场的关键。

在数字营销中，广告主掌握着用户画像、销售报表等第一手核心数据，数字媒体掌握着以投放效果为主的第二方数据，第三方监测机构及相关技术公司掌握着第三方数据资源，而大部分数字营销公司只有在代理相关广告业务时，才有可能从这三方获取相关的部分数据。数据来源的不充分为营销方案的合理推导增加了难度，其预估效果的准确性也难以保证。在以消费者为中心的互联网时代，采集到符合标准的用户数据无疑将为后续的数据分析提供极大的便利。同时，数据越丰富，越能提高发现问题和改进流程的可能性。拥有自己的数据工具，将业务和数据紧密地整合在一起，利用数据对业务进行持续性调整和改进，是数字营销取得好效果的基本要求。目前，仅有一小部分拥有良好技术基础的数字技术公司具有采集、分析核心数据的能力。大部分独立的数字营销公司，因为资金、人员、技术服务能力较弱，对接的互联网资源较少，服务质量难以保证，凭借自身力量进行数字化转型的困难较大。由于把握核心数据的能力缺失，数字营销"中介"被边缘化的趋势明显。

1.3.3　大数据、AI赋能营销

人工智能、云原生、大数据、机器学习等一系列前沿技术不断发展，并在医疗、制造、安防等传统行业领域得到广泛应用，企业数字化转型逐渐在各个行业爆发。我国宏观经济的下行压力、经济结构的转型升级推动生产要素成本上升，同时激烈的市场竞争、用户多元化消费习惯的养成、行业盈利点的转变等也倒逼企业进行数字化转型升级。在此背景下，我国涌现出诸如阿里巴巴、腾讯、华为、海尔、海康威视等一批优秀的企业数字化转型实践者，从市场营销、供应链、生产制造、内部管理等方面为企业提供数字化转型解决方案，企业数字化转型行业生态初步形成，我国正在逐步成为数字化变革的引领者。

1. 大数据驱动数字营销

数字营销正在被数据所驱动，传统的单一渠道已不能支撑市场的变化。打通全渠道，让数据孤岛融入场景，将数据转换为个性化营销、差异化服务成为企业新一代的竞争利器。通过大数据、人工智能等技术手段，精准找到目标客户，并根据历史表现数据和行业参考数据的沉淀，科学地计算边际递减效应的最佳临界点，从而以更有效的方式触达消费者，再利用更原生化的方式来整合广告和内容去影响消费者。其中，大数据能力与技术是实现数字营销变革的基石，通过构建用户画像、结合推荐算法构建消费者全触点场景，精准触达消费人群。此外，大数据营销监测可以实现营销成果转化追踪，实时修正营销方案，进一步吸引消费者，促使消费者做出购买决策。

海量数据的产生、深度学习算法的演进、图形处理器在人工智能领域的使用，以及专用人工智能芯片的开发，使人工智能技术得以成功实现商业化。目前，人工智能技术已经在搜索引擎、图像识别、新闻稿撰写和推送、金融投资、医疗诊断、无人驾驶汽车等诸多领域获得实际的应用，并为企业创造出真正的价值。

在数字营销领域，智能创意、智能营销成为当下热词，人工智能技术在一定程度上剥夺了数字营销公司赖以生存的创意和策划能力。人工智能技术能够在挖掘并积累大量用户数据的基础上，从核心用户群数据中提取有用的消费者洞察，形成用户画像。人工智能技术通过大数据分析和人工智能算法剖析得出消费者行为偏好，为个性化产品推荐和媒介选择提供决策依据，在实现用户洞察的基础上进行精准营销，让数字广告投放更加精准、高效。同时，基于机器学习算法，人工智能成功实现了程序化广告的投放和程序化创意的制作。与机器相比，人的作用越来越渺小。

过去，机器和软件被广泛引入工厂，手工艺人与体力劳动者逐渐感到他们的身份和角色受到了威胁。如今，程序化创意的流行也使创意工作者的独特性受到了影响。面对不断增长的内容营销需求，如何运用新技术进行创意制作和精准投放成为传统营销人面临的难题，缺乏技术、产品和运营思维的数字营销公司将面临生存风险。

在创意数据驱动之下，人工智能正在通过语音识别、图像识别、趋势预测、深度学习和异构数据为营销带来前所未有的创新。数据驱动的人工智能营销首先带来创意能力的提升，为营销带来了精准的用户分发能力，能够讲述更多成功的品牌和消费者故事，同时也为品牌打造了更为友好的用户互动界面，而实时数据的运用更能让营销大放异彩。如今，消费者的心动时刻越来越随机与分散，有数据显示，目前品牌与消费者的接触点年增长达 20%。许多购买决策产生于资讯、娱乐、场景关联、口碑传播等非商业场景，互动体验、社群交流、网红评测、开屏曝光、明星推介、户外屏幕等环节中，每一个接触点都有可能直接转化为购买行为。在数据驱动之下，利用"心""智"双引擎构建整合营销，能够更好地帮助代理商和企业实现购买行为的转化。

2017 年 9 月初，IBM 为麻省理工学院出资 2.4 亿美元建设人工智能研究实验室，成为全球人工智能研发领域一次大手笔的投资。此前，IBM 的人工智能"沃森"为某品牌制作上千条创意广告并通过 Facebook 投放的"神操作"已经震惊营销业界。Facebook 也在声明中表示正在使用人工智能技术识别、捕获和校验虚假广告，并且已经撤下了成千上万条对用户产生误导的虚假广告。同时，Google 将人工智能与广告科学融合并应用于零售业的案例也吸引了业界的关注。

当今时代，数字化趋势已不可逆转，每天人们观看的电视剧、综艺节目的背后大有"学问"。在数据的加持下，经过科学选择的品牌和代言人互相助力能带来双赢效果，人工智能将给数字营销应用带来无限的想象空间。数据的使用正在智能化，人工智能技术将大幅提高数据的精准性，让原本无法挖掘的数据被运用。20 世纪 90 年代的美国沃尔玛超市中，管理人员分析销售数据时发现，啤酒与尿布经常出现在同一个购物篮中，因此尝试将两者摆放在同一区域，从而获得很好的商品销售收入。背后的原因是当家里面有了小孩子之后，买尿布的任务往往由年轻爸爸去完成，年轻爸爸在买尿布的同时就会顺便买啤酒。上述经典案例可谓营销大数据思维的起源，但当时发掘数据的关联性完全是依靠人工来比对，将来，随着数据应用技术的革新和发展，关联数据在人工智能技术的加持下，将实现"千人千面"，精准推送。

2. 人工智能对品牌营销的影响

人工智能对品牌营销的影响会是渐进式的，将在以下几个方面发挥明显的作用。

(1) 精准化数据支持。对于广告主而言，营销或许从未像现在一样"众口难调"，"一场全案营销打天下"的传统营销方式已经成为过去式。人群越来越精细化、媒介环境越来越复杂的今天，找到"TA"和找对"TA"变得越来越难，而技术的发展却可以更好地解决这一难题。人们通过技术将大量的数据存储起来，再通过技术算法追踪用户的行为路径、生活习惯，从而更精准地分析和理解用户需求，产生个性化的营销方案。

(2) 增强交互体验。在营销层面，人工智能技术带来的最直接的变化就是使用户在营销体验时更有代入感，得到沉浸式的体验。被人工智能赋能的创意可以使用户和广告直接互动，甚至可以让用户主动参与其中。

(3) 丰富了创意的表现形式。与传统的创意表现形式相比，融入人工智能技术后的创意有更多的呈现形式。比如"可口可乐——探寻城市秘密"这一案例，通过扫码即可体验不同城市的文化。

(4) 精准触达，让效果可视化与可检测。衡量营销效果的标准必然是营销效果的转化。随着广告主对效果要求越来越高，可通过技术的加持，精准投放广告，有效识别、过滤虚假流量，反映更真实的营销效果。

人工智能技术为营销带来最直观的变化是，不仅将数据、技术、内容融合在一起，还通过语音、图像等与用户进行深度交互，最终利用动态分析能力，与消费者多层次沟通，实现品牌传播和效果精准转化，助力营销效果最大化。

百度已开放了包括图像识别、人脸识别、AR 在内的百余种人工智能交互技术，很多案例结合人工智能技术实现了多种营销模式。比如很多案例都采用了全意识整合营销数字平台 Omni Marketing，将百度人工智能技术与整体营销体系紧密联结，融合在营销前期、中期、后期乃至整个闭环中。

随着人工智能时代的到来，整个营销领域都将发生翻天覆地的变化，它不仅会影响绝大部分企业的营销行为，而且会影响每一个消费者。技术的升级迭代、数据的管理分析、创意内容的生产及传播的动态匹配，这些都是品牌营销必须关注的新趋势。

1.3.4　物联网重构触媒习惯

在当前技术环境下，支持移动传输的 4G、5G 通信网络已得到广泛应用，卫星通信和卫星定位成本大幅度降低。手机、平板电脑等智能终端的普及率远远超过台式计算机等固定终端的普及率，传感器的精度更高、更加智能，通信网络更加泛在化，使万物在任何时间、任何地点实现互联成为可能。

通过全方位链接用户生活设备，营销者可以精准获得海量用户的线下消费行为、媒介接触习惯及日常生活场景等信息，并根据相关数据将营销的内容与用户所在场景完美结合，实现对不同场景下的用户智慧触达，将大数据技术应用于消费者个人。数字营销势必向场景化、个性化方向发展，遵循传统营销思维习惯、将不同媒介分散组合的营销策略已不再适用于当下的市场环境。

1.3.5　区块链加速去中介化

在数字营销市场规模持续、快速增长的趋势下，区块链技术的兴起无疑为数字营销市场带来了一股颠覆式创新的力量，它创造了一种去中心化、分布式存储、全球统一的超级数据库系统，将产业链上下游联结在一起，构成了一个完整的利益链条。这种去中心化、分布式存储的数据库技术具有公开透明、共同维护、去信任化、安全可靠等特性。在数字营销领域，区块链技术可以将数据加密并分割成小块分布在众多节点上，即使某一部分的数据泄露，其他节点上的数据也不会受影响，保证了数据交易的不可篡改性和来源的可靠性。

区块链技术通过数学原理而非第三方中介来创造信任，可以降低系统的维护成本，同时，去中心化的存储平台具有极高的隐私性，用户可以选择将一部分愿意分享的数据有偿分享到平台上，使数据共享真正实现市场化，数据来源变广，数据泄露的风险反而更低。用户的海量脱敏数据注入营销市场，可以切实降低参与各方的信息不对称。此外，智能合约技术帮助广告主、媒体、用户等相关利益方全链路、全透明地关注广告投放的全过程，从技术上解决了流量作弊问题。在这一过程中，数字营销公司的职能几乎可以被完全替代，使去中介化的实现在技术上成为可能。

1.3.6　5G技术助力数字营销

近年来，我们已经见证了太多技术发展带来的变革，未来将变成什么样？5G 时代，营销又该如何创新才能促进企业发展？

基于 5G 技术，沉浸式 VR 交互技术将为用户打造身临其境的购物体验。流畅的场景式购物体验离不开 VR 技术的沉浸感属性和标准化制作过程，也离不开安全、便捷、高速的 5G 网络服务。以中国电信为例，依托高安全、低成本、大容量的云网协同技术优势，中国电信整合 CDN 云服务和天翼云 VR 平台功能，短时间内为因疫情按下暂停键的商业综合体和代理商打造 360°全景虚拟导购平台。用户利用手机便可随时随地享受云货架、云橱窗、云逛街等沉浸式购物体验，与心仪的商品深度互动，点击即可查询每款虚拟商品的实时价格、限时特惠活动、会员权益信息等，在轻松、自然的娱乐环境中完成整个线上购物过程。

VR 在线虚拟购物不同于传统购物平台中平面、静态的商品展示模式，5G 手机、智能机器人、智能家居等终端使产品的展现极具空间感，视野开阔，360°全景、720°无死角，产品介绍、5G 套餐权益和终端品牌活动详情也一目了然，让人感到真实、有趣。

此外，5G 技术将打通多终端，形成社交传播与"粉丝"的裂变，提高商户营销转化。除了增强用户线上体验感，如何让商户在自有会员流量池的基础上扩充"粉丝"数量也是各大虚拟商店门户需要考虑的问题。在线虚拟购物打通现有电商平台，通过手机微信、VR 设备等多终端的社交分享传播裂变特性，能够有效地帮助商户扩大消费规模，降低运营成本，提高营销转化率，并同步提供云服务、完整的创作工具和配套的技术支持，包括培训教材、各类模板和图标，以及即时的在线响应技术支持服务。

就商业创新而言，5G 意味着思维模式的转变，从单屏思维到混屏思维、从二维世界到三维世界、从数据智能到数字智慧，从单一场景到多元场景，5G 创新营销思维将成为主导。5G 也将进一步驱动人工智能技术的升级，让技术也具备情感。调查显示，消费者对 5G 的应用充满期待，50.5%的消费者对家庭 5G 宽带服务感兴趣，42.1%的消费者对极致的高清视频体验感兴趣，39.2%的消费者对 AR、VR 内容感兴趣。除以上内容外，消费者还对 5G 智慧屏、智能家居和自动驾驶等感兴趣。

随着消费者对智能化应用的依赖程度加深，很多企业已经率先开始探索 5G 的相关应用。例如，华晨宝马在沈阳生产基地进行 5G 网络建设，打造了 5G 工厂；海尔推出海尔智家品牌，打造基于 5G 网络的智慧家庭体验中心——海尔智家 001 号店，设置了包括智慧客厅、智慧厨房、智慧卧室、智慧浴室、智慧阳台五大生活空间在内的全智慧化家居，赋予了家居生活新定义。这些案例都展示了 5G 即将带来一个全新的万物互联世界。

1.3.7　信息流广告成为重要形式

信息流广告是指一种依据社交群体属性，根据用户喜好和特点进行智能推广的广告形式，是移动互联网时代信息流商业化的形式之一。在移动互联网时代，信息流逐渐成为用户获取信息的主阵地，而信息获取社群化、决策场景化和行为碎片化已成为用户的典型特征，以企业为主导的强说服性广告沟通范式已无法吸引更多用户，以用户为主导的信息流广告形式应运而生。

大数据挖掘技术的发展为信息流广告的诞生提供了技术基础。移动终端的广泛应用推动了消费者网络使用习惯的改变。同时，消费者从过去的主动搜索内容转变为接受技术、算法推送的内容，这一切都为信息流广告的发展提供了社会土壤。广告主对广告效果的重视及对移动端的广告投入增长，促进了信息流广告市场的爆发。

信息流广告的推广始于美国市场，早在 2006 年，Facebook 就推出了信息流广告。2011 年，Twitter 正式推出信息流广告。相比而言，我国的信息流广告行业刚刚进入高速发展期。

信息流广告用户以 30 岁以下的一、二线城市男性青年为主，用户经常在看新闻资讯时浏览信息流广告，超六成用户关注新闻资讯中的信息流广告。未来，信息流将成为广告的主要承载模式，市场价值会进一步提升。

在我国，凤凰网于 2012 年首次引入信息流广告，此后信息流广告在中国移动互联网领域迎来爆炸式发展。经过多年的市场鏖战，腾讯、字节跳动、百度等首批玩家逐渐占据信息流广告市场头部位置，用户习惯已得到培育，市场趋于成熟、稳定。2019 年，多个搜索引擎、浏览器、短视频等垂直类平台相继推出信息流广告，阿里电商接入信息流广告，标志着我国信息流广告市场正式步入新阶段，精细化运作成破局关键。

信息流广告通过数据收集和技术算法，将用户兴趣与广告进行智能匹配，具有品效合一的特点，迎合了广告主与消费者的需求，从而在业内引起激烈的市场竞争。2016 年，阿里巴巴、腾讯、今日头条的信息流广告营收超过百亿元，它们位于信息流广告市场的第一梯队；百度、微博、凤凰网、搜狐的信息流广告营收规模为 10 亿元级别，组成了信息流广告市场的第二梯队。此外，众多垂直网站、短视频媒体等都逐渐加入信息流广告市场的竞争中。产品能力、流量能力、技术能力成为影响信息流广告市场格局的主要因素。产品能力，即信息流产品的设计、用户规模、用户停留时长等；流量能力，即产品内部内容生态是否能带来更大的流量聚集；技术能力，即大数据的收集和技术算法能否精准地针对受众进行广告推送，并适当提高受众对广告的接受度和关注度。

随着移动互联网的潜能不断释放，广告主对于移动广告的投放需求将持续增加，需要有更加精准的广告投放方式，未来移动广告市场规模仍有增长空间。信息流以精准传播、高转化率的特点成为广告的主要承载模式，其原生的形式使广告在不破坏用户体验的前提下为广告主提供有价值的信息，降低了用户对广告干扰性的感知，提升了用户信息处理的流畅性。

信息流广告市场格局明朗，行业进入生态竞争时代。头部企业利用资源优势打造生态产品矩阵，信息流广告行业竞争已上升至生态级别。其中，腾讯拥有超级社交流量产品，而阿里则覆盖资讯、搜索等多个场景，分布在不同领域展现竞争优势。

55.6%的网民主要在看新闻资讯时浏览信息流广告，新闻资讯成为信息流广告最主要的传播场景。阿里巴巴、腾讯、百度、字节跳动等信息流广告头部企业争相布局该领域。

自 2017 年起，抖音推出原生信息流品牌广告，对外宣布启动商业化，此后，短视频信息流广告成为众多企业争抢之地。如今，强碎片化、高沉浸感、高转化率的短视频已成为信息流广告的新兴展现形式，短视频开始融入电商、资讯等细分场景，例如淘宝网站内接入短视频，为买家提供好看、好玩的互动式购买情景。值得注意的是，庞大的短视频流量也吸引了不少灰色产业前来掘金，不少短视频平台、栏目出现强利诱、软色情，甚至是诈骗性的信息流广告，致使用户体验大打折扣，用户利益遭到损害。因此，如何平衡用户体验和企业收益是未来信息流广告平台面临的巨大考验。

目前，BAT(百度、阿里巴巴、腾讯)、以今日头条为首的新兴应用平台、新浪网易等传统门户均在积极布局信息流广告市场，垂直类平台如短视频应用平台也在纷纷试水，三梯度的市场竞争格局初显。头部企业凭借资源优势将信息流广告的业务版图边界不断延展，主流场景新闻资讯、垂直类场景短视频、浏览器等均有信息流广告渗透，各产品间均实现资源互通，信息流广告生态正不断完善。未来，广告资源会进一步向头部集中，头部企业将面临生态竞争，尾部垂直类平台也将迎来发展机遇。

就未来发展而言，BAT 均已形成相对完善的信息流产品生态圈，它们拥有更大的用户规模，并且具有更完整的产品矩阵来吸引流量。今日头条、爱奇艺、微信、UC 浏览器等产品能更多地占用用户使用的时长。信息流广告的出现为广告主提供了更有效的广告形式，由过去的图文广告发展为图文+短视频广告的新形式，在移动场景中与受众的交互形式更丰富，同时为媒体平台节约了广告库存，也使消费者更容易接受广告。因此，信息流广告在未来仍将取得更大发展，甚至成为未来移动营销的主要形式。值得注意的是，广告主的大量涌入及媒体平台的混杂，会导致广告内容审核的监管障碍，虚假、低俗、诱导性广告的不时出现，这将是信息流广告发展过程中面临的重要问题。

信息流广告依托强大的数据追踪技术，进行信息和人的高度匹配，实现个性化体验，有助于提高广告转化率。内嵌在社交流媒体中的信息流广告往往具有强交互性，用户与品牌间更具黏性，最终有利于品牌形象的塑造和品牌价值的传播。总体而言，信息流广告对用户、广告主、广告平台及整个产业链上的主体均有重大价值，未来仍存在广阔的发展空间。

1.3.8 短视频激发用户分享

在过去的 20 多年间，互联网内容从文字到图片再到视频不断更迭，并形成日益复杂的组合，表现形式更加丰富，互动性和可视性越来越强。随着数字技术的发展和用户习惯的改变，从长视频到短视频，内容生产的门槛越来越低，从 PC 端到移动端，受众观看与制作的便利性却越来越高。

与直播、长视频相比，短视频的短小精悍更符合当下时间碎片化场景需求，受众在短时间内即可观看并分享视频，周期更短。同时，视频长度的缩短降低了制作的门槛，普通用户即可随时用移动设备拍摄、制作视频，短视频成为受众更乐于传播的社交语言。与传统图文广告相比，在内容营销的时代，品牌更需要用情感和角色来打动用户，更具三维立体感的视频语言可以让用户更真切地感受到品牌传递的情感，这就意味着品牌使用短视频作为与用户交流的语言将更容易被受众接受，更容易实现品效合一的传播效果。

短视频行业首先出现在美国，2011 年 4 月，Viddy 正式发布了移动端视频社交应用产品，定位为"创建和分享视频的有趣简单方式"，帮助用户即时拍摄、快速生产、便捷分享。同时，它与 Facebook、Twitter、YouTube 等社交媒体平台实时对接，用户之间的即时交流从互发文字、图片、语音发展到互发视频。与之类似的应用还有大规模争夺用户的短视频分享软件 Vine 和开始拓展短视频分享业务的传统图片分享应用 Instagram。除此之外，目前国外的 App 平台上还有 KeeK、MixBit 等类似的短视频社交应用。

此外，OpenAI 推出其首个视频生成大模型 Sora。其革命性的视频生成能力，不仅展示了 AI 在视觉内容创造上的突破，更预示着全球算力需求的新一轮激增。

我国的短视频行业在 2015—2016 年迎来爆发，成为新时代互联网社交平台之一。2016—2017 年，短视频行业保持快速增长，成为移动视频的新爆发点。从社会环境来看，我国移动互联网的发展逐步成熟，用户在移动端的使用频次已大大超过 PC 端，智能手机的普及为短视频的传播搭建了良好的平台。同时，社交媒体的普及使用户更加热衷于体验分享与评论带来的自我满足，以娱乐的态度获取资讯；经济环境方面，短视频行业得到了大量投资，融资多集中在 A 轮和天使轮，投资方向集中在内容创作和社交分享等领域。技术方面，5G 网络的推广为短视频的发展带来机遇，流量、宽带费用降低，智能移动终端的拍照、摄像技术不断增强，短视频的制作、分发、观看门槛越来越低。这一切都为短视频行业的发展带来了机会。

2017 年 11 月 22 日，今日头条 CEO 张一鸣在今日头条创作者大会上宣布，今日头条旗下所有短视频产品总播放量超 100 亿次。截至 2017 年 10 月，今日头条与西瓜视频的日均视频播放量达到 30 亿次，较上年同期增长了 170%。2017 年 10 月腾讯企鹅智酷发布的调查报告显示，有 40.8%的用户认为短视频广告的体验相对更好，首次超过图片广告。

我国短视频社交平台分为综合平台、分享平台和推荐平台三类。综合平台集视频的制作、发布、播放和社交功能为一体，如快手、美拍等。分享平台主要为大量流量聚集的社交媒体平台，如微博、朋友圈、QQ 空间等；推荐平台包括今日头条等资讯内容分发的平台。

短视频内容的生产者既有普通用户、专业经纪公司包装的网红群体，也有专业的视频制作公司。短视频内容生产正向组织化、垂直化和个性化方向发展。美妆、美食、生活方式等垂直领域的创作者有望集中发力，搞笑娱乐类的题材逐渐减少，同时受众群体将更加细分化、社群化。受众对于高质量、感兴趣的内容营销接受度比以前更高。对于广告主而言，如何选择头部 IP 制作符合品牌调性并能打动用户情感的视频内容，如何准确地找到平台入口实现流量变现，成为重要的课题。

短视频行业进入成熟期，手机流量资费下降、智能手机硬件性能提升及算法分发的应用推动短视频行业快速爆发。经过近几年的发展，短视频用户规模已超 8.5 亿，用户使用时长在移动互联网用户使用总时长中的占比已达 10.5%，已成为移动互联网最重要的流量高地之一。

短视频行业的竞争格局趋于稳定，短视频平台海外布局成果已经逐步显现。腾讯微视及百度好看视频等尚未跻身短视频行业的第一梯队。短视频行业的算法推荐持续优化，MCN(multi-channel network，多频道网络)快速崛起。短视频由于其多数为碎片化时间的泛娱乐消费，算法分发可以很好地帮助用户从纷繁的内容中进行筛选及决策。MCN 的崛起将提升 PGC(专业生产内容)和 PUGC(专业用户生产内容)的质量，抖音、快手认证 MCN 已经获得了良好的成果。

此外，短视频+社交+电商成为发力点，短视频平台基于兴趣，以头部主播为中心的陌生人弱关系社交闭环已形成，未来短视频平台将不断强化以头部主播为中心的社交体系扶持。传统电商流量红利已经见顶，短视频拥有巨大的流量，又急需拓展变现能力，所以短视频+社交+电商变现模式逐步成型，并快速发展。

短视频不仅是长视频在时长上的缩短，也不只是非网络视频在终端上的迁移。当前语境下的短视频具备创作门槛低、社交属性和互动性强、碎片化消费与传播的特性。和长视频相比，短视频在互动性和社交属性上更强，成为消费者表达自我的一种社交方式。和直播视频相比，短视频在传播性上更强，便于全网内容分发和消费。

短视频行业近年来的快速发展是外部环境和内部驱动力共同作用的结果，其中外部环境对短视频行业的推动表现在两个方面：第一，短视频监管力度加大，规范了行业生态，促进了行业的良性发展；第二，智能手机和4G网络的普及，打破了视频消费的时间和空间限制，是短视频得以发展的土壤。短视频行业的内部驱动力表现在三个方面：第一，短视频比图文承载的信息量更大，表达内容更丰富，成为用户更加喜欢的内容传播方式；第二，内容生态日益规范，短视频内容的数量和质量都得到很大提升，也吸引了更多的用户参与短视频的生产和消费；第三，短视频商业模式的想象空间大，流量获取成本低，吸引了大量资本进入，平台补贴扶持内容生态，驱动行业发展。

目前，短视频行业商业模式主要为广告变现、电商变现和用户付费，其中广告是应用最多的变现方式，内容机构青睐电商变现。未来，垂直内容付费是用户付费突破口。

未来，短视频行业在垂直领域的内容将愈加丰富和细化，同时短视频平台将迎来洗牌期，内容分发渠道将更加精细化，内容推荐机制将更加智能化，短视频营销也将更加规范化。

1.3.9　内容营销成为行业重点

内容营销是指以营销为目的，以内容为载体的商业传播行为，随着各个内容时代的发展，内容营销的范畴和类型也愈加丰富。尤其在网络内容时代，内容营销在传播上的爆款效应愈加频繁，在内容上的长尾价值凸显，在效果上品效合一的结合也愈加紧密，各类互联网平台也开始不断探索和创新内容营销布局，带来了更加丰富多彩的内容营销玩法和生态。

互联网重构了用户浏览内容的习惯与偏好，基于社交媒体的去中心化内容传播已经成为当前重要的传播方式。因此，内容营销的发力点也不再仅仅作用于内容本身，而是深入到内容传播的各个链条和场景中，甚至创造新的衍生内容来服务于内容营销，最大化地扩大内容营销的传播效果。可以说，广告主未来内容营销的策略重心不只是在内容中更好地呈现营销信息，更要在内容外设置更多的营销信息传播点，让内容营销本身能够成为被讨论和分享的传播爆款。

随着媒体环境的丰富和用户内容偏好的多元化，打造覆盖各个圈层的主流受众的头部内容将是一件越来越困难的事情。一方面，少量的头部内容变得愈加珍贵和稀缺，成为各大广告主热衷的内容营销合作伙伴；另一方面，过于密集的合作品牌和营销信息也会分散用户的注意力，影响实际的营销效果。从内容营销的角度来看，尽管未来头部内容的营销价值仍在，但广告主应该更多地结合自身品牌特征、目标受众及营销诉求，寻找小而美的中长尾内容展开内容营销合作，在拥有更多创意空间的同时，也可以对垂直领域的用户群体产生更深的情感链接。

内容营销可以承载深度更大、内容更丰富的营销信息，同时能够结合内容产生更强的情感共鸣，因此当前广告主对内容营销的价值期望仍然主要集中在建立品牌形象、传达深度营销诉求、建立用户情感链接等方面。而随着媒体方的不断发展和努力，内容营销的价值也开始突破品牌传播的枷锁，通过增加内容消费属性、强化即时转化的便捷性、打造消费内容场景等方式实现广告主销售转化的诉求。因此，未来广告主对内容营销的价值认知和评估体系也会更加丰富、成熟，会更加综合地评价内容营销在各个维度上带来的营销效果。

在营销方式的对比中，内容营销成为广告主关注度及落地成功率最高的营销方式；在广告形式的对比中，植入广告成为最被业内看好的广告形式；在社会化营销重点推广形式的对比中，社交内容的传播被推向了最受重视的位置。内容，成为营销者公认的、最值得关注的营销话题，随着内容创作的爆发，高价值的内容获取反而成为难题，资讯"爆炸"带来的劣质信息泛滥的问题，已成为用户的痛点。在消费者注意力越来越碎片化的情况下，只有优质内容才能引起消费者共鸣，只有自带话题才能激起消费者主动转发，才能在消费者心中留下长久的印象。

1.3.10　数字中台支撑营销架构

在互联网时代，当数字化成为企业的核心战略，如何实现业务数字化，如何使数据赋能企业业务转型升级，如何提升企业数字资产的价值，成为企业发展的瓶颈。在此背景下，数字中台成为指导企业数字化转型、实现数字营销的重要平台。数字中台是基于企业级互联网及大数据架构打造的数字化创新平台，包含业务中台和数据中台。一方面，数据中台可以在云厂商提供的运行机制和基础架构下，支撑企业新零售业务应用的标准化及快速定制，同时为企业提供大数据采集、管理和分析能力，实现数据精细化运营。数据中台可以将企业内外割裂的数据进行汇聚、治理、建模加工，消除数据孤岛，实现数据资产化，为企业提供客户立体画像、商品智能推荐、业务实时监控等服务，助力企业实现数据驱动业务。另一方面，业务中台不仅可以将不同系统中实现相同功能的服务聚合起来，统一标准，统一规范，统一出口，实现企业业务的整合，还可以通过服务的聚合实现资源与能力共享，支撑新应用与新业务的快速开发与迭代，以满足用户需求的快速更新。通过数字中台构建的客户触点体系可以帮助企业客户实现业务数据化、数据业务化，赋能企业智能化，全面实现数字营销。

在以消费者为中心的时代，企业的数字化应用发生了深刻变革。原来以系统为核心的建设模式中，业务和数据被"烟囱"式IT系统分割到了不同系统中，相互之间不能完全共享数据。一旦业务变更，产生新的应用需求，这种"烟囱"式的体系架构难以支撑业务变化与创新。同时，以消费者为中心的应用系统面临巨大的性能挑战，传统架构难以应对海量数据的并发，因此，向分布式、平台化转变成为变革的方向。分布式架构的灵活性、可扩展性，以及能承载海量用户的能力使云平台成为必然选择。为了支撑业务迭代创新，以阿里巴巴、腾讯为代表的互联网巨头开始实施中台战略，引入数据资源整合与交换中心、共享服务中心，

【拓展阅读1-1】
工行：以数字化打造金融新生态

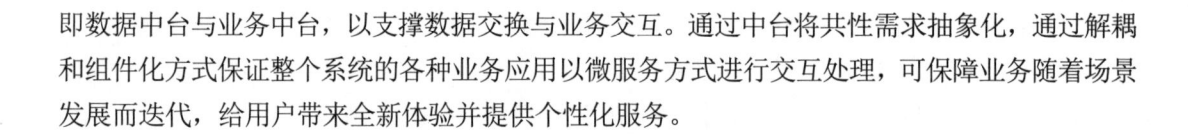

即数据中台与业务中台，以支撑数据交换与业务交互。通过中台将共性需求抽象化，通过解耦和组件化方式保证整个系统的各种业务应用以微服务方式进行交互处理，可保障业务随着场景发展而迭代，给用户带来全新体验并提供个性化服务。

本章要领梳理

面对数字时代的技术创新和商业变革，数据资产是未来企业重要的资产。同时，营销将实时化、精细化、可视化、智能化、多维化、生态化，企业将开启真正意义上的数字化转型。数字营销正以"技术＋数据"双轮驱动的方式，对传统营销进行在线化和智能化改造，进而帮助企业构建消费者全渠道触达、精准互动和交易的数字化营销平台与服务。

教练作业

1. 数字营销的趋势是什么？
2. 数字营销有哪些特点？
3. 为什么要用数字化重构企业的营销生态？
4. 为什么说数字化的关键是价值的重构与升级？
5. 数字营销的价值是什么？
6. 迫切需求数字营销的领域有哪些？

数字时代的消费者

第 2 章

> 要牵住数字关键核心技术自主创新这个"牛鼻子",发挥我国社会主义制度优势、新型举国体制优势、超大规模市场优势,提高数字技术基础研发能力,打好关键核心技术攻坚战,尽快实现高水平自立自强,把发展数字经济自主权牢牢掌握在自己手中。
> ——2021年10月18日,习近平在十九届中央政治局第三十四次集体学习时的讲话

近年来,以大数据、云原生、人工智能、区块链、5G、ChatGPT、SORA 等为代表的新技术革命对经济发展、社会生活和人类交往产生了前所未有的影响,多个领域的传统运行逻辑几乎一夜之间被打破甚至被颠覆,这种趋势同样波及了营销行业。特别是在基于大数据和算法的程序化购买与程序化创意风行营销界后,之前的营销理论和原则似乎都被数字营销者所抛弃,其中"以消费者为中心"的营销原则常常被数字营销者们鄙夷。事实上,无论营销的手段和方式如何变化,对消费者消费心理的研究一直是营销的重要课题。

2.1 消费者心理洞察

无论是线上还是线下,无论是实体产品还是虚拟产品,消费者的购买行为都会受其心理的支配。影响消费者购买行为的心理因素包括动机、感觉和知觉、学习、信念和态度等心理过程。

2.1.1 动机

心理学理论认为，人的行为是由动机支配的，而动机由需要引起，购买行为也不例外。需要是人感到缺少些什么从而想获得它们的状态，一种尚未满足的需要会产生内心的紧张或不适，当它达到迫切的程度，便成为一种驱使人行动的强烈内在刺激，称为驱策力。这种驱策力被引向一种可以减弱或消除它的刺激物(如某种商品)时，便成为一种动机。因此，动机是一种推动人们为达到特定目的而采取行动的迫切需要，是行为的直接原因。在一定时期，人们有许多需要，只有其中一些比较迫切的需要才能发展成为动机；同样，人们的动机中，往往只有那些最强烈的"优势动机"才能导致行为。需要是个体缺乏某种东西时产生的一种主观状态，是客观需要的反映。这些客观需要既包括人体内的生理需求，也包括外部的、社会的需求。例如，人体血液中的血糖降低是一种客观的需求，血糖降低会使下丘脑被激活，经过神经传至大脑，这样人就产生了进食的需要。同样，社会的需求也必须为个人所接受，才能转化为个人的需要。

需要作为客观的反映并不是一个消极的、被动的过程，而是在人与客观环境相互作用的过程中，在积极的活动中产生的。美国心理学家马斯洛在 1943 年提出了需要层次理论，这种理论把人类多种多样的需要归纳为五大类，并按照它们产生的先后次序分为五个等级。马斯洛在晚年又将需要补充为七类(后面会讲到)。下面介绍马斯洛提出的人类的五类需要。

1. 生理需要

生理需要是人类最原始的基本需要，包括饥、渴、性和其他生理机能的需要。这些需要如不能得到满足，人类的生存就成了问题。因此，生理需要是推动人类行动的最强大动力。马斯洛说："无疑，在一切需要中，生理需要是最优先的，这意味着，在某种极端的情况下，即在一个人生活上的一切东西都没有的情况下，很可能主要的动机就是生理的需要，而不是别的，一个缺乏食物、安全、爱和尊重的人，很可能对食物的渴望比别的东西更强烈。"

2. 安全需要

当一个人的生理需要得到满足之后，就想满足安全的需要。一般情况下，在一个和平的社会里，"健康的、正常的、幸运的成人，他的安全需要基本上是得到满足的。一个和平、安定、良好的社会常常使得它的成员感到很安全，不会有野兽、极冷极热的温度、犯罪、袭击、专制等威胁……"但是，如果一个人生存在一个不安定的社会中，如果一个人不健康或不幸运，那么他的安全需要就会很强烈，他会要求有就业的保障，有年老或生病的保障，等等。此外，人们对安全的需要还表现为另一种情况，即人们总喜欢选择那些自己熟悉的而不是陌生的，已知的而不是未知的事情。

3. 爱与归属的需要

"假如生理和安全需要都很好地被满足了，就会产生爱、情感和归属的需要……"显然，我们可以把马斯洛的观点理解成两个方面：一是爱的需要，即人都希望伙伴之间、同事之间的关系融洽或保持友谊和忠诚，希望得到爱情，希望爱别人和被别人爱；二是归属的需要，即人希望有一种归属感，希望归属于某一集团或群体，希望成为其中的一员并相互关心和照顾。

4. 尊重的需要

人们都希望自己有稳定的、牢固的地位，希望得到别人的高度评价，需要自尊、自重或为他人所尊重。牢固的自尊心意味着建立在实际能力基础上的成就和他人的尊重。这种需要可分成两类：第一，在所处的环境中，希望有实力、有成就，能胜任和有信心，以及要求独立和自由；第二，要求有名誉或威望(可看成别人对自己的尊重)、赏识、关心、重视和高度评价。尊重需要的满足使人有自信的感觉，觉得自己在这个世界上有价值、有实力、有能力、有用处；而这些需要一旦受挫，就会使人产生自卑感、软弱感、无能感，这些感受又会使人失去基本的信心，进而就乞求得到补偿或者趋向于精神病态。

5. 自我实现的需要

运动健将必须争冠军，音乐家必须演奏音乐，画家必须绘画，诗人必须写诗，这样才会使他们得到最大的满足。自我实现的需要指实现个人的理想、抱负，发挥个人的能力于极限的需要。自我实现的需要的产生有赖于前面四种需要的满足，前面四种需要的层次越低，越不可缺少，因而越重要。马斯洛的需要层次理论认为，人们一般按照重要性的顺序，区分轻重缓急，待低层次的需要基本满足后，才设法去满足高一层次的需要。

需要层次理论可以帮助营销者了解如何让各种产品和服务适合潜在消费者的生活水平、目标和计划。

2.1.2 感觉和知觉

消费者有了购买动机后就要采取行动，至于采取哪些行动，则受认识过程的影响。消费者的认识过程是对商品等刺激物和店容、店貌等情境的反应过程，由感性认识和理性认识两个阶段组成。感觉和知觉属于感性认识，是指消费者的感官直接接触刺激物和情境所获得的直观形象的反映，这种认识由感觉开始。刺激物或情境的信息，如某种商品的形状、大小、颜色、声响、气味等，刺激了人的视、听、触、嗅、味等感官，使消费者感觉到它的个别特性。随着感觉的深入，各种感觉到的信息在大脑中被联系起来，进行初步的分析综合，使人形成对刺激物或情境的整体反应，就是知觉。

由于每个人都以各自的方式注意、整理、解释感觉到的信息，不同消费者对同种刺激物或情境的知觉可能是不同的，这就体现了知觉的三个特性：注意的选择性、理解的选择性和记忆的选择性。

人们每天面对大量的刺激物，如广告，但其中大部分刺激物都不会引起人们的注意，也不会给人留下深刻印象。一般来说，人们倾向于注意那些与其当时需要有关的、与众不同的或反复出现的刺激物,这就是注意的选择性。

人们接受了外界信息的刺激,但并不一定会像信息发布者预期的那样去理解或客观地解释这些信息,而是按照自己的想法、偏见或先入之见来曲解这些信息,这就是理解的选择性。

记忆的选择性指人们常常记不住所获悉的许多信息,仅记住某些信息,特别是证实了自己的态度和信念的信息。例如,人们可能很容易记住自己所喜欢品牌的优点,而记不住其他同类产品品牌的优点。

感觉和知觉的过程告诉营销者们,必须精心设计促销活动,才能突破人们知觉选择性的壁垒。

2.1.3 学习

人类的有些行为是与生俱来的,但大多数行为是从后天经验中得来的,这种通过实践,由经验而引起行为变化的过程,就是学习。

学习过程是驱策力、刺激物、提示物、反应和强化诸因素相互影响、相互作用的过程。假设某消费者具有提高游泳技术水平的驱策力,当这种驱策力被引向一种可以减弱它的刺激物(如游泳衣)时,就成为一种动机。在这种动机的支配下,他将做出购买游泳衣的反应。但是,他何时、何处和怎样做出反应,常常取决于周围的一些较小的或较次要的刺激,即提示物,如亲属的鼓励或看到了游泳衣专卖店向社会发布的广告、文章和特惠价格等。他购买了某件游泳衣,如果购买后感到满意,就会经常购买并强化对它的反应。以后若遇到同样的情况,他会做出相同的反应,甚至在相似的刺激物上推广他的反应;反之,如果购买后感到失望,以后就不会做出相同的反应。因此,为了扩大对某种商品的需求,可以反复提供诱发购买该商品的提示物,尽量使消费者购买后感到满意从而强化积极的反应。

2.1.4 信念和态度

消费者在购买和使用商品的过程中形成了信念和态度,这些信念和态度又反过来影响消费者的购买行为。

信念是人们对某种事物所持的看法,如相信健身器材能强健身体。又如,某些消费者以精打细算、节约开支为信念。一些信念建立在科学的基础上,能够验证其真实性,如健身器材能强身健体的信念可以通过测试证实,而另一些信念却可能建立在偏见的基础上。经营者应关心消费者对其商品的信念,因为信念会形成对产品和品牌形象的认识,会影响消费者的购买选择。如果因误解而影响了购买,经营者应开展宣传活动,设法纠正消费者的信念。

态度是人们在长期的学习和社会交往过程中形成的观念,是人们长期保持的关于某种事物或观念的是非观、好恶观。消费者一旦形成对某种产品或品牌的态度,以后就倾向于根据态度做出重复的购买决策,不愿费心去进行比较、分析、判断。因此,态度往往很难改变。人们对某种商品的肯定态度可以使它长期畅销,而否定态度则可以使它一蹶不振。一般情况下,经营者应使产品迎合人们已经形成的态度,而不是设法改变这种态度,因为改变产品设计和推销方法要比改变消费者的态度容易得多。

2.2 影响消费行为的个人特征

消费者的购买决定也受其个人特征影响,尤其是受消费者的年龄及生命周期阶段、性别、职业、受教育程度、经济状况、生活方式、性格和自我观念的影响。

2.2.1 年龄及生命周期阶段

人们在一生的不同年龄阶段会不断地改变其所购买的产品和服务。以球为例,人们在小时候玩婴儿塑料球,长大后玩皮球,成年后玩篮球、排球、足球。人们对衣着、家具、娱乐等的爱好也与年龄密切相关。不同年龄消费者的欲望、兴趣和爱好不同,他们购买或消费商品的种类和式样也有区别。例如,儿童是玩具的主要消费者,青少年是文教体育用品的重要消费者,成年人是洗衣机和家具的主要购买者与使用者,老年人是保健用品的主要购买者和消费者。不同年龄消费者的购买方式也各有特点。青年人缺少购物经验,容易在各种信息的影响下出现冲动性购买;中老年人购物经验比较丰富,常根据习惯和经验购买,一般不太重视广告等商业性信息。

所谓生命周期,是指消费者从年轻时离开父母独立生活,到年老后并入子女家庭或独居直至死亡的家庭生活全过程。根据消费者的年龄、婚姻和子女等状况,可以把生命周期分为以下几个阶段:①独立生活的单身青年,穿戴比较时髦,会参加许多体育和娱乐活动;②没有孩子的年轻夫妇,需要购买家具、电器等耐用消费品,时常支出一定的旅游费用;③有6岁以下幼儿的年轻夫妇,需要购买洗衣机、婴儿食品、玩具等;④子女大于6岁的中年夫妇,需购买大量食品、清洁用品、文教用品;⑤子女已长大但尚未独立的中年夫妇,经济状况尚好,不易受广告影响,在孩子衣、食、教育及体育运动等方面花费更多;⑥与孩子分居的年纪较大的夫妇,会购买较多的非生活必需品、礼品和保健用品,支出一定的旅游费用;⑦单身老人,多数已退休,收入下降,会购买特殊食品和保健用品。由于消费者在生命周期不同阶段的欲望和购买行为有一定的差别,企业可以制订专门的市场营销计划来满足处于某一或某些阶段的消费者的需要。

2.2.2 性别

由于不同性别的消费者的生理和心理存在一定的差异,其消费欲望、消费构成和购买习惯也有不同。多数男性顾客购买商品比较果断和迅速,而女性顾客则往往会仔细挑选。不同性别的消费者订阅的杂志和观看的电视节目亦有不同,如足球、拳击等体育节目常吸引大量男性观众,连续剧则会吸引较多的女性观众。

2.2.3 职业

个人的消费行为也受其职业的影响。一个蓝领工人会购买工作服、工作鞋等，公司总经理则会购买昂贵的西装、航空旅游机票等。营销者们力图找出对其产品和服务最感兴趣的职业群体，某些公司甚至会专门生产某一职业群体所需要的产品，例如软件公司为企业管理者、工程师、律师、医生等设计不同的电脑软件。

2.2.4 受教育程度

受教育程度较高的消费者对书籍、报刊等文化用品的需求量较大，购买商品的理性程度较高，审美能力较强，购买决策过程较全面，更善于利用非商业性来源的信息。不同职业的消费者由于生活、工作条件不同，消费构成和购买习惯也有区别。

2.2.5 经济状况

人们的经济状况包括其可支配的收入(收入水平、稳定性)、储蓄与资产(包括流动资产的百分比)、借债能力和对花钱与储蓄的态度。经济状况决定个人的购买能力，在很大程度上制约着个人的购买行为。消费者一般都在可支配收入的范围内考虑以最合理的方式安排支出，以便更有效地满足自己的需要。收入较低的顾客往往比收入较高的顾客更关心价格的高低。经营那些对于收入反应敏感的产品的企业，应该经常关注消费者个人收入、储蓄及存款利率的变化趋势。如果有迹象显示经济衰退即将来临，营销者可对其产品采取重新设计、重新定位和重新定价的措施，使它们仍然能够吸引目标顾客。

2.2.6 生活方式

生活方式是人们根据自己的价值观念等安排生活的模式，并通过自己的活动、兴趣和意见表现出来。有些人可能来自相同的次文化群体、相同的社会阶层甚至从事同一职业，但生活方式可能大不相同。例如，同样是巴西人，并不是每个人都希望成为足球运动员。生活方式是影响个人行为的心理、社会、文化、经济等各种因素的综合反映，它往往比社会阶层、文化、个性等更完整、更深邃地反映人的特性。如果我们知道某人的社会阶层，虽然可推知此人大概几个方面的行为，但不能推知他个人的具体行为。又如，我们知道了某人的性格，就可以推知此人具有的心理特征，却不能推知此人的具体活动、兴趣和思想见解。生活方式却能够反映一个人在生活中的所作所为。

市场营销向消费者提供实现各种生活方式的手段，同时，营销人员亦有必要运用价值观分类法或活动、兴趣、意见分类法，对人们的生活方式进行分类，如把大量时间和精力投入工作与学习的进取型生活方式，重视家庭生活、依惯例行事的归属型生活方式等。生活方式不同的消费者对一些商品或品牌有各自的偏好，营销者须尽力了解产品与消费者群体的生活方式的关系，从而加强产品对消费者生活方式的影响。

2.2.7 性格和自我观念

性格是一个人比较固定的特性，如自信或自卑、冒险或谨慎、倔强或顺从、独立或依赖、合群或孤傲、主动或被动、急躁或冷静、勇敢或胆小等。性格使人对环境做出比较一致和持续的反应，每个人都有影响其购买行为的性格。例如，喜欢冒险的消费者容易受广告的影响，成为新产品的早期使用者。自信或急躁的人购买决策过程较短，缺乏自信的人购买决策过程较长。直接与消费者个性相关的六种购买类型包括：几乎不变换产品的种类和品牌的习惯型；经冷静、慎重地思考后购买的理智型；特别重视价格的经济型；易受外来刺激而购买的冲动型；感情和联想丰富的想象型；缺乏主见或没有固定偏好的不定型。某些性格类型与产品和品牌之间具有强烈的相互关系，性格可以作为分析消费者行为的有用变量。例如，某俱乐部可能发现许多潜在顾客具有高度自信、优越感强、自主性高的性格特征，这就表明要把这些诉求应用到该俱乐部的广告中去。

许多市场营销者还运用另一个与性格相关的因素——自我形象(或称自我观念)，即人们怎样看待自己，来进行广告宣传。自我形象是一个十分复杂的图像，包括：实际的自我形象；理想的自我形象，即希望怎样看自己；社会自我形象，即认为别人如何看待自己。一般认为，人们总希望保持或增强自我形象，并把购买行为作为表现自我形象的重要方式。

2.3 消费群体分析

市场上总有消费趋同的消费群体，即个人的消费态度、意见、消费偏好和消费行为相类似的群体。企业的客户满足的程度是与企业的成本成正比关系的，从经济学角度看，适当的企业规模是企业追求市场占有率和企业盈利的必要手段。因此，在市场营销过程中对消费市场的客户趋同分析十分重要。这是企业市场细分的基础。此外，数字营销的开展使产品推送也必须在对消费群体分析的基础上展开。

影响消费群体趋同的因素主要包括：文化和亚文化、社会阶层、相关群体和家庭。

2.3.1 文化和亚文化群

文化是一个由集体共有的价值观念、传统和行为准则组成的系统，具有一定的独特性。文化是人类心灵的集体程序化，它使一个人类团体区别于另一个人类团体。从这个意义上讲，文化是一个由集体共有的价值观念组成的系统。文化是影响人们欲望和行为的基本因素。大部分人尊重自己的文化，接受文化中共同的价值观和态度，遵循文化中的道德规范和风俗习惯。所以，文化对消费者的购买行为具有强烈和广泛的影响。

在每一种文化中，往往还存在许多在一定范围内具有文化同一性的群体，它们被称为亚文化群。

(1) 民族亚文化群。民族亚文化群是根据民族来区分的文化群，如我国有汉族、回族、满族、维吾尔族等，不同的民族亚文化群有着各自独特的风俗习惯和文化传统。各族人民经过长期发展形成了各自的语言、风俗、习惯和爱好，他们在饮食、服饰、居住、婚丧、节日、礼仪等物质和文化生活方面各有特点，这些都会影响他们的欲望和购买行为。

(2) 宗教亚文化群。宗教亚文化群是根据人们的宗教信仰来区分的文化群。宗教是人类社会发展到一定阶段的历史现象，有发生、发展和消亡的过程。我国居民有信教和不信教的自由，客观上存在着信奉佛教、道教、伊斯兰教和天主教等宗教的群体。各宗教的文化偏好和禁忌会影响不同信仰的人们的购买行为和消费方式。

(3) 种族亚文化群。种族亚文化群是根据种族区分的文化群，如白种人、黄种人、黑种人等。不同的种族亚文化群也有自己不同的文化特点和生活习惯。

(4) 地理亚文化群。我国是一个幅员广阔的国家，南方或北方、城市或乡村、沿海或内陆、山区或平原等不同地区，由于地理环境、风俗习惯和经济发展水平的差异，形成不同的地理亚文化群。各地理亚文化群的人们具有不同的生活方式、兴趣和爱好，这也会影响他们的购买行为。

2.3.2 社会阶层

社会阶层是社会中按某种层次排列、较同质且具有持久性的群体。同一社会阶层的人有相似的经济社会地位、利益、价值观倾向和地位。

在不同的社会形态下，社会阶层划分的依据不同。在现代社会，一般根据职业的社会威望、收入水平、财产数量、受教育程度、居住区域等因素，将人们归入不同的社会阶层。同一阶层的人，因经济状况、价值观倾向、生活背景、受教育程度相近，其生活习惯、消费水准、消费内容、兴趣和行为也相近，甚至对某些商品、品牌、商店、娱乐活动、传播媒体等都有共同的偏好。

(1) 特殊背景阶层。特殊背景阶层主要指有特殊背景的人，包括有权力的人和有财富的人两种。特殊背景阶层的人主要从其前辈那里继承了影响力和财富，在社会上有显赫的家族背景，这些人的数量不多，对消费品的需求也有限，但其作为一个有声望的集团对社会有很大影响，尤其是对暴富阶层有直接影响。

(2) 暴富阶层。与特殊背景阶层不同，暴富阶层的人大多不是依靠前辈取得显赫地位，而是依靠自己的机遇、天分和才华在职业上或工商界获得巨大成功。这些人既包括各类企业家和明星，也包括各行各业的富翁。暴富阶层的人一般都聚敛了巨额财富，收入很高，但他们大多原本并无地位，因此，这些人对于能够象征其名声、地位和财富的商品很感兴趣，如豪华别墅、汽车及一些名贵商品等。暴富阶层的人往往是社会关注的焦点，是新潮流的引导者。

(3) 高级职员阶层。高级职员阶层包括政府、企事业单位的高职位职员，教授和科学家。高级职员阶层的人在自己的职业上颇有成就，收入要高于社会一般水平，而且十分稳定，他们喜爱高品位的文化生活，在生活用品上希望通过自己的消费来显示自己职业上的优越感，一般对高档服装、家具感兴趣。

（4）一般职员阶层。一般职员阶层包括政府、企事业单位的一般职员，普通教师及一般研究人员。一般职员阶层的人是社会的中坚力量，他们有固定的工作，有稳定的收入，是常规家庭饰品、中档和部分高档娱乐商品的主要消费者。

（5）劳动者阶层。劳动者阶层主要包括从事体力劳动，有固定职业，有一技之长的劳动者。他们一般文化程度不高，生活单调，收入一般，是中低档商品的主要消费者。

（6）贫困阶层。贫困阶层包括没有固定工作，没有一技之长的失业者和半失业者，或者从事一些底层工作的人。他们的工作收入低而且不稳定，文化水平低，是廉价品的主要消费者。

企业研究社会阶层的购买行为对细分市场具有特别的价值，可以使企业的目标市场更有针对性。通过对各个阶层的调查可以发现主要的市场机会，有针对性地根据目标阶层的需求和爱好开展营销活动。

2.3.3 相关群体

相关群体是指对个人的态度、意见偏好和行为有直接或间接影响的群体。相关群体有两种基本类型：一种是个人具有成员资格并因而受到直接影响的群体，该群体又分为主要群体和次要群体，主要群体是给个人以最大影响的群体，如家庭、朋友、邻居、同事；次要群体则是给个人以较次要影响的群体，如职业协会。另一种是个人并不具有正式成员资格，而是期望成为其中一员的群体，即崇拜性群体，典型的如青少年对明星们的崇拜。

相关群体促使人们在消费上做出相近的选择，因为人们从相关群体中获得大量经验和知识，受群体成员观点和行为准则的影响与制约；或者因为个人相信在群体影响下做出购买决策可以减少失误，而不遵守群体准则的行为会受到谴责；或者因为个人希望通过与群体交往来提高自我形象。群体的结合越紧密，交往过程越有效，个人对群体越尊重，相关群体对个人购买行为的影响就越大。

相关群体对消费者购买不同商品的影响有所区别。它对购买使用时不易为他人所觉察的洗衣粉、食盐等商品影响较小，对购买使用时十分显眼的摩托车、服装等商品影响较大。相关群体不仅会影响消费者的产品选择，而且会影响消费者的品牌选择。在产品生命周期的不同阶段，相关群体对产品选择和品牌选择的影响也不尽相同。一般来说，相关群体在介绍期只对产品选择有强烈影响，在成长期对产品选择和品牌选择都有很强的影响，在成熟期对品牌选择有强烈影响，在衰退期对产品选择和品牌选择的影响都很小。

在相关群体对购买行为影响较强的情况下，企业应设法影响相关群体的意见领导者。意见领导者既可以是主要群体中在某方面有专长的人，也可以是次要群体的领导人，还可以是崇拜性群体中人们效仿的对象。意见领导者的建议和行为往往被追随者接受和模仿，因此，他们一旦使用了某种产品，就会起有效的宣传和推广作用。企业应首先针对他们做广告，或干脆请他们做广告，以对追随者起到示范或号召作用。

2.3.4 家庭

家庭是最重要的相关群体之一，以致需要受到特殊对待。家庭由居住在一起的，彼此有血缘、婚姻或抚养关系的人群组成。家庭的重要性在于从一个人年幼时就开始受家庭的种种影响，而且这种影响可能伴其一生。

家庭又是一个消费单位和购买决策单位。在不同的家庭中，夫妻参与购买决策的程度不同；在同一家庭中，夫妻参与购买决策的程度又因产品的不同而有很大差异。传统上，食物、日用杂品、日常衣着的购买主要由妻子承担。在购买价格昂贵的耐用消费品或高档商品时，家庭决策模式变得较为复杂。家庭成员在购买决策中都扮演着不同的角色，在不同的家庭，相应成员担任的角色和任务也不相同。归纳起来，家庭成员中参与购买决策的人大体可分为六种人：发起的人、影响的人、信息收集的人、决策的人、购买的人、使用的人。企业营销者应了解哪些商品的购买是夫妻双方甚至子女都参与购买决策的，谁有较大的影响力，或谁在哪些方面更具影响力，要根据家庭成员在购买决策中的不同角色做好针对性的市场营销工作。

2.4 消费行为分类

消费者在市场购买和消费活动中，消费行为具有极大的差别，千人千样，各有不同。同一个消费者在不同的时间和市场环境，消费行为也变化极大。这既增加了企业市场管理的困难，同时也为企业的市场营销工作提供了机会和可能。研究消费者的购买行为，不可能逐个分析，只能大致进行归类研究。

2.4.1 根据消费者购买目标的选定程度区分

根据消费者购买目标的选定程度，可将消费者分为以下类型。

(1) 全确定型消费者。全确定型消费者在进入商店前已有明确的购买目标，对商品的名称、商标、型号、规格、样式、颜色，甚至价格的幅度都有明确的要求。他们进入商店后，会毫不迟疑地买下商品。

(2) 半确定型消费者。半确定型消费者进入商店前已有大致的购买目标，但具体要求还不甚明确。这类消费者进入商店后，一般不能向售货员明确、清晰地提出对所需产品的各项要求，需要经过较长时间的比较和评定。

(3) 不确定型消费者。不确定型消费者在进商店前没有明确的或坚定的购买目标，进入商店一般是漫无目的地浏览商品，或随便了解一些商品的销售情况，碰到感兴趣的商品也会购买。

2.4.2 根据消费者的购买态度与要求区分

根据消费者的购买态度与要求，可将消费者分为以下类型。

(1) 习惯型消费者。消费者对某种产品的态度常取决于其对产品的信念。信念既可以建立在知识的基础上，也可以建立在了解或信任的基础上。习惯型消费者往往根据过去的购买经验和使用习惯采取购买行为，或长期惠顾某商店，或长期使用某个品牌、商标的产品。

(2) 慎重型消费者。慎重型消费者的购买行为以理智为主，以感情为辅。此类消费者喜欢收集产品的有关信息，了解市场行情，在经过周密的分析和思考后，做到对产品特性心中有数。在购买过程中，他们的主观性较强，不喜欢别人介入，受广告宣传及售货员的影响甚少，往往要对商品进行细致的检查、比较，反复衡量各种利弊因素后才做出购买决定。

(3) 价格型消费者。价格型消费者选购产品多从经济角度考虑，对商品的价格非常敏感。例如，有的人认为价格昂贵的产品质优，从而选购高价商品；有的人则不考虑质量，只选购廉价品。

(4) 冲动型消费者。冲动型消费者的心理反应较快，易受产品表面质量和广告宣传的影响，以直观感觉为主，新产品、时尚产品对其吸引力较大，一般能快速做出购买决定。

(5) 感情型消费者。感情型消费者兴奋性较强，情感体验深刻，想象力和联想力丰富，审美感觉也比较灵敏，因而在购买行为上容易受感情的影响，也容易受广告宣传的诱惑，往往以产品的品质是否符合其感情的需要来做出购买决定。

(6) 疑虑型消费者。疑虑型消费者具有内向性，善于观察细节，行动谨慎、迟缓，体验深而疑心大。他们选购商品从不冒失、仓促地做出决定，在听取售货员介绍和检查产品时，也往往小心谨慎和疑虑重重。他们挑选商品动作缓慢，费时较多，还可能因犹豫不决而中断购买行为；购买商品会三思而后行，购买后仍放心不下。

(7) 不定型消费者。不定型消费者多属于新购买者。此类消费者由于缺乏经验，购买心理不稳定，往往是随意购买或奉命购买商品。他们在选购商品时大多没有主见，一般都渴望得到售货员的帮助，乐于听取售货员的介绍，并很少亲自去检验和查证产品的质量。

2.4.3 根据消费者卷入购买的程度区分

消费者卷入购买的程度包括两个方面：第一，消费者购买的谨慎程度以及在购买过程中花费的时间和精力，如消费者购买耐用消费品时比购买日用品时更谨慎，花费的时间和精力更多，因为前者一般单价高，购后要使用多年，风险较大；第二，参与购买过程的人数。一些商品的购买过程通常由一人完成，也有一些商品的购买过程由充当发起者、影响者、决定者、购买者和使用者各种不同角色的家庭成员、朋友等多人组成的决策单元完成。

根据消费者卷入购买的程度，可以把消费者的购买行为分为以下类型。

1. 复杂的购买行为

如果购买昂贵的、不常购买的、冒风险的和高度自我表现的商品，则此类购买行为属于消费者高度卷入的购买行为。如果消费者属于高度购买卷入者，并且了解现有各品牌之间存在的显著差异，则消费者会产生复杂的购买行为。通常出现这种情况是由于消费者对此类产品知道不多且要了解的地方又很多，比如一个购买个人家用健身器的人可能连要购买的商品有哪些属性都不知道。事实上，许多商品的属性是不具有什么意义的。

在上述情况下，消费者将经过认知性的学习，其特征是首先逐步建立他对此产品的信念，然后转变成态度，最后谨慎地做出购买决定。营销者必须了解高度卷入的消费者的信息收集与评估的行为，制定各种策略以帮助消费者掌握该类产品的属性、各属性的相对重要性，以及其品牌具有的较重要的属性等。同时，营销者必须使品牌特征与众不同，利用主要的印刷媒体和详细的广告文案来介绍品牌的好处，并发动商店的售货员和消费者的朋友来影响消费者的最终决定。

2. 减少失调感的购买行为

有时，消费者高度卷入某项购买，但他不了解各品牌有何差异，这种高度卷入的原因在于该项购买是昂贵的、不经常的和冒风险的。在这种情况下，消费者将四处查看以了解何处可以买到该商品，但由于品牌差异不明显，故其购买将极为迅速。消费者可能主要因便宜的价格或某时、某地方便而决定购买，选购高档健身器就是其中一例。购买高档健身器属于高度卷入的决策，因为高档健身器价值昂贵而且与个人的自我认同有关，消费者可能认为在某一价格范围内的大多数高档健身器是没有什么区别的。

购买行为发生之后，消费者可能会感到购买后的失调，因为他发现该高档健身器的某些缺陷，或听到其他高档健身器的一些好处，这时该消费者将着手了解更多的信息，并力图证明其原决定是有道理的以降低失调感。在消费者购买高档健身器的例子中，消费者首先采取某种行动，然后获取一些新信念，最后以形成同类态度而告终。在这种情况下，营销广告的主要作用在于提供有助于消费者对其购买行为感到心安理得的信念与评价。

3. 习惯性的购买行为

许多商品的购买决定是在消费者低度卷入和品牌没有什么差异的情况下做出的。消费者很少卷入这类产品的购买，他们往往走进商店随手拿起一种品牌就买下了。如果他们一直在寻找某一品牌，也可能只是出于习惯，并没有强烈的品牌忠诚感。实例证明，消费者对大多数低价且经常购买的商品的卷入度低。在此情形下，消费者行为并不经过信念、态度、行为的正常顺序。消费者并未深入地寻找与该品牌有关的信息，并评估其特性以及为购买哪一种品牌做最后的决定，反而他们只是被动地接受电视或印刷广告所传递的信息。结果，广告的重复只会造成他们对品牌的熟悉而非被品牌所说服。

消费者购买卷入程度较低的多是价值低、需频繁购买的商品。低卷入程度的购买行为一般是经过多次购买以后形成的常规反应行为,又可以分为习惯型和多变型两类。

习惯型购买行为是消费者购买品牌差别很小的商品时的低卷入行为,消费者大多根据习惯或经验购买这类商品。

4. 寻求多样性的购买行为

有些购买情境的特征是消费者卷入程度低但有着显著的品牌差异,此时可看到消费者经常更换品牌。例如,运动场地的租赁,消费者有一些信念,不过没有做太多评估便选择了某个场地,然后在消费时才加以评估。但可能消费者在下一次购买时会因为厌倦原有场地或想试试新场地而寻找其他场地。品牌转换是因为追求多样性而不是有什么不满意之处。

多变型购买是指消费者为使消费品种多样化,经常变换所购商品的品牌。在习惯型和多变型两类购买行为中,消费者一般不主动地寻找信息,只是在看电视或报刊广告时被动地接受信息,购买前也不认真评价不同的品牌,一般不会真正形成对品牌的态度。基于这些特点,企业运用适当的促销策略和价格策略,可以有效地吸引人们购买相关商品。

2.5 消费行为分析

在数字时代,物理空间不再是企业的必争之地,电商等线上渠道的出现让企业看到了数字化运营的前景。企业的市场战略也开始从占据物理空间向占据消费者的时间及心智转变。

数字时代,企业应致力于与消费者产生更多触点,通过触点更加了解消费者,从而为消费者提供更加个性化的产品及服务,进而让企业品牌及形象深深扎根于消费者的心智模型中,以此来拉近产品与消费者之间的距离,并提升产品的市场占有率。

2.5.1 需求多元,圈层崛起

移动互联网和大数据极大地改变了社会、文化和经济环境,改变了人们的思维、价值观和消费习惯。在这样的环境下,消费者的感性和期望必然受到影响与改变。企业从提供标准化服务向提供定制化服务转变,消费者对所消费的产品也从以前关注产品功用转变为关注产品情感价值,进而发展到关注产品体验。未来是体现个性消费的时代,随着科技的进步,产品的多样性会满足人们的消费需求,人们对产品的设计和使用的参与将促使个性化消费的成熟与完善。同时,产品的时代特征也由标准化、均质化转向个性化、异质化,最终过渡到产品社会化。有用、好用不再是人们对产品的追求目标,希望拥有才是当代人们通过产品提高生活品质的价值取向。文化的多元性、价值的多元性、审美的多元性是当前时代的主要特征。

随着社会的发展,消费者的心理需求也将不断被激化和推进,一种需求得到满足,另一种需求又会产生,上一代人的需求满足了,新一代人又会产生更高的需求,如此反复、永无止境地向前发展。需求的无限发展与科学技术的发展互相作用,成为人类社会发展的重要推动力。

消费需求的发展趋势总是由低级向高级，由简单向复杂。

虽然每个消费者的需求各不相同并且千变万化，但在一定时期、一定的社会范围内，由于受到当时社会因素及环境的影响，人们往往会对某一种或某些商品表现出普遍的爱好，具有那个时代的特征。这是消费者需求受到多种因素影响，需求得到满足或实现，也可能被抑制或减弱而呈现出的特征，它因商品或服务的品种、水平的不同而呈现差异。一般来说，对耐用消费品需求的弹性较大，对日用品消费需求的弹性较小。

消费者心理需求的产生、发展和变化与现实生活环境有密切关系。生产技术的发展，商品的发展变化，消费观念的更新，社会时尚的变化，工作环境的变化，文化艺术的熏陶，包装、广告的诱导等，都可能使消费者的需求发生变化。

由此可以看出，消费者的需求是十分复杂的，它既受到消费者自身特点的影响，又受到各种外界因素的影响。时代变迁和社会环境的变化从方方面面影响着消费者的需求，使消费需求的内容、形式、层次不断改变和进化，并呈现出一系列新的消费趋向。

企业必须适应时代，丰富人们生活的多样性。企业的市场活动也从标准设计发展到企业设计，进而发展到市场设计，呈现多元化趋向。产品与服务设计由理性时代转为感性时代，能够引起诗意反应的物品逐渐增多。企业发展要满足并维护自然、文化和社会生态的多样性。在这个呼唤个性化、差异化的消费时代，消费的情景化、体验化初露端倪。

2.5.2 群体分层，消费分级

1. 拼多多兴起引发的消费分层争议

2018年，拼多多的兴起和上市引发消费升级与消费降级之争。多数人认为，拼多多的兴起不代表消费降级，而代表消费分层、分级。在这个过程中，消费升级依然是主旋律，但会在过程中逐步呈现结构性分化，导致逆消费升级现象频发，尤其体现在生活消费品领域。在差距不大的情况下，消费者不追求高价格、高效率、大品牌和优质服务，而是更多地追求物美价廉，这绝不是消费降级。

2. 消费分层下的消费升级现象

当下，中国市场经历的是消费分层下的消费升级，不同层级的消费群体都处在消费升级的状态，一、二线城市是商品消费向服务消费的升级，三、四、五线城市中，低线城市渠道能力强的大众消费品行业在不断崛起。因此，在线上交易方面，一、二线城市服务消费行业将脱颖而出，如教育、医疗、养老、人力资源等；三、四、五线城市中，低线城市渠道能力强的行业将得到进一步发展，如化妆品、金银珠宝、母婴产品等。

3. 网红经济与商品找人现象

在大众消费经济时代，企业比拼规模、产能、品牌、质量等。而移动互联网、消费分级时代，网红带动产品销售的现象比比皆是。例如，一个美食类的重度垂直网红在公众号里面发表了一篇文章，推荐一款菜板，文章发布 10 分钟就销售了 1.5 万个，超过这一类菜板在全亚洲一年的销量！

大众消费经济时代，人找商品；圈层经济时代，即小众消费经济、消费分级的时代，商品找人，这是一种分层分级的消费。每一种类型的用户都有不同的消费特征，都有他的社交圈层、喜好。消费需求不一样，所需要的商品功能、格调、品位也都不同。

4. 精品咖啡市场的圈层消费案例

在大众消费经济时代，人们往往通过传统的咖啡店或超市购买咖啡，这些场所提供的咖啡品种相对单一，主要满足大众的基本饮用需求。然而，随着圈层经济时代的到来，小众消费和消费分级趋势日益明显，咖啡市场也迎来了变革。

精品咖啡市场的兴起正是这一趋势的典型体现。在这个市场中，不同类型的消费者根据自己的口味偏好、生活方式和消费能力，选择了不同的咖啡品牌和饮用方式。例如，一些追求极致口感和新鲜度的咖啡爱好者，会寻找那些提供手冲、冷萃等精品咖啡的独立店铺或品牌。这些店铺通常注重咖啡豆的产地、烘焙程度和冲泡技艺，以提供独特而高品质的咖啡体验。

与此同时，这些精品咖啡的消费者也形成了自己的社交圈层。他们通过社交媒体分享咖啡知识、品鉴心得和推荐的咖啡店，从而进一步巩固了他们的消费特征和喜好。在这个圈层中，咖啡不仅仅是一种饮品，更是一种生活态度和品位的象征。

为了满足这些消费者的需求，精品咖啡品牌也在不断创新和升级。他们不仅提供高品质的咖啡产品，还通过举办咖啡品鉴会、咖啡培训课程等活动，加强与消费者的互动和沟通。这些活动不仅提升了消费者的咖啡知识和技能，还进一步增强了他们对品牌的认同感和忠诚度。

综上所述，精品咖啡市场的兴起是圈层经济时代商品找人、分层分级消费的一个典型案例。在这个市场中，不同类型的消费者根据自己的需求和喜好选择了适合自己的咖啡品牌和饮用方式，形成了独特的社交圈层和生活方式。而精品咖啡品牌则通过不断创新和升级，满足了这些消费者的需求，赢得了他们的青睐和忠诚。

5. 圈层经济下的品牌细分与营销

今天，无论商家卖什么产品，冰箱、空调、洗衣机……已经没有统一市场，每个人都活在不同的圈层中。人们会根据自己的年龄、审美、收入、区域特征去选择不同的品牌。所以，几乎所有的行业品牌都在彻底细分化。只要找到喜欢这个产品的人，就能打造一家非常好的企业，商品创新的空间巨大。

很多消费者完全生活在自己的圈子中。例如，IG 刷屏时，"70 后"很茫然；金庸的消息刷屏时，"00 后"很无感。大家每天只关注自己喜欢的公众号和真正投机的朋友，各种智能算法的推荐让人们只看到自己想看到的。

在小众消费经济、消费分级的时代，品牌传播的内容要更加真实、更加值得信任。只有真实的内容才能通过口碑传播，从而把消费者的注意力集中起来。大众营销变为精准营销，在各个不同的圈层进行高质量传播,才能将传播做得更精准。

那么,作为一个平台,怎样才能在圈层中迅速集结、转化呢?首先需要寻找一群对自身平台认同的人,然后通过紧密的互动,使这群人与平台发生关系,去影响更多的人,最终形成平台专属的生活方式,这便是平台圈层营销的本质。

平台的圈层是波状辐射模型,如果把 1000 名铁杆"粉丝"变成平台的 KOL,那么这 1000 个核心圈人员将会通过他们的社交媒体影响 1 万个人,平台的微博、微信、抖音、快手将有 10 万人关注,这 10 万人又能够影响周边的 100 万人,这就是 KOL 的魔力所在。

2.5.3 数字"Z世代"降临

"Z 世代"泛指"95 后"年轻人。他们成长于数字时代,生活、学习观念承前启后,并且最早一批"Z 世代"年轻人已经 30 岁,开始步入社会主流,C 位出道的"Z 世代"越来越受企业重视。

年轻人的生活环境、行为习惯在发生变化,企业要针对年轻人做营销,就需要不断与时俱进。面对"Z 世代"年轻人,企业需要找到合适的方法,以便快速建立品牌认知,形成消费决策。

以喜茶为例,喜茶针对年轻人,推出了城市限定系列饮品,这一系列饮品以各大城市的特色美食为灵感,将地道的城市味道与喜茶的调性相结合,创造出独特的饮品口味。在营销策略上,喜茶联动西安、济南、长沙、重庆、深圳、中山等在内的 14 座城市,历时 5 个月,推出 18 款城市限定新品。这些新品不仅具有鲜明的城市特色,还融入了喜茶的品牌元素和创意。同时,喜茶还通过美食纪录片、文化活动等方式,进一步提升"让灵感发声•在地"联动系列的影响力,将产品上升到文化的传承与创新维度上。这一营销策略不仅吸引了大量"Z 世代"消费者的关注,还增强了品牌与城市文化的联系,提升了品牌的差异化认知度。此外,喜茶还选择与"Z 世代"喜欢的品牌进行联名合作,如与 Tempo 得宝、润园四季、晓燕生煎等品牌合作推出联名产品。这些联名产品不仅具有独特的口感和包装设计,还融入了双方品牌的元素和创意。通过跨界联名合作,喜茶成功吸引了更多"Z 世代"消费者的关注,并提升了品牌的知名度和影响力。

数据预测分析机构 Engagement Labs 针对 20 世纪 90 年代中期出生的人群发起了一项调查研究,从他们的品牌喜好可以看出,科技和饮食品牌更受欢迎。此前,代际动力学中心(The Center for Generational Kinetics)也得出过类似的结论,"Z 世代"将科技产品作为与家人和朋友互动的主要工具。

Engagement Labs 的调查显示,iPhone 在这一群体中被讨论得最多,这也带动苹果成为"Z 世代"心目中流行的品牌。代际动力学中心的行为设计师希瑟•沃特森(Heather Watson)表示,一个 13 岁的孩子就可以用手机随时下单订外卖,并通过手机满足娱乐、社交等需求。

排在苹果后面的品牌分别是可口可乐、三星、耐克、麦当劳、沃尔玛和百事。有一个趋势是,美国的年轻一代更关注个人健康,除更热衷户外运动外,他们对于饮食的健康要求也有所提升，这就表现为可口可乐和百事的市场影响力有所减退。

每一代人都有特定的消费习惯，为吸引不同时代的消费者，商家需要不断调整营销策略。"Z世代"已成为市场上的主流消费群体。尼尔森的研究报告指出，"Z世代"生长于信息爆炸的年代，随着数字媒体的兴起与普及，这部分受众很容易对感兴趣的事物进行筛选，只有个性化营销才能抓住他们的喜好。

"Z世代"对时尚的追求越来越趋于多元化。不过，"Z世代"也正变得越来越不可捉摸，其实很可能他们自己也不知道自己究竟喜欢什么；或者说，他们对某件事情(某个人)的喜欢时间正变得越来越短。这在某种程度上也是因为世界变化太快，新生事物(新人)层出不穷，让人眼花缭乱，难以专注。因此，如何能长期拥有这个善变的人群，是商家们需要共同探索的课题。

2.5.4 数字的跨次元价值凸显

虚拟偶像作为二次元文化和"粉丝"文化的产物，正在受到越来越多年轻消费者的喜爱与消费，AI虚拟偶像的背后是潜在的市场商机。

1. 虚拟歌手洛天依

洛天依是我国首位虚拟歌手，是由Vsinger(上海禾念信息科技有限公司)以Yamaha的VOCALOID3语音合成引擎为基础开发而成的虚拟形象。哔哩哔哩(B站)鸣实验室为洛天依量身定制了AI语音声库，通过精妙的算法调校，保留了其声音的标志性特质，并赋予其更自然流畅和真实的表达能力。

洛天依以灰发、绿瞳、环形辫(也叫8字辫)的形象示人，项部配碧玉、腰间配中国结，拥有治愈系声线，是辨识度很高的中国风形象。洛天依的性格比较内向安静，情绪相当丰富，很容易被别人的感情所影响，但是她也有固执的一面。她擅长用歌声表达自己和他人的感情，对于她来说，没有什么比用歌声给别人带来快乐更幸福的事情了。

2024年10月5日，洛天依在上海静安体育中心举办了一场全息演唱会。这场演唱会不仅是一次视觉和听觉的双重盛宴，也是对洛天依十年来音乐旅程的一次全面回顾和致敬。演唱会中，洛天依结合全息技术，将她独特的魅力和音乐才华展现给了无数粉丝和观众。从《蜥蜴舞曲》中的裸眼3D大蜥蜴，到《三月雨》中真实花瓣的洒落，都让现场观众感受到了虚拟与现实交织的奇妙体验。洛天依的微博粉丝超过500万，B站音乐作品播放次数近20亿次。这些数字背后，是粉丝们对她无限的热爱和支持。演唱会现场，不计其数的粉丝聚集在场馆内外，手持应援物品，高声呼喊着洛天依的名字，将现场气氛推向了高潮。

洛天依的成功不仅在于她作为虚拟偶像的身份和音乐作品的质量，更在于她与粉丝之间的深厚情感联系和互动。她通过社交媒体平台与粉丝进行互动，分享生活、音乐等内容，建立了紧密的粉丝关系。这种情感联系和互动使得洛天依在年轻消费者中拥有极高的知名度和影响力。

2. 虚拟偶像的产生与发展

虚拟偶像的出现及这一产业的兴起不是偶然，而是有着较长时间的技术与文化积淀。

虚拟偶像的诞生最早可以追溯到 20 世纪 60 年代。当时，贝尔实验室成功研制出了世界上第一台会唱歌的计算机——IBM 7094，它唱了一首充满电流感的 Daisy Bell。虽然这个会唱歌的计算机并不是真正的虚拟偶像，但可以把它当作现代虚拟偶像的一个雏形。

2007 年，一家位于北海道的音声制作公司 Crypton，借助虚拟音乐合成软件 Vocaloid，推出了世界上第一位虚拟歌姬——初音未来。这个扎着双马尾，穿着超短裙的大眼少女，凭借一曲翻唱自芬兰波尔卡舞曲的《甩葱歌》风靡社交网络。

2016 年，YouTube 出现了在平台发布视频、与粉丝直播互动的 VTuber(虚拟 UP 主)，虚拟偶像产业逐步从艺人模式的 1.0 时代，过渡到一个偶像类型更丰富、偶像打造模式更加多元化的虚拟偶像 2.0 时代。

虚拟偶像步入 2.0 时代的典型代表是全球第一 Vtuber——绊爱酱。在 YouTube 平台上，绊爱酱既可以直播游戏，也可以分享自己的"日常"。自 2016 年在 YouTube 发布第一个投稿以来，绊爱酱在 YouTube 上已经有超过 200 万的订阅用户。

大多数人不能理解人们对虚拟偶像的追捧，认为这些都是不真实的，也是没有意义的。但对于很多喜爱的受众来说，虚拟偶像是一个全新的内容载体。虚拟偶像有完美的人设、不变的容貌、更易与"粉丝"亲近等特点，更容易让"粉丝"代入自己的情感。

虽然虚拟偶像没有现实载体，但是吸金能力不容小觑。在国内，虚拟偶像市场在快速成长的同时，也吸引了大量品牌的目光。

从 2017 年起，就有各类品牌尝试采用虚拟偶像做代言，洛天依代言了百雀羚的森羚倍润补水保湿面膜，还专门为产品广告片推出了曲目《漂亮面对》；丰田汽车在美国推出 Corolla 系列的第 11 代新车型时，邀请初音未来演唱广告单曲 *World is mine*；《QQ 飞车手游》的虚拟角色小橘子接替真人偶像明星担任英国旅游局友好大使等。这些都是虚拟偶像代言的有效尝试。

之后，随着《全职高手》《恋与制作人》等手游的大热，其中的热门虚拟形象开始陆续为汽车类、零食类与快餐类品牌代言，如麦当劳与《全职高手》推出线下主题店，肯德基与《恋与制作人》合作推出套餐等，虚拟 KOL 开始进入大众视野。

实际上，创造虚拟偶像并不只是动漫公司和游戏公司的特权。随着虚拟偶像的开发，还出现了一种品牌自己原创虚拟偶像的现象，比如肯德基在 2019 年 4 月创造了虚拟版的上校爷爷，通过变身为虚拟 KOL 与消费者进行互动。

虽然商业化不是一件容易的事，但新的尝试从未停止。2020 年，B 站、腾讯、网易、抖音、巨人等互联网巨头相继入局，内容生产方也在尝试用新的模式接入虚拟直播，比如短视频平台千万级"粉丝"的二次元形象一禅小和尚、萌芽熊，动漫《狐妖小红娘》涂山苏苏等，也开始尝试进行直播，这些 IP 在游戏、动画、线下等模式上相对成熟，不需要投入太多精力即可在虚拟主播领域开拓和运作。相对来说，原生于社交网络和短视频平台的 IP 在短视频平台内部直播和引流的效果要好得多，可以期待，接下来国产原创形象 IP 的虚拟主播化也会成为虚拟主播本土化的机会。

此类跨次元经济实际上是指以动漫为产业的二次元经济，二次元已经打通了虚拟世界与现实世界的壁垒，成为跨代际沟通的重要语言和介质。现在，二次元的用户和受众已有 3 亿多，且逐渐呈现从虚拟世界向现实世界转移的现象，在整个二次元世界里出现了很多真实世界的事物，此外，在真实世界里也出现了很多二次元世界的事物。

正如动漫电影《你的名字》，细心的网友就会发现里面的隐形植入，女主角用的眼线笔、男主角用的油性笔——Zebra双头油性笔、金麦啤酒……同时在放映前期被网友玩起了UGC，用各地的方言念起了"你的名字"，也起到了一定的宣传效果，原生二次元广告、自创IP、生活场景二次元再现等方式让品牌更"萌"。

跨次元的文化表现产品是动画、漫画、游戏和轻小说。当前跨次元文化的人群组合主要是二次元的模特、二次元线上社区、线下cosplay(角色扮演)聚会等。随着时代的改变，次元化正从边缘到主流，获得更多线下空间和可视机会。我国次元的相关产品数量多，质量却不高，但是跨次元产业的前景非常好，将逐渐拥有自己独特的次元文化，而不是模仿韩日。次元化对于过去的虚拟和现实观念是一次重大冲击，是衡量新代际差异的最具革命性的符号标志。

2.5.5 顾客的"变"与"不变"

当大数据、云原生、人工智能、ChatGPT、SORA等在营销领域被普遍采用之后，许多品牌的声誉和市场份额都呈指数级上涨，以互联网思维为代表的营销理念应运而生。根植于传统社会固定环境中的营销理论体系已经不适应现代社会的商业环境，在解构成为主流话语的当下，品牌营销应该像"造浪"一样不断推陈出新，杜蕾斯、优衣库、可口可乐这些社交媒体时代的宠儿无不奉行这样的营销逻辑。雷军的互联网思维"七字诀"也被众多营销人奉为圭臬，"专注、极致、口碑、快"似乎把营销人的注意力重新带到了产品导向的年代，以匠人精神打造"爆品"，迅速迭代，就可以赢得口碑、纵横市场，无往而不利。小米的成功还颠覆了品牌成功的进阶顺序，以知名度、美誉度和忠诚度构建起来的倒金字塔营销模型落伍了，而以忠诚度、美誉度和知名度打造的金字塔营销模型备受追捧。

这些令人眼花缭乱的营销工具、理论、模型似乎让"以消费者为中心"的营销原则备受冷落，用户标签、大数据营销、精准传播等崭新的营销概念层出不穷，仿佛要将营销带入一个新世界。但仔细观察就会发现，这些营销理论的核心仍旧是"以消费者为中心"和"客户关系管理"。雷军的互联网思维"七字诀"的核心是"口碑"，离开了这个"以消费者为中心"的"根"，"专注、极致、快"的"叶"就将凋零。数字营销的关键在于消费者的互动和参与，共享、共鸣、共振、共情是互联网营销制胜的法宝。在数字营销时代，变化的只是修辞和话语，不变的是营销传播的逻辑起点——以消费者为中心。

2.5.6 构建以消费者为中心的营销原则与生态

1. 以消费者为中心的营销原则

从大机器生产取代手工作坊并逐渐成为现代企业的主导模式以来，产品导向和生产者导向很快被市场导向和消费者导向所替代，以消费者为中心成为现代营销和品牌建设的基本原则。

然而，对该原则的最初理解却是简单化和形式化的，当占据明显竞争优势的企业肆意妄为遭到强烈抵制之后，以消费者为中心成为企业重塑形象的救命稻草和重要抓手。而该原则真正成为重构品牌营销的内在逻辑是在企业之间的竞争日趋白热化之时，其中最大的转变就是对消费者需求和消费者心理的深刻洞察。企业对市场概念的理解也在发生改变，市场不再是看得见的商店和卖场，而是指消费者的心智空间。从二十世纪六七十年代开始，美国陆续出现的聚焦理论、定位理论、分众理论、利基理论、4C理论和IMC理论就是这种转变的明证。这种转变可以概括为从"以消费者为中心"转变为"以消费者的需要为中心"，两字之差却道出了这一原则的不同营销境界。

有个案例较好地说明了两者之间的差距：20世纪90年代，《北京青年报》在开始引领中国报业改革之初，给自己的定位是"《北京青年报》：报道青年人的事"。事实证明，这样的定位并没有给报纸带来大发展，反而令报道面窄、内容偏狭，非但其他年龄段的人不看，就连青年人也不愿意看。后将定位改为"《北京青年报》：报道青年人关心的事"，两字之差，境界天壤之别，从此，《北京青年报》风头占尽，市场影响一时无二。看得出，在市场营销领域，具体所指的、看得见摸得着的"消费者"，远不如看不见却感受得到的"消费者的需要"的空间大，提供的可能性多。

2. 以消费者为中心的营销生态

不同时代有着不同的营销重心：在传统商业时代，看重的是地段；在门户网络时代，看重的是流量；在移动互联网时代，看重的是"粉丝"；在智能互联网时代，看重的是社群。"粉丝"和社群好像奉行的都是以消费者为中心的原则，但两者的区别很明显，前者在一定程度上是个体对偶像的单向度情感依赖，就像"玉米""千纸鹤"一样，"粉丝"是一个个原子化的存在，和偶像之间没有互动，很容易把人或品牌"神化"。后者也有一个中心，这个中心更多地负责搭建平台和社群，真正的主人是社群中的所有参与者，这些参与者不但与"群主"有联系，与其他参与者也有密切的联系，形成一个个小的圈子。社群的逻辑并不追求自身的"神化"，而是尊重并认可作为人的主体性，认真贯彻以消费者为中心的品牌原则，通过品牌的"人格化"兑现"品牌在人间"的承诺。

互联网技术产生的摧枯拉朽的作用几乎把所有企业都裹挟其中，企业离开网络已然寸步难行。但这里也存在很大的误区，以为只要数字化、信息化，将业务转移到网络上，就可以实现"互联网+"了，其实这不过是"+互联网"而已，企业的商业模式和底层逻辑并没有互联网化，沉淀的大量客户数据并没有被很好地挖掘和利用，无法在网络时代落实以消费者为中心的原则。如今，随着生活方式的改变、消费的升级，消费者的生活姿态和生活观念已然改变，企业应该利用新技术和新媒体时刻捕捉和跟踪这种变化，对消费者进行精准画像，洞悉他们的欲望、情绪和行为轨迹，精准投放，全面触达，深刻领会和理解网络时代中以消费者为中心原则的真谛，创造性地构建全新的营销生态。

【拓展阅读2-1】
海底捞：智慧餐厅，为消费者提供个性化选择

本章要领梳理

本章对数字时代的消费者进行了分析。进入移动互联网和大数据时代以来,市场竞争激烈、创新迭代、需求多元、圈层崛起,人们的思维、价值观和消费习惯有了巨大的改变。文化的多元性、价值的多元性、审美的多元性是这个时代的主要特征。这些变化对企业研究市场、满足客户需求提出了深刻的要求。

教练作业

1. 如何针对消费者行为设计企业市场对策?
2. 如何看待消费升级与消费降级之争?
3. 如何理解以消费者为中心的营销原则?
4. 简要描述一下"Z世代"的特征。
5. 如何构建以消费者为中心的营销生态?

第 3 章 数字营销创新

> 要把握数字化、网络化、智能化方向，推动制造业、服务业、农业等产业数字化，利用互联网新技术对传统产业进行全方位、全链条的改造，提高全要素生产率，发挥数字技术对经济发展的放大、叠加、倍增作用。
>
> ——2021年10月18日，习近平在十九届中央政治局第三十四次集体学习时的讲话

新一轮技术革命的重点是数字技术、数据要素和其他要素创新组合，在生产、流通、消费和分配等社会生产全过程，发挥倍增效应，降本提质增效、促进创新；传统产业通过数字化转型，实现智能化、绿色化和高端化；平台作为一种新型组织方式，在满足消费者日益增长的个性化和多样化需求方面，促进数据驱动的个性化、智能化的生产和服务，有效匹配供给和需求方面发挥了重大作用。

在发展数字经济，培育新质生产力的今天，企业的商业模式发生着变化，在促进产业融合的同时也推动了生活的数字化，任何行业都不能置身于技术、数据之外。

内容、技术、数据的功能已经发生了颠覆性变化，数据成为企业最基本的资产，是帮助企业了解消费者的基本要素，也是非常重要的创新要素。由于科技要素的加入，消费者与品牌之间的连接方式变得非常不同。随着产品选择范围的扩大，消费者变得更为挑剔，优质内容对于提升消费者黏性和促进消费者主动再次传播变得愈发重要，内容成为吸引消费者的重要因素。因此，要想在数字经济时代更好地发展，必须在与消费者密切相关的内容、技术、数据三方面进行创新。

在技术驱动营销的大趋势之下，无论是洞察人的情感，还是根据每个人的个性定制化推荐产品，"以人为本"仍然是新技术应用的基本出发点。新技术所做的其实是帮助消费者更加了解自己，也让品牌更加了解消费者。

随着消费环境的变化，企业与消费者沟通的角度要随之发生改变，提高传播调性，用更有品质的生活方式、更精致的生活态度吸引消费者，还要更多地关注年轻人的消费态度与消费习惯。

数字时代的消费者的消费习惯和以往大不相同，他们可能前一秒还在手机上浏览朋友圈信息，后一秒就因为看到朋友推荐而决定下单购买某品牌的产品。在某些特殊情况下，消费者对于品牌产品的购买甚至可能先于品牌体验。品牌与消费者的每一次互动都必须能够向消费者传达品牌理念，并需要创造一条促进消费者购买的捷径。

3.1 数字营销创新的主体

数字营销创新是指根据数字营销环境的变化情况，并结合企业自身的资源条件和经营实力，寻求数字营销要素在某一方面的突破或变革的过程。在这个过程中，并非要求一定要有创造发明，只要能够适应环境，赢得消费者的心理认可而且不触犯法律、法规和通行惯例，同时能被企业所接受，那么这种数字营销创新即是成功的。需要说明的是，能否最终实现营销目标不是衡量营销创新成功与否的唯一标准。

数字营销创新的主体包括营销管理者、企业家和企业。

3.1.1 营销管理者

营销管理者是指管理各项市场营销活动，对市场营销活动的计划、实施、组织与控制负责的人，如数字营销经理、广告经理、新媒体经理、调研经理、新产品经理等。创新的产生源于营销理论的推动，也离不开创新者的实践活动。营销管理者基于专业条件和职责要求，根据企业的营销目标制订营销计划和选择营销策略，因此，他们是数字营销创新的主体之一。

3.1.2 企业家

企业家是指在企业中从事最高领导工作的管理者。企业家之所以是数字营销创新的主体之一，有以下原因。

(1) 企业家被认为是从事"创造性破坏"的创新者。企业家对市场的洞察与把握使得创意得以产生，他们对企业的市场营销活动拥有的最终决定权和控制力，为其进行数字营销创新提供了有力的支持。

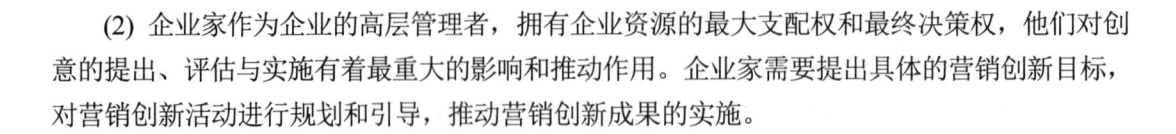

(2) 企业家作为企业的高层管理者，拥有企业资源的最大支配权和最终决策权，他们对创意的提出、评估与实施有着最重大的影响和推动作用。企业家需要提出具体的营销创新目标，对营销创新活动进行规划和引导，推动营销创新成果的实施。

3.1.3 企业

企业是市场活动的主体，是市场营销的营销者。从人群集合系统的角度来看，企业可以成为营销创新行为的主体。在当代技术创新的研究中，也着重强调了企业是创新的主体。营销创新是一个涉及研发、生产、销售等多个环节和领域的综合性创新活动，企业应该成为营销创新行为的主体。

除了以上所介绍的数字营销创新的主体，还有一些个人或组织也参与了数字营销创新活动并可能起到较为重要的作用，尽管他们并不在主体的范畴：①企业中的其他职能人员在工作过程中可能产生某些初始的或不连续的创新想法，为数字营销创新主体的创意形成起到了帮助作用，而他们的工作配合也为创意实施起到了辅助作用；②营销理论家提出的科学的创新见解和理论对主体的创新行为起到了指导作用；③企业外部的市场营销咨询、策划机构对营销创新活动的创意提出和初步实施起到了促进作用；④顾客作为营销的对象不断推动着营销创新，并为营销创新的创意评估与筛选提供了检验条件。

3.2 数字营销创新的分类

随着消费者的主体地位逐渐稳固，媒介环境以更快的速度进行跨界整合，各种营销新技术层出不穷，这一系列变化都推动了数字营销进行深度创新和转型变革。整合数字营销多环节的完整产业生态正在逐步形成，内容升级与技术落地的特征尤为明显。数字营销将继续围绕消费者进一步打造新的营销生态体系，创新消费者体验，变革营销机制，以此打造全渠道、全触点的营销新模式。

基于大数据、AR、VR、AI、ChatGPT、DeepSeek、SORA 智能营销技术，数字营销将进一步发展，将更精准、更有效率、更有"人情味"。根据营销创新过程中活动变化强度及创新对象的不同，可将数字营销创新做如下分类。

3.2.1 渐进性创新和根本性创新

根据营销创新过程中营销活动变化强度的不同，数字营销创新可分为渐进性创新和根本性创新。渐进性创新是对现有营销活动进行改进所引起的渐进的、连续的创新。根本性创新是指有重大突破的营销创新，它常常伴随着一系列渐进性的产品创新与过程创新，并在一段时间内引起产业结构的变化。

3.2.2 产品创新和过程创新

根据营销创新中创新对象的不同,数字营销创新可分为产品创新和过程创新。

1. 产品创新

产品创新是指技术、材料、工艺上有变化的产品的商业化。从市场营销角度来看,产品只要在功能或形态上发生改变,与原来产品产生差异,甚至只是单纯将产品由原有市场引入新的市场,都可视为产品创新。因此,产品创新可分为以下几种类型。

(1) 全新产品,是指采用新原理、新结构、新技术、新材料制成,开创全新市场的创新产品。据统计,在美国市场,这类新产品占新产品总数的 10% 左右。

(2) 改进或革新型产品,是指在原有产品基础上,部分采用新技术、新材料、新工艺,使其性能获得改进,或使其功能得到增加,或改变其构造与形状而得到的创新产品。

(3) 仿制型新产品,是指产品在市场上已存在,本企业模仿生产并推向市场的创新产品。

2. 过程创新

过程创新是指营销活动策略的组合和组织管理方式的创新。过程创新同样有重大和渐进之分。例如,由于 5G、大数据、移动互联网、区块链、ChatGPT、SORA、DeepSeek 等技术的应用,企业出现了诸多基于新技术的营销方式和营销手段,这就属于重大的过程创新。

营销创新的真正经济意义往往取决于它的应用范围,而不完全取决于是产品创新还是过程创新。例如集装箱,可以说没有丝毫的新技术,但是它变散装运输为大箱集装运输,减少了船舶在码头的停留时间,使海洋运输效率提高了很多倍。毫不夸张地讲,没有集装箱就没有现代海运事业,同时亦不可能有快速发展的世界贸易。因此,集装箱也属于产品创新。

3.3 数字营销创新的过程

数字营销创新是一个持续演进的过程,旨在通过利用最新的数字技术和策略,提升品牌知名度、增强客户参与度,并最终推动业务增长。数字营销创新的过程是一个涉及洞察、策略、执行与评估的动态循环。首先要通过市场研究和数据分析,深入理解消费者需求和市场趋势,为创新提供坚实基础。接着,基于这些洞察,制定具有前瞻性和差异化的营销策略,确保品牌信息能够精准触达目标受众。在执行阶段,利用新技术和创意手段,如社交媒体营销、内容营销、数据分析工具等,提升营销活动的吸引力和互动性。最后,通过持续监测和评估营销效果,收集反馈,及时调整策略,确保市场营销活动始终保持高效和相关性。这一过程不仅要求对市场变化的敏锐洞察,还需要快速响应和持续优化的能力,以在竞争激烈的市场环境中保持领先地位。这一过程包含企业市场机会分析和市场创新战略的选择。

3.3.1 企业市场机会分析

企业在发展过程中总是面临各种市场机会,但这些机会有些是真实的,有些是虚假的;有些是值得企业去利用的,有些是不值得企业去利用的。因此,企业必须对存在的各种可能的市场机会进行鉴别和分析。企业寻找市场机会的过程,实际上是对市场进行调查、分析,对市场机会进行识别、鉴定的过程。企业可以从以下几种类型的机会中寻找企业市场创新的机会。

1. 环境机会与公司机会

环境机会是指因为环境变化引起需求变化,从而形成的市场机会,环境变化也包括政策、法律、文化等因素引起的变化。例如,能源危机引起对新能源的需求,环保意识的增强引发对绿色产品的需求等。但环境机会对不同企业来说并不一定都是最佳机会,因为这些环境机会不一定符合所有企业的目标和能力,只有符合企业目标与能力的环境机会,才能形成企业新的市场机会,亦即公司机会。

2. 表面市场机会和潜在市场机会

表面市场机会是指明显的未被满足的市场需求。潜在市场机会是指隐藏在现有某种需求后面的未被满足的市场需求。对于表面市场机会,企业很容易寻找和识别,这既是优点也是缺点,正因为容易被识别,众多企业必然争夺这有限的市场,难免出现"千军万马过独木桥"的局面。相反,潜在市场机会不易寻找和识别,但先行一步者却可以先入为主,获得巨大的经济效益。

3. 行业市场机会和边缘市场机会

一般来说,各个企业由于拥有的技术、资源和经营条件不同,通常都有其特定的经营领域,出现在本企业经营领域内的市场机会,一般称之为行业市场机会;在不同行业交叉与结合部分出现的市场机会,一般称为边缘市场机会。企业一般对行业市场机会较为重视,因为能充分发挥企业自身优势,并且发现、寻找和识别的难度较小,但正因为如此,行业内竞争较为激烈。在行业与行业之间往往可能出现"真空"地带,恰好是一些企业难得的市场机会。比如,20世纪80年代美国的航天技术迅速发展,出现了许多边缘市场机会,传统的殡葬业与新兴的航天工业结合起来,产生了太空殡葬业。再如,冶铁和绘画是两个风马牛不相及的行业,但中国铁画却将这两个行业结合起来,从而产生了一种新的行业。还有,在医疗业和饮食业结合的领域出现的药疗食品、药膳餐馆等,也都是边缘市场机会的极好例证。

4. 目前市场机会与未来市场机会

目前市场机会是指目前尚未完全满足的需求。未来市场机会是指目前并未表现为大量需求而仅仅表现为一部分人的需求,在未来某一时期内将表现为大多数人消费需求的市场机会。如果企业能提前预测到未来市场机会,未雨绸缪,那么就可在未来市场机会转变为目前市场机会时，将自己已准备好的产品推入市场，获得领先优势。

3.3.2 市场创新战略选择

市场创新主要指不改变现有产品，或对现有产品不做大的根本性的变革而寻找新的市场机会，扩大产品销售。市场创新有两个基本方向：一是纵向创新，即对现有市场的挖掘和深化，提高产品的市场渗透率；二是横向创新，即开拓新的市场，扩大产品的销售量。因此，市场创新有两个基本途径：渗透型市场创新和开发型市场创新。

1. 渗透型市场创新

渗透型市场创新是指企业利用自己在原有市场上的优势，在不改变现有产品的条件下，通过挖掘市场潜力，强化销售，扩大现有产品在原有市场上的销售量，提高市场占有率。具体来说，渗透型市场创新又有 3 种基本途径。

(1) 通过各种促销活动，使现有顾客多购买本企业产品。例如，通过改变包装来增加销售。改为大包装，增加最低购买额；改为小包装或改用方便包装，方便购买和使用；用特价优惠吸引消费者大量购买，或对老顾客重复购买实行优惠等。

(2) 通过完善售后服务等，将竞争对手的顾客争取过来。例如，推出比竞争对手更完善的售后服务措施，提高企业的竞争地位，将竞争对手的顾客吸引过来。

(3) 寻找新顾客，是指争取原来不使用本产品的消费者，使其成为购买者。例如，赠送产品样本、目录、说明书，引起消费者的兴趣和注意；提供试看、试穿、试用等服务，增强消费者对产品的信心；扩大产品广告宣传，进行各种促销活动等。

渗透型市场创新应是企业首选的市场创新途径，通常企业所付代价最小，成功率最高。因为企业对环境和产品都比较熟悉，有一定的经验积累，便于实施，只要原有市场没有饱和，这种战略就容易成功。

2. 开发型市场创新

开发型市场创新是指企业用已有产品去开发新市场。具体来说，开发型市场创新也有 3 种基本途径。

(1) 扩大市场半径，即企业在巩固原有市场的基础上，努力使产品从地区市场走向全国市场，从国内市场走向国际市场。

(2) 开发产品的新用途，寻求新的细分市场。例如，美国杜邦公司生产的尼龙产品，最初只面向军用市场，如降落伞、绳索等。第二次世界大战后，产品开始进入民用市场，企业开始生产尼龙衣料、窗纱、蚊帐等日用消费品，以后又陆续扩展到轮胎、地毯市场，使尼龙产品系列进入多个子市场。在这个过程中，尼龙产品本身没有根本性变化，仅仅改变了尼龙的存在形式。

(3) 重新为产品定位，寻求新的买主。例如，某服装公司最早为老年人设计、生产夹克服装，产品推向市场后颇受老年人欢迎，后来又增加了青年服装定位，扩大这种产品的销售。

开发型市场创新要求企业不断了解新市场用户的需求和特点，预测该市场的需求量，同时要了解新市场中竞争对手的状况，估计自己的竞争实力。

3.4 数字营销创新的维度

企业数字营销的核心是企业价值再造。数字营销创新的维度包括产品创新、服务创新、技术创新、模式创新、业态创新、市场创新、组织创新、场景创新，如图3-1所示。

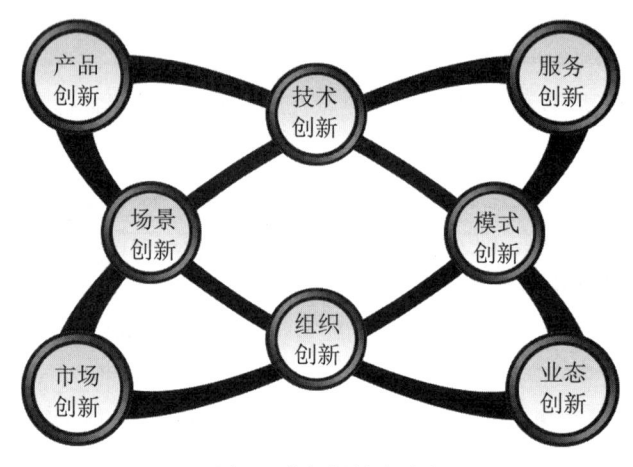

图3-1 数字营销创新维度

3.4.1 产品创新

产品创新是指创造某种新产品或对某一新产品或老产品的功能进行创新，有以下几种具体形式：一是形成全新产品，要么是同类产品的第一款，要么创造了全新的市场；二是构成新产品线，通过全新的产品线赚取全产品线、全产品生命周期的钱；三是产品重新定位，要么是重新定位于一个新客户群体或市场，要么是应用于一个不同的领域；四是产品的改良、改进，重在功能、性能、价值等方面有所提升，本质上是新老产品品种的更替；五是产品质优价廉化，在性能和效用上没有改变，但性价比提高了。

产品创新的核心是打造爆品，什么叫爆品？爆品的本质就是可以成为行业里程碑的产品，产品推出后，可以产生垄断的效果，能够做到 1 亿元、10 亿元或几十亿元的规模，甚至有的爆品可以做到 100 亿元、1000 亿元的规模。

例如，小米是打造爆品的高手。小米有很多产品，几乎每个产品一年就能做到 10 亿元的规模。小米成立初期，3 年只做了 6 款手机，款款均为爆品。

产品创新，关键是打造战略性的新品，要对产品进行颠覆性创新或者颠覆性的微创新。

爆品战略有 4 种：一是爆品功能；二是爆品产品；三是爆品平台；四是爆品效应。

什么叫爆品功能？举个例子，微信红包就具有爆品功能。微信红包早期就是一个小的功能，后来被春晚使用，甚至被打车软件使用，变成了一个爆品产品。随着这款产品越来越"爆"，它现在已经变成了爆品平台。什么叫爆品平台？爆品平台是指可以接入所有事物的平台。微信红包现在已经接入 N 种功能，包括支付等。爆品效应则是指在营销端、品牌端广泛吸引眼球，使得人尽皆知，产生巨大的流量。

3.4.2 服务创新

服务创新主要指借助新的概念、新的内容、新的技术手段所形成的服务方式，让用户或潜在用户感受到不同于从前的崭新内容或服务体验，并以此在商业上获得成功。这种新服务，要么是借助技术的重大突破和服务理念变革，创造全新的服务，带来技术服务化；要么是局部地应用相应技术手段，带来服务技术化；要么服务延伸、服务改善、风格转变，带来服务形象化；要么重新定位，形成更具品质的新服务，带来服务品牌化。但无论如何，新服务的背后有 4 个关键：一是价值主张，即服务提供商以什么概念吸引新老客户；二是服务入口，即服务提供商与客户端的交互渠道；三是服务体验，即服务提供商和客户间有效传递所共创或获取的价值及消费体验；四是技术门槛，即如何开发新技术并应用于服务系统中。

例如海底捞，免费美甲、免费擦鞋、免费送玩具给小朋友……海底捞的花式服务，大概只有顾客想不到，没有他们办不到的。当然，这基于海底捞有一套独特的员工管理模式——以人为本和以分权思想为核心的家庭式管理。在海底捞，对员工充分信任，充分授权，可以说海底捞的服务是其得以自下而上发展的核心，使其实现裂变式增长。

3.4.3 技术创新

技术创新主要指改进现有或创造新的产品技术、生产工艺、生产过程或服务方式的一系列技术活动，并以此在商业上获得成功。技术创新主要包括开发新技术或者将已有的技术进行应用创新。在整个技术生命周期上，技术创新偏重中后端，主要包括共性技术研究、商业应用研究、商品开发、工艺开发，涵盖了应用研究、小试、中试、产业化等环节。技术创新根据创新方式的不同分为独立创新、合作创新、引进再创新；根据创新层级的不同分为适应性创新与变革式创新、渐进性创新与颠覆性创新、跟随式创新与引领性创新、集成性创新与原始性创新。

技术是真实的生产力。技术的革新或革命必将带来生产力的巨大进步，从工业时代的福特、通用电气、埃克森美孚，到信息时代的 IBM、英特尔、微软，再到数字时代的苹果、亚马逊，以及已经到来的人工智能和物联网时代，均凸显了技术的巨大威力。

3.4.4 模式创新

商业模式的创新可以使企业取得商业成功，带动企业发展。任何具有爆发性的商业模式往往都是从一个很小的切入口开始做到极致，从过去产品思维的"以产定销"到用户思维的"以销定产",利用自身长板挖掘亮点和卖点,将市场及客户的痛点、难点甚至痒点转化为自身的盈利点与业务的爆发点,颠覆以往的游戏规则、技术路线、成本结构、组织方式、经营形态,使得资产越来越轻、销售渠道越来越短、交易环节越来越少、成本结构越来越优,成为全新游戏规则的制定者、新兴市场的开创者,赢得受众多、费用低、体验好、速度快的消费体验。

拼多多就是模式创新的典型案例。自拼多多上线后,短短3年时间内就突破了3亿用户、百万商家、1400亿元的GMV(gross merchandise volume,成交总额),日订单量超过京东,仅次于淘宝,跻身国内电商平台"第三极"。

拼多多当前的经营情况良好,根据拼多多集团发布的2025年第一季度业绩报告,得益于消费市场开局向好、积极因素积累增多的大环境,以及"多实惠"和"好服务"平台能力的增强,拼多多集团实现营收956.7亿元,同比增长10.21%。

拼多多以独特的拼团模式和低价策略为核心竞争力,不断吸引新用户并保持高用户活跃度。拼多多持续推出创新活动,如"百亿补贴""买贵双倍赔"等,进一步提升了消费者的购物体验和满意度。拼多多还通过优化平台服务、提升供应链能力、加强合规管理等方式,不断提升平台生态的质量和竞争力。

拼多多在国内电商市场中占据重要地位,是消费者购物的重要选择之一。据悉,拼多多将继续在消费端、供给端、合规及平台生态三个方面持续发力,推动平台的高质量发展。拼多多还将加大研发投入,沉淀易用的工具和服务,进一步赋能商家,推动产业数字化升级。

现代企业之争已经不再是简单的产品之争、个体企业之争,而是商业模式之争、生态系统之争。在商业模式方面,社交拼团是拼多多占领制高点的关键所在,用户找到合适的商品后,如果想要以极具性价比的拼团价格购买,就需要发起拼团,将商品购买链接分享给朋友圈、微信群、QQ群等社群中的好友,当下单人数满足一定要求时,即可成功购买。

显然,和传统电商模式相比,社交拼团模式具备强烈的社交属性,充分利用社交圈内人与人之间的信任关系,以极低的营销成本实现裂变式传播。同时,信息过载时代,人们已经厌倦了商家王婆卖瓜式的硬性推广,再加上购物场景的移动化、碎片化,电商流量成本持续攀升,而社交拼团使拼多多能够借助用户的自发分享,低成本引入海量流量,打破了电商模式的发展瓶颈。

在生态系统方面,拼多多逐步建立了上游厂商、电商平台、物流服务商、入驻商户及广大用户共同参与的闭环生态,通过直连工厂反向定制,从源头上把控商品质量,充分满足用户个性化需求的同时,去除渠道商、分销商等诸多中间环节,显著降低商品流通成本,最大限度地让利广大用户。

拼多多将入驻商户视为自身的战略合作伙伴,将入驻商户与自己视为利益共同体乃至命运共同体。拼多多还推出了品牌清仓、9.9特卖、新品推荐等一系列丰富的线上活动,并为不同的活动设计差异化的参与门槛,迎合了发展阶段及利益诉求有所不同的商户的个性化需要。同时,拼多多对商家的客服、发货、物流、售后等提出了较高的要求,引导商户确保商品与服务质量,给用户创造优良购物体验。

此外,在拼多多的闭环生态中,用户不仅是单纯的商品购买者,更是传播者、分享者,甚至是设计者、定价者。拼多多坚持以用户为中心,用户反馈意见被给予高度重视,通过大数据分析、处理用户评论,挖掘用户潜在需求,根据用户反馈意见制订选品计划、营销计划、仓储计划、物流计划等。

良性闭环生态的存在使各参与主体都能从中获益,实现多方共赢,拼多多案例成为相关从业者研究、学习的重点对象。外界更多地将焦点集中到了拼多多的低价方面,没有真正认识到其商业模式的优势还体现在供应链把控、入驻商家管理、生态构建、用户服务等方面。拼多多的社交电商、生态格局、产品运营、用户运营、新零售、拼团攻略、店铺运营、爆款打造等,均是其模式创新的组成部分。

3.4.5 业态创新

业态创新主要指运用新的经营方式、新的经营技术、新的经营手段创造出不同形式、不同风格、不同商品组合的商业形态,面向不同的消费者或满足不同的消费需求。新业态的出现取决于产业价值链运动的3个规律:一是产业价值链分解,伴随专业化的分工越来越细,最终导致企业内部直线系统(研发设计、采购、生产制造、销售、售后服务等)、支持系统(人力资源管理、财务管理、法律事务等)的价值链环节分解、独立出来,逐渐发展形成了新的业态;二是产业价值链融合,伴随价值链分解,以市场需要为导向,使制造业与服务业领域的不同价值环节或价值链再重组,使得产业、企业的商业模式发生改变,服务的内容和模式发生改变;三是产业价值链跨界,承载了两个以上产业的功能,不仅企业组织发生重组,产业链上下游关系也发生重组,使得产业边界模糊化。

3.4.6 市场创新

市场创新主要指通过改善或创造新的交易场景或交易方式满足新需求的行为,并以此在商业上获得成功。一般而言,市场创新主要包括两个方面:一是在新的交易场景下开拓新市场,这种新市场要么是地域意义上的,要么是需求意义上的,要么是产品意义上的;二是在新的交易方式下创造的新市场,重在通过建立新的交易机制或市场秩序,架起企业产品与顾客需求之间的联系桥梁,在别人认为没有市场的情况下创造出一个新市场,建立一种更合理的市场结构,而非单纯地解决将商品卖出去的问题。例如,分期付款使目前暂无购买力的人有了购买力;第三方支付通过虚拟空间解决了买家与卖家的信任问题。市场创新的方式有很多,主要包括产品方式、价格方式、渠道方式等。

3.4.7 组织创新

组织创新主要指通过改善或创造更好的组织环境和制度,促进权、责、利等方面的组织协调及人、财、物等方面的优化配置,使企业的各项活动更有效并以此在商业上获得成功,使企业得以发展。组织创新既包括产权制度建设,又包括组织制度建设,还包括相应的管理制度建设；既要考虑企业的经营发展战略，又要对未来的经营方向、经营目标、经营活动进行系统筹划；既要建立以外部环境反向配置资源的机制，又要不断优化各项生产要素组合；既要加强价值形态管理，又要把人的因素充分、无限地放大。

3.4.8 场景创新

场景创新就是围绕市场需求、市场应用、市场交易、终端服务、消费体验等，在用户思维下融合数据、内容、服务、体验、空间等，激发新的需求，再造新的需求，满足新的体验。场景创新的核心是通过场景的培育，创造需求、打磨产品、提供数据、改进算法、提供市场、迭代商业模式，进而产生全新的形态业态、商业模式、服务产品等。

场景是指戏剧、电影中的场面，泛指情景。人的生活是不同场景的切换，消费发生在特定的场景中。不同的场景中，即使是同一个人，消费需求也是变化的，变化的不是人，不是产品的核心功能，而是体现情绪、欲望的产品形态。场景在哪里，营销的镜头就应该追踪到哪里。营销角度的场景研究不是研究产品的核心功能，而是研究产品的表现形式，以及产品如何与消费者发生联系、形成体验、表现情绪、获得满足。

用智能手机刷朋友圈、刷抖音、刷快手是最普遍的社交场景；支付宝、微信重塑了消费者的日常生活；淘宝、京东、拼多多引领新零售场景下的消费规划；人工智能的发展使家庭陪伴场景、无人驾驶场景成为现实；5G商用技术的发展使家居物联网得到广泛应用。

未来的生活图谱由具象的场景定义，未来的商业形态也会成为不同场景的巧妙结合。新的体验，伴随新场景的创造；新的需求，伴随对新场景的洞察；新的生活方式，也就是一个新场景的流行。场景定义了消费的付费规划，也定义了人们的生活方式。

同样是咖啡，创业咖啡卖的不是咖啡，是创业场景；瑞幸咖啡则实现了对用户的"无限场景"触达、多元化互动，打造了个性化体验。江小白提供了"小聚、小饮、小时刻、小心情"的新生代场景解决方案，而不仅仅提供了白酒。小罐茶则开创了"方便喝好茶"的饮用消费场景。

综上，企业价值再造需要全新的、结构性的创业创新，而这种全新的、结构性的创业创新需要遵循新经济发展之道与爆发成长之路。具体而言，不仅要坚持产品创新、服务创新、技术创新、模式创新、业态创新、组织创新、市场创新、场景创新的价值再造基本途径，还要坚持合伙制、平台化、跨界别、生态圈、自成长、引爆点的爆发成长机制；不仅要从战略选择、价值再造、创新路径、发展模式、生产方式、组织实施、运营保障、创新层级、消费体验、企业价值等方面优化商业模式，还需要通过团队价值、行业价值、市场价值、社会价值、投资价值五位一体的方式来看待创业和企业的价值，使企业最终以人的价值为根本、以机会的洞见为起点、以想法的变现为通途、以长板的放大为主轴、以人脉的链接为入口、以知行的结合为活力、以爆发式成长为结果。

【拓展阅读3-1】
小米"手机+AioT"
双引擎布局新零售

本章要领梳理

当前，企业营销的内容、技术、数据的功能已经发生了颠覆性变化，数据成为企业最基本的资产，是企业了解消费者的基本要素，也是非常重要的创新要素。由于科技要素的加入，消费者与品牌之间的联结方式变得非常不同。随着产品选择范围的扩大，消费者变得更为挑剔，优质内容在提升消费者黏性和促进消费者主动再次传播上变得愈发重要，内容成为吸引消费者的重要因素。因此，要想在数字经济时代生存下去，必须在与消费者密切相关的内容、技术、数据三方面进行创新。

教练作业

1. 什么是数字营销创新？
2. 数字营销创新的主体是谁？
3. 数字营销创新有哪些分类？
4. 数字营销创新的过程是什么？
5. 数字营销创新有哪些维度？

第 4 章 数字营销模式

> 中国高度重视数字经济发展，持续促进数字技术和实体经济深度融合，协同推进数字产业化和产业数字化，加快建设网络强国、数字中国。
>
> ——2023年9月4日，习近平向2023中国国际智能产业博览会致贺信

当前，数字经济发展速度之快、辐射范围之广、影响程度之深前所未有，正在成为重组全球要素资源、重塑全球经济结构、改变全球竞争格局的关键力量。数字化事实上已经渗透到生产、生活的各个层面，不仅拓展了个人的效用空间，而且改变了"人"个体的表现形式，由此引发大量虚拟数字场景的探索与创新。

同时，数字化技术已然渗透至各个行业，并彻底改变了消费者与企业之间的关系。为了提供出色的客户体验，企业必须摆脱熟悉的传统营销方式，并构建全新的营销制度。企业需要根据自身发展的战略目标来选择适当的数字营销模式，并重点培养一系列关键的数字营销能力。

企业营销的数字化转型是营销模式从传统营销向数字营销转变的过程，真正使数字营销进入实战阶段的原因主要有两方面：一是近年来移动互联网、大数据、物联网、云原生、人工智能、区块链、5G、ChatGPT、SORA、DeepSeek等企业级信息技术应用的飞速发展；二是传播媒介上数字化传播代替传统广告，用户被社交媒体赋能等。微信、抖音、内容、社群、流量、直播……新媒体、社会化媒体层出不穷，当今的市场环境让营销的打法多种多样，企业该如何入手？

对于当前的主流消费人群而言，物品不是越贵越好，也不是性价比高就好，他们更在意产

品背后的价值。他们买产品是为了犒赏自己，期望通过消费成为理想的自己。那么，采用什么样的营销模式才能抓住他们呢？

互联网下半场，流量红利消失，获客成本越来越高，转化越来越难，流失越来越快，用户一言不合就"分手"。菲利普·科特勒说："企业获得新客户的成本是挽留现有客户的 5 倍，顾客流失率降低 5%，利润增长 25% 以上。"如何留住老客户？什么样的数字营销模式才能留住老客户？什么样的数字营销模式才适合企业自身？这是摆在许多企业面前的难题。

4.1　社群营销模式

无论是拉新还是转化，无论是留存还是转发，都离不开口碑。那么，口碑来自哪里？有人认为口碑来自爆品，但是再好的产品也有"黑粉"，再差的产品也有"铁粉"。显然口碑与产品有关，但口碑并不由产品决定，而是由企业与用户的关系决定。同价同质的产品，当企业与用户是"粉丝"关系时，口碑就高；而当企业与用户是交易关系时，口碑就不高。社群的作用就是通过内容、活动、利益、机制，把普通用户转化为会员，把会员转化为"粉丝"，把"粉丝"转化为"铁粉"，把"铁粉"转化为员工、股东、合伙人。

社群里的口碑与过去人们讲的口碑有什么不同？社群里的口碑由于相同的认知而具有同频共振效应，过去的口碑是一传十，但是传播得越远，效果越弱。无论是直销还是传销，为什么经常喜欢搞聚会，而且参会人数越多，转化率越高，这就是《乌合之众：大众心理研究》里讲的"数量即正义"。该书认为，对于群体来说，数量就是正义，人一到群体中，智商就严重降低，为了获得认同，个体愿意抛弃是非，用智商去换取让人感到安全的归属感。

移动互联网时代，人们的消费观念发生改变，从关注产品品质转变为关注产品背后的价值主张。人们的消费行为轨迹也发生了改变，过去的成交意味着交易结束，现在的成交仅仅意味着关系刚刚开始。

亚马逊 CEO 贝佐斯说："在线下世界，如果一个客户不满意，他会告诉 6 个朋友。在互联网世界，他会告诉 6000 个人。"消费者彼此的互联、互动极大地提升了消费者的影响力，个体的声音通过社群无限放大，从而影响整个市场。

传统营销属于流量思维，它的逻辑是通过广告传播让 10 000 个人看到，其中 1000 个人关注，最终 10 个人购买。社群营销却正好跟传统营销相反，通过超值的产品和服务体验赢得用户口碑，用户除复购外，可能带 10 个朋友来购买，这 10 个朋友又可能影响 100 个目标用户，100 个目标用户最终影响 10 000 个潜在用户，由于是朋友信任背书，转化率很高。传统思维与社群思维最大的不同就是传统思维看中的是一个客户，社群思维看中的是一个客户由于口碑裂变带来一群客户。

随着移动互联网以及社交工具、社交媒体的涌现，用户所需要的产品和服务触手可及，也更容易与同自己有相同需求的人进行交流。尽管移动互联网极大地降低了人们的沟通成本，但只有在社群里才能基于群体共识降低信任成本。为什么社群可以降低信任成本？因为人们总是愿意相信那些跟自己拥有相同价值观、相同目标、相同特征的人。一群有共同兴趣、认知、价值观的用户更容易抱团，形成群蜂效应，在互动、交流、协作、感染的过程中，对产品品牌本身产生反哺。因此，社群是每个品牌与用户沟通的最短路径，成本最低，效率最高，尤其是信任的建立为企业赢得了无限的商业机会和想象空间。

管理大师艾·里斯有一句名言："市场营销不是产品之争，而是认知之争。"过去，成功的消费品牌，都有一套通用的建立品牌认知的打法，那就是利用有影响力的传统媒体大量投放广告，占据用户头脑中对这一品类的认知空间，然后通过各种渠道尽量把产品铺得到处都是。然而在信息泛滥、渠道碎片化的今天，如何占领人们的认知空间？互联网之父斯蒂芬·沃尔夫表示，互联网正在把人群切分成一小块一小块的社群，产品如果没有社群和"粉丝"的支持，很难调动传播势能。在新商业时代，品牌要学会的是跟社群对接。

移动社交时代，传播的核心就是影响那些在社群中有影响力的超级用户，通过这些超级用户，影响他们的朋友圈，引发社群共振效应。

哈佛大学社会学权威专家尼古拉斯·克里斯塔基斯于2013年提出"三度影响力原则"，即人们的行为、态度、情绪会在人们所在的社会网络中三度分隔之内泛起涟漪。也就是说，人们可以影响身边的三度分隔之内的人，即可以影响自己的朋友(一度)、朋友的朋友(二度)和朋友的朋友的朋友(三度)，同时每个人也受到这三度分隔之内的人的影响。

社群营销模式可以表达为IP(intellectual property，知识产权)+社群+场景。首先确定目标人群，根据目标人群确定产品的使用场景，再根据场景链接IP圈层，最后由IP联合超级用户共同组建社群，影响更多潜在目标用户。社群营销的商业逻辑是IP用来占领专业认知高地，解决流量来源问题；场景用来强化体验，挖掘用户其他需求，提供一站式系统解决方案，为社群跨界变现创造机会；社群是催化剂，用来催化企业与用户、用户与用户之间的强关系，解决信任与共识问题。社群营销的核心就是构建企业与用户的信任共同体关系，通过社群实现个体的自我赋能，最终用户与社群相互赋能，形成良性循环。

4.2 内容营销模式

对于企业而言，要想让自己的信息从海量的信息中脱颖而出，就必须深入洞察消费者需求，生产出消费者喜闻乐见的内容，实现与用户的深度联结，从而实现品牌传播的目的。内容营销主要是指通过图片、文字、视频等介质传达企业的相关内容来给客户信心，促进销售。不过，这样的定义显然过于笼统，并不能很好地将内容营销的本质诠释出来。从目前来看，内容营销主要包括广告植入、社会化营销、短视频营销、创意H5、跨界合作及创意图画等。其中，创意是内容营销的核心，离开了创意，内容营销也就毫无特色。在营销预算紧缩、流量变贵的大环境下，广告主更加重视受众参与性和互动性高的内容营销模式，依靠优秀内容引发话题点及情感共鸣，从而实现更好地触达并影响受众。

1. 技术驱动，内容植入进入新时代

说到植入，大家第一时间便会想到影视剧中的各种产品广告。不过，大家可能想不到的是，很多产品广告都是后期通过 AI 技术添加进去的。影谱科技便是其中的代表，其产品"植入易"可以通过智能扫描，搜索视频内原生广告的可植入点，以多种形式将品牌形象植入剧目中的楼宇、电脑屏幕及室内海报等场景中。

2. 网红经济，KOL 价值更加突出

目前，网红经济蓬勃发展，网红带货更是受到品牌主们的青睐。在各大社交平台上，网红通过各大社交平台引流，以直播、短视频、评测文章等内容形态影响消费者在消费路径中的"种草"、商品比较、点击购买各个环节，"网红经济+内容营销"无疑为品牌建设及效果营销提供了新的价值。其中，KOL 价值更加突出。微博、小红书等都在打造 KOL 内容营销矩阵，以 KOL 为导向的营销不仅是与消费者沟通的重要方式，更是品牌价值的传递过程和品牌可信度的树立过程。

3. 短视频爆发，成为品牌触及三、四线用户的主要媒体形式

受经济环境的影响，市场的竞争日益激烈，短视频成为信息流广告的重要形式。短视频结合精准营销，市场空间巨大，用户时间碎片化催生短视频平台快速发展。特别是以抖音、快手为代表的短视频平台有着深厚的用户基础，在众多品牌发力下沉市场的当下，成为最佳的媒体形式之一。

4. 平台垂直细分化，内容更加个性化

当下，社交平台、视频平台众多，各有特色，覆盖不同的用户，例如抖音和快手尽管都主打短视频，但内容也存在极大差异。这就需要品牌在进行广告投放时，根据自己的定位、算法或标签数据，将个性化的内容分享或推广给用户。个性化投放使内容能够有效触达，增进了品牌和用户的情感共鸣。

5. 内容营销+社交更加流行

内容营销的本质是营销，是销售，但是好的内容终归要落回传播上，才能实现预期目的。如今，社交已经成为传播的重要渠道。通过好的内容吸引用户关注，然后借助社交配合完成沟通、转化、成交、沉淀，可以实现社交裂变式传播与增长。

6. 内容营销IP化

在泛娱乐化得到极大发展的背景下，与各类 IP 携手成为品牌营销的绝佳途径。借助 IP 积累的"粉丝"基础，品牌更容易快速吸引受众注意，达成情感共鸣。也正因此，越来越多的品牌开始联合各类 IP 推出相关产品。作为国内最知名的"网红博物馆"，故宫博物院凭借各路"萌

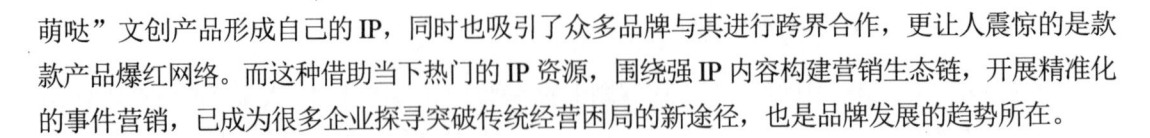

萌哒"文创产品形成自己的IP，同时也吸引了众多品牌与其进行跨界合作，更让人震惊的是款款产品爆红网络。而这种借助当下热门的IP资源，围绕强IP内容构建营销生态链，开展精准化的事件营销，已成为很多企业探寻突破传统经营困局的新途径，也是品牌发展的趋势所在。

7. 创意热店兴起

提到内容创意，胜加、天与空、有门、环时互动、马马也、F5等，可能许多人不了解这些创意机构，但是一定被它们的刷屏作品触及过。《世界再大，大不过一盘番茄炒蛋》、淘宝的《一千零一夜》、New Balance 的《每一步都算数》……众多经典案例都出自它们之手。"以创意为生"的创意热店得到了市场的认可和尊重，而它们的这份坚持也将吸引更多的公司将精力放在创意上，创作出更多优秀作品。

8. 技术与创意结合

目前，单纯的创意已经远远不能满足市场的需求，技术与创意结合似乎成了行业发展的大趋势。例如，以创意爆炸力闻名的创意公司——Droga 5，投入了埃森哲互动的怀抱；WPP将伟门(Wunderman)与智威汤逊(J. Walter Thompson)合并，组建Wunderman Thompson，合并后的Wunderman Thompson是一家创意、数据和技术代理商，并将通过创意、数据、商业、咨询和技术服务在全球范围内提供独特的端到端解决方案。无论是分还是合，归根结底都是为了给客户提供更好的服务，迎合市场的变化。

4.3 直播带货模式

2024年"双11"购物节，全网销售总额为14 418亿元，其中，直播电商3325亿元，同比增长54.6%。头部主播与各大品牌的合作成为"双11"期间的一大亮点。这些主播通过直播带货的方式，为品牌提供了高效的曝光和销售渠道。

4.3.1 直播带货成为新的营销模式

直播已经发展成为电商在新时代的新产业，直播带货呈现极强的爆发性，正在创造一个千亿级的新市场。

1. 淘宝直播

2025年3月31日，淘宝直播在一年一度的"直播盛典"上宣布，2025年全面加码品质直播，新增110亿投入，目标成交和用户规模两年翻番，并帮助更多生态伙伴用品质实现确定性增长。这意味着，行业将全面迈入品质直播时期。

坚持用户增长投入、坚持优质货盘运营、坚持专业主播扶持，2024年淘宝直播高品质发展。

数据显示，2024年淘宝直播年活跃买家数超2亿，核心主播成交同比增长31%，核心店播成交同比增长36%；达人生态健康发展，日开播主播数同比增长32%，月成交千万账号数增长26%。

2. 抖音短视频

近几年，短视频异军突起。抖音的母公司字节跳动公布其全球总月活用户超15亿，抖音日活用户超3.2亿。

3. 快手直播

2025年1月1日，快手发布的《2024快手直播生态报告》显示，2024年快手日均直播及短视频播放次数近1100亿次，优质主播数量增长超过100倍，借助人工智能，虚拟主播已成为平台"新势力"。

快手的电商带货价值也展现出来。此前，秒针系统发布的《快手平台电商营销价值研究》显示，快手平台整体人群对电商的接受度显著高于平均水平，其中3C产品、美妆和护肤品等主要品类广告的TGI(目标群体指数)更高。

4. 直播带货

现在的直播带货与电视购物的相同之处是，主播竭尽全力地与"粉丝"或观众沟通，让产品的卖点在特定的环境中展示出来，以达到销售的目的。

而直播带货有一个优点是电视购物所没有的，就是直播能与"粉丝"实现实时互动。"粉丝"有问题可以直接在直播间留言，主播能够与"粉丝"实现隔屏互动，帮助他们答疑解惑，营造一种老友聊天的场景，迅速拉近"粉丝"与主播之间的距离，带动直播间的气氛，同时让直播极具娱乐性。

主播在线使用产品，让人清晰地看见使用产品的过程以及使用后的体验。主播在直播中搭建自己的小剧场，像与朋友聊天一样去描述对方的问题，让观众能够在他们的描述中发现自己亟待解决的问题，从而为接下来需要售卖的商品筛选出目标用户。

主播带货之所以火爆还有一个很重要的因素是，他们通常采用低价、优惠券或者红包的形式吸引"粉丝"进行购买。毕竟，想要吸引"粉丝"购买，低价策略是销售额的助推器。

4.3.2 直播带货的优势

(1) 营销成本更低。随着电商平台获客成本的提升，利用直播技术来引流和进行产品解说能够降低获客成本。无论是电视广告还是车体广告，一般费用从几十万元到上百万元不等。百度、微博等各平台大V的营销费用也比较高，部分"粉丝"过百万的自媒体大V的硬文广告费用50万元起，软文广告费用甚至达到上百万元。而直播带货，一支话筒、一台电脑、一个摄像头、一个懂得营销的头脑就可以开启致富之路。

(2) 营销覆盖更快捷。如今，手机与电脑是主要的观看设备，传统营销方式的覆盖速度与范围迅速下降，而直播的强互动性能够直接、快速地激发用户的购买欲望。商品的选择变多，意见领袖通过直播进行导购，让一部分有选择困难症的消费者降低了时间成本。直播具备即时性、刺激性，可以不断刺激消费者抢购、跟风的大众心理，使营销覆盖更加快捷。

(3) 营销效果更直接。直播带货，所见即所得，直播直接将商品信息传递至用户脑中，减少了用户思考的过程，增加了冲动消费的可能性。消费升级趋势下的消费者，尤其是年轻消费者、下沉市场消费者，比较依赖意见领袖的引导。当前，"90后""00后"成为移动购物行业的核心群体，占比超四成，他们的购物欲望强烈，易受到诱导，易冲动消费，线上消费能力明显高于全网总体平均水平。

(4) 营销反馈更有效。消费者对商品的个性化需求越来越强，越来越倾向于由即时满足替代延迟满足。直播互动是双向的，主播将产品信息传递给观众的同时，观众也以弹幕的形式分享体验。这样，企业不仅通过直播得到使用者的反馈，还得到了观众的观看反馈，在下一次直播前可以及时调整、优化，从而获得更多的销量。

可以预见的是，我国的网红经济在未来相当长的时间内依然会保持较高的发展速度，需求不会在短时间内降下来，而行业想要长久发展，产品质量有保证、行业规范化是根本。

新的电商模式和消费模式正在成为中国经济的新亮点，这背后是大量个性化产品对人们多样化、个性化需求的满足。通过采用更健康的模式、实施更好的监管，让新业态、新供给不断满足消费者的需求，就能让更多的消费者放心消费，促进消费市场的扩大，推动经济高质量发展。

4.4　短视频营销模式

随着互联网技术的成熟，短视频行业迎来跨越式发展，大量短视频平台迅速崛起，聚集用户的同时也吸引了各品牌的广泛关注。随着用户需求的进一步细分，短视频营销进入下半场，品牌迎来营销创新的挑战。

4.4.1　短视频营销发展迅速

2025年1月，中国互联网络信息中心发布的第55次《中国互联网络发展状况统计报告》显示，截至2024年12月，我国网民规模达11.08亿人，较2023年12月增加1608万人，互联网普及率达78.6%。我国各类互联网应用持续发展，多类应用用户规模获得一定程度的增长。截至2024年12月，即时通信、网络视频、短视频用户规模分别达11.81亿人、10.70亿人和10.40亿人，用户使用率分别为97.6%、96.6%和93.8%。

我国短视频营销产业链图谱如图4-1所示。

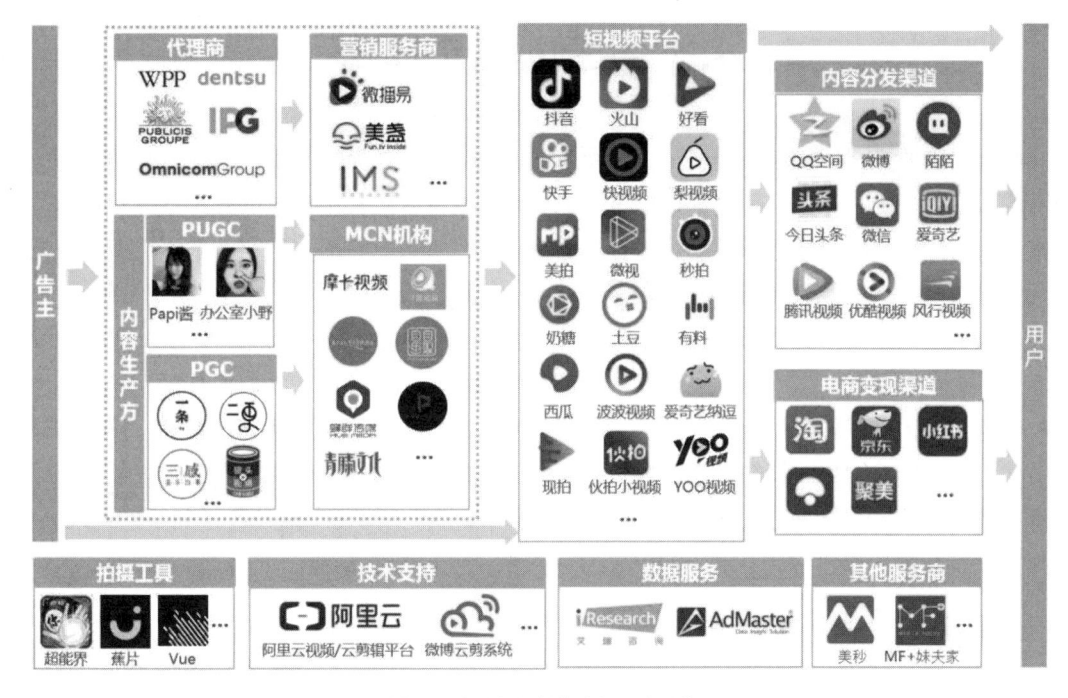

图4-1 我国短视频营销产业链图谱

4.4.2 短视频营销特点

(1) 短视频将成为品牌营销的主战场。无论是短视频媒体渠道的丰富与用户的增长，还是各大内容生产机构的进入与资本运作的成熟，都可以表明短视频已经成为互联网的重要流量入口。短视频的形式越来越丰富、内容越来越生动，用户也越来越愿意关注这一信息载体。同时，短视频平台与电商平台相互打通，未来，短视频将成为品牌营销的主战场。

(2) 短视频的内容将更加专业化、垂直化。目前来看，短视频的内容主要集中在泛娱乐领域，但随着行业的深入和消费者需求的升级，更加垂直、细分领域的内容将迎来广阔的发展空间，将在专业知识介绍、生活小窍门、养生、游戏、旅游等细分领域得到广泛传播。

(3) 短视频以创意取胜。现在，短视频领域的竞争已全面走向红海，竖版短视频成为主流展现形式。更轻量，更具爆点，更娱乐化，更垂直、专业化的内容将受到更多受众喜爱。1分钟以内，甚至是 30 秒以内的短视频是受众可接纳的内容长度，这就对短视频的创意内容提出了更高的要求。如何在几秒钟之内抓住观众的视线，使观众的视线停留，使观众记住品牌、迅速产生交易决策，将是短视频行业需要重点解决的问题。

(4) 短视频监测数据透明化。目前，一般从互动、点击和播放三大维度进行广告效果评估。其中，互动是社交媒体最突出的特性，互动率指标则是社交媒体上衡量广告互动效果的最有参考价值的数据。但是，由于目前存在流量作弊的现象，互动率等指标的可信度值得商榷。未来，在数据透明化的大趋势下，广告主也将对短视频广告效果监测的数据透明化提出更高的要求。

4.5 大数据营销模式

数据的重要性已经被越来越多的企业所认同,企业正不断加大在数据管理应用上的投入。随着大数据时代的来临,广告主都期望将自己生产、经营等过程中产生的各种数据有效地管理起来,从而持续获取新客户以及加强与客户的互动,在大数据赋能下让所有的事情变得有据可依,效果可量。大数据营销应用的现状如下。

1. 总体向好

当前,大数据应用价值及趋势发展态势总体向好。大数据行业业务高速增长,行业规模已达百亿量级,随着国家政策的激励及大数据应用模式的逐步成熟,未来几年中国大数据市场仍将保持快速增长,数据已成为国家基础性战略资源和商业创新源泉。随着一系列数据政策出台,数据安全及数据应用已成为社会、经济、技术领域关注的核心话题。

2. 打通、落地是重点

大数据驱动营销是近几年许多企业在做而且想做好的事情,然而营销环节中涉及的数据繁多,就像碎片一样散落各处,越来越多的企业开始重视数据管理,希望更好地整合自己的数据资产,充分发挥其效用。不论是借用第三方服务还是利用自建的数据管理平台,数据管理的重点都是更好地打通各类数据、方便企业完成用户分析,从而为营销决策提供帮助。

3. 参与者大幅度增加

ChiefMarTec 在 2023 年发布的《营销技术生态全景图》(或称为 MarTech Map)揭示了营销技术领域的显著发展和变化。2023 年的 MarTech 解决方案数量达到了 11 038 个,相比 2022 年的 9932 个增加了 11%,这是连续第 12 年增长。全景图依旧从广告与促销(advertising and promotion)、内容与体验(content and experience)、社交和关系(social and relationships)、商业和销售(commerce and sales)、数据(data)、管理(management)六大类别甄选全球代表性企业(解决方案)。

近年来,上榜 MartechMap 的中国企业数量逐年增加。从 2019 年的仅 3 家(阿里巴巴、百度、Convertlab)增加到 2022 年的 52 家(或说 56 家,根据不同统计略有差异),中国企业在全球 MarTech 市场中的影响力逐渐提升。一些中国企业通过数字化转型和 MarTech 应用取得了显著成效。例如,屈臣氏通过构建数字化的 O+O 生态来触达和沟通消费者;蔚来汽车通过会员体系运营和内容运营等方式提升会员 ARPU 值;欧莱雅则通过数字化转型和 CRM 系统升级来推动业务增长。

4. 传统服务商和新兴平台齐头并进

数据管理服务并不是一个新兴产业,人们所熟知的 Hypers、Adobe 等都能提供非常出色的数据存储与清洗功能。同时,一批像阿里数据银行、腾讯广点通、个灯数盘的新兴数据管理应用平台也在不断拓宽自己的影响力,它们除发挥传统的数据整合作用之外,更多地在深度挖掘数据价值,赋能品牌营销。

4.6 MarTech营销模式

2008 年,MarTech(marketing technology,营销技术)概念第一次被提出,是指营销和技术的结合。经过十多年的发展,MarTech 生态日渐完善,MarTech 生态的发展经历了传统营销阶段、"互联网+营销"阶段、"技术+营销"阶段,我国目前正处于"技术+营销"阶段,最终将通过 MarTech 实现营销目标,包括对营销的规划、执行和分析、组织和优化等。

4.6.1 MarTech生态的发展

在目前的 MarTech 生态中,传统代理型营销公司、巨头公司及垂直细分领域的营销技术公司是最重要的三支力量。其中,传统代理型营销公司接近业务实体,具备丰富的营销经验,该类公司提供的技术化的营销产品或服务更接地气;拥有海量数据的巨头公司依托自身资源及技术优势发展智慧营销,其开拓的营销新技术、新形态将引领行业发展方向;细分垂直领域的营销技术公司拥有技术优势以及在垂直细分领域的竞争优势。

MarTech 与 AdTech(advertising technology,广告技术)的区别在于,后者仅是用于管理、投放、定向和评估数字广告的技术和方法,而前者涵盖了客户关系管理、实时的客户数据管理、营销自动化软件和服务等技术平台,包括所有用于管理和评估数字营销活动及电商活动的技术和方法,以帮助品牌主、广告商实现个性化营销。简而言之,AdTech 仅是 MarTech 的一个方面,MarTech 还覆盖了广告技术、内容和客户体验管理、社交媒体和客户关系管理、销售渠道管理、数据管理、营销管理等技术和管理平台。

(1) 广告技术,包括媒体的程序化购买、移动广告、视频营销等,帮助广告主通过传统的媒体资源,将营销内容推送给客户。

(2) 内容和客户体验管理,包括营销自动化、内容营销、营销内容优化、电子邮件营销等,通过广告主的自有渠道,在客户采购各个节点识别客户需求,进行个性化营销。

(3) 社交媒体和客户关系管理,包括客户关系管理、社交媒体营销、用户忠诚度平台等,可以与客户直接互动,能收集客户数据,并且能进行点对点精确化营销体系的管理和使用。

(4) 销售渠道管理,包括销售自动化、电子商务营销、代理商营销、零售线下营销等,解决营销和销售的对接以及商务的引流等问题。

(5) 数据管理,包括客户数据平台、实时的客户数据管理平台、移动和网站分析、营销数据分析等,解决营销所需数据的收集、清洗、分析、结果追踪等营销数据本身的闭环建设问题。

(6) 营销管理,包括营销协同管理、营销财务管理、供应商分析、项目管理、人才管理等,解决大型广告主内部营销管理的问题。

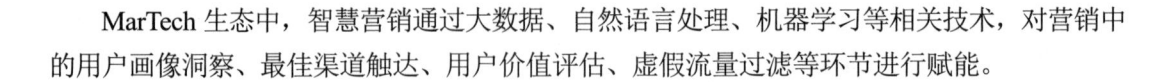

MarTech 生态中，智慧营销通过大数据、自然语言处理、机器学习等相关技术，对营销中的用户画像洞察、最佳渠道触达、用户价值评估、虚假流量过滤等环节进行赋能。

4.6.2 行业变化

目前，在营销技术领域并没有哪家公司特别突出，其原因在于营销的场景不断升级，消费者决策模式不断升级，在产品的落地方面要求非常高，特别是在整合领域很难用一个标准化的模式把它概括下来，进而满足市场的需求。MarTech 作为一个新的概念越来越火，广告主对营销技术的需求也愈加明显，市场上各类工具、产品如雨后春笋般涌现，但是认为"MarTech 将迎来一个爆发期"还为时过早。事实上，营销技术刚刚处于预热阶段，近几年仍然会呈指数级增长，并且还需要一个很长的成长和成熟过程。

(1) 电子商务公司逐步向广告公司转型。例如，电子商务巨头阿里巴巴 60%的收入来自广告，而非销售的产品；亚马逊的广告业务正在大幅增长。目前，电子商务公司正在深入思考如何协同品牌合作和产品植入，CPM(千人成本)将被置于更加重要的地位。通过技术赋能，电子商务网站正在从平台用户中获得更多的收益，并通过在电商网站展示商品广告获得收入。

(2) 数据透明度发生改变。营销者想知道他们的广告投放在哪里，哪些广告有效，每个广告能带来多少收入；消费者想知道他们的数据是如何使用的；平台想知道受众如何与平台上的广告互动，以及合作伙伴真正获得了多少收入……无论身处 MarTech 生态系统的哪个角落，数据透明度是所有人都关注的问题。随着大型科技公司的不断整合，未来或将出现新的解决方案、战略和合作关系。

(3) 广告开始流行讲故事。诸多公司取得成功往往并非因为产品，而是因为广告故事本身。通过将高质量的产品与独特且可分享的故事相匹配，这些品牌、公司在市场上开辟了利基市场。广告需要个性化到向个人消费者讲述一个故事的程度，这意味着广告主可以通过数据创造一个完整的漏斗广告体验。当前，优秀的广告比以往任何时候都重要，尤其是那些了解客户需求并通过产品和内容讲述伟大故事的广告。未来，最好的广告不会以单纯的售卖为目标，广告会变得娱乐化，富有教育和激励意义。

MarTech 产生于市场需求，一经问世就表现出强大的市场能力。在我国企业数字化转型的市场需求中，随着 5G、AI、VR、AR 等技术的普及，MarTech 也将延伸出更多分支与可能。

4.6.3 MarTech发展趋势

在我国，MarTech 正处于在利基市场发力的过程中，这与行业有很大关系。行业的壁垒导致 MarTech 平台选择不同的行业聚焦，并在不同的行业里做得越来越有壁垒。

1. MarTech将成为企业数字营销的标配

在我国，互联网行业的发展从流量规模驱动转向流量价值驱动，由 AI 驱动的 MarTech 将成为新的增长点。与此同时，广告主的需求也愈发向数据驱动的品效合一倾斜。广告主自身对数字营销的整体和细节感知较弱，因此在很大程度上还要依赖代理商，对代理商的专业技术与资源实力要求也水涨船高，而专业 MarTech 平台的出现则帮助传统广告公司解决了这一问题，MarTech 将成为企业数字营销的标配。

2. MarTech日渐人性化

MarTech 生态将继续保持高速发展，B2C 领域的品牌企业从传统方式向 MarTech 大规模调整和应用的势头自不必说，由于企业客户的商业需求和期望愈发呈现个人客户化的趋势，MarTech 的发展亦将更加人性化，B2B 领域的营销会更加贴近客户，通过聊天、讲故事的方式让用户主动参与进来并及时进行学习，建立与客户的信任，在官方互动的基础上，为用户提供最佳、最精准的建议和案例，最终达成合作。MarTech 产品的丰富程度也将不断突破，AI 和机器学习的能力将得到广泛应用。

3. MarTech行业更加开放

随着大数据时代的到来，越来越多的企业开始摒弃过去故步自封的偏见，以开放的姿态与各方进行合作。

4. 定制化产品和服务

不同的 MarTech 厂商有着截然不同的客户定位。大型企业、服务代理商的客户资源稳定、客单价高、付费能力强，使得 MarTech 服务商更乐于为大型企业、服务代理商提供专门的定制化 MarTech 产品与服务，而这也体现了 MarTech 行业发展的重要趋势。

4.7 KOL营销模式

KOL 即关键意见领袖，通常被定义为拥有更多、更准确的产品信息，且为相关群体所接受或信任，并对该群体的购买行为有较大影响力的人。KOL 算不上新兴事物，在传统媒体时代，其作用便一直被业内推崇，而随着社交媒体时代的到来，其在覆盖面和影响力方面的优势更是被进一步放大。KOL 营销已经成为众多品牌社会化媒体传播中非常重要的一部分。与以往的 KOL 营销相比，借助短视频平台、直播、VLOG 的全民化，广告主能够通过更多的方式与渠道进行 KOL 营销。与过去相比，现在的 KOL 营销选择更加垂直化、多元化、专业化。同时，广告主在选择 KOL 时也更加注重其带货能力。

QuestMobile 数据显示，基于流量变现的商业模式，网红、KOL 的运作已经形成了产业链，并且渗透到了实体产业。目前国内的 MCN 机构中，签约 KOL 超过 100 个的机构占 1.2%，签约 51～100 个的占 2.4%，这两部分头部 MCN 机构分割了约 30%的活跃用户数。相比之下，超过六成的机构签约不超过 5 个 KOL，活跃用户数仅占 15.3%。

再来看看不同类型平台的 KOL 差异化表现：抖音主打音乐、舞蹈、生活方式等方面的内容；快手与抖音类似，不过游戏、时尚类内容更强势；微博目前依旧是娱乐内容的大本营，明星、名人、影视娱乐抢占了大部分关注；小红书在"晒生活"方面表现强势，主打美妆；微信公众号依旧是偏私域流量属性，企业、教育、金融财经的内容相对比较多。平台内容的差异造成了"粉丝"差异，比如小红书、微博的 KOL 的"粉丝"八成以上为女性，快手则是七成为男性……

总体来说，KOL 营销比传统媒体营销更具优势，如图 4-2 所示。

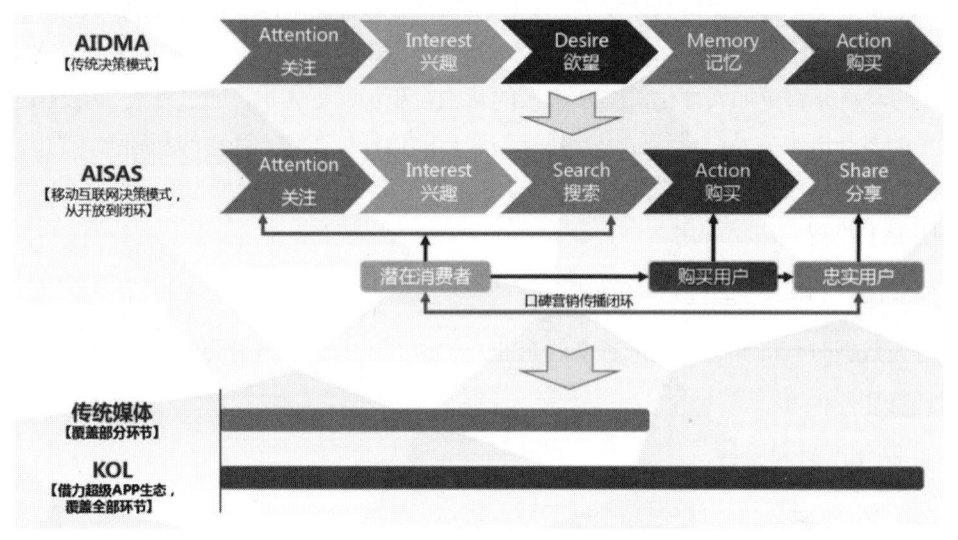

图4-2　KOL营销比传统媒体营销更具优势

4.7.1　KOL营销现状及发展趋势

1. 平台自建商业推广系统

不同行业的 KOL 营销模式各有特色，并且拥有不同的效果，营销者可通过大数据分析寻找与品牌调性相匹配的 KOL，帮助企业高效、便捷地找到适合投放的 KOL。

2. KOL更加垂直化、专业化

与过去更多地选择娱乐 KOL 不同，如今企业更倾向于选择垂直领域的 KOL。例如汽车、美妆、母婴等都是非常热门的领域，而这些垂直领域的 KOL 更容易吸引细分领域消费者的兴趣，从而使营销效果最大化。

3. 跨平台用户数据的深度整合

从微博、微信到如今以抖音、快手为代表的短视频平台，KOL 营销也在随着媒体平台的变化而不断发展。微信、微博、短视频、直播等平台的受众数据如何深度融合、排重，如何进行交叉对比，如何得出投放平台与 KOL 营销的投资回报率，如何进行广告的精准投放等都是目前广告主迫切希望解决的问题。

4. 多元化

随着 KOL 营销的发展，各个社交平台业务和 KOL 的风格与创意模式将变得更加复杂、多元，广告也将呈现多种形态。目前，利用 KOL 助力推广已成为最实用也最常用的营销形式，行业呈向上发展态势，小红书、京东、淘宝等平台的新型 KOL 将形成更大的流量效应。

5. KOL营销变现

变现一直都是 KOL 营销最为关注的问题。各短视频平台为了争夺 KOL，一方面不断加大补贴力度，另一方面通过广告分成帮助 KOL 获得更多的收入。随着大批抖音红人的崛起及广告主对于内容营销的重视，KOL 营销开始迎来更大的市场空间。同时，消费者定义自己是某个 KOL"粉丝"的方式从以前的点赞、加好友，逐渐变成了对 KOL 所推广产品的购买。

6. KOL已成为重要传播媒介

在新兴社会化媒体多样化发展的带动下，KOL 营销市场不断成熟，微博、微信、移动视频、垂直平台及电商平台都成为 KOL 营销的传播阵地，与此同时，有 KOL 入驻的平台类型也受到更多广告主的青睐。在当今所有的社会化媒体营销中，KOL 营销已成为最受认可的营销方式之一。

2023 年，KOL 投放市场规模达到 900 亿元，同比增长 4.7%，显示出市场稳健增长的特点。

7. 垂直化、精细化运营

未来，垂直领域的腰部 KOL 会成为影响营销的主流。随着互联网用户红利逐渐消退，流量价值不再是品牌方开展营销活动的主要目标，如何更深地触达和影响用户，扩大变现价值，成为广告主关注的焦点。因此，大范围曝光的营销目标逐渐减少，深入垂直场景、深度触达用户的营销目标越来越多。中型 KOL 往往更加聚焦某一垂直领域，拥有更深的专业性和更精细化的"粉丝"质量。未来，以泛娱乐类为代表的大众化 KOL 会继续存在，但 KOL 营销价值将不断向垂直领域转移。

8. KOL营销逐渐走向成熟

KOL 营销兼具群体传播和大众传播的优势，其营销价值也得到市场的认可，基于媒介环境的丰富和 KOL 自身的特征变化，KOL 营销也经历了名人代言、内容分发、整体联动三个阶段，并且不断趋向成熟；广告主日益重视 KOL 营销，结合 AdMaster 的调研数据来看，有 KOL 入驻的平台类型明显受到更多广告主的青睐，其中 KOL 原生地社交平台的广告投放意向占比较高，而在社会化营销方式选择意向调查中，KOL 营销位列第一。可以看出，在当前所有社会化媒体营销中，KOL 营销已经成为最受认可的方式之一，KOL 营销策略和玩法也成为业界普遍关注的内容。

4.7.2 客户在KOL营销上的主要需求

广告主与品牌形象契合的KOL营销联动,能够更好地与KOL"粉丝"群体建立良好联系,能够更深、更广地在潜在消费人群中确立清晰、明确的品牌形象,传播广告主品牌理念,提升传播效果与销售业绩。广告主在KOL营销方面的需求将更注重品效合一,大范围曝光的营销目标逐渐减少,深入垂直场景、深度触达用户成为广告主更为迫切的营销目标。因此,选择KOL和媒介时,更倾向于垂直领域的KOL和媒体。而智能社交时代,依托智能算法分发,流量去中心化,这为超级个体带来了更多曝光机会,在当前KOL生命周期不固定和KOL粉尘化的环境下,广告主在投放广告的过程中容易出现平台选不对、KOL资源不匹配、营销策略和内容不适宜、执行效率慢等问题,亟需相应的解决方案来避免。

4.7.3 KOL营销服务商的甄别

广告主应根据品牌历史、品牌调性、品牌"粉丝"喜好等,结合热度、口碑、品牌合作指标、匹配指标筛选合格的KOL,再根据KOL的形象定位、影响力、"粉丝"数量、"粉丝"群体、互动比例、活跃度、话题度、传播能力、互动能力、链接转化能力、配合程度、性价比、以往服务优秀案例等挑选合作的KOL。

KOL营销矩阵化趋势愈加明显,服务商是否拥有搭建有机联动的KOL矩阵的能力是广告主挑选服务商的指标之一。KOL营销的主流策略逐渐从单点作战过渡为矩阵联动,"1+1>2"的矩阵效应愈发凸显。因此,KOL营销服务商应不断积累KOL资源,搭建一站式投放平台并掌握技术,能为品牌主提供更加智能、高效的KOL选择、投放服务至关重要。

具有社交媒体商业化资源整合能力的服务商更受青睐。品牌方在KOL营销中将面临复杂的环境,除要针对KOL的人设和特征去定制营销形式与内容外,还要充分考虑媒介的特征,以及KOL在不同媒介下的差异化特征等因素,因此,能根据KOL在对应媒介下的特征打造营销形式和内容的服务商更受欢迎。

4.8 OTT营销模式

OTT(over the top)来源于篮球等体育运动,是过顶传球的意思,指的是篮球运动员在他们的头顶上来回传送篮球而使篮球到达目的地。此处"OTT"引申为互联网公司越过运营商,发展基于开放互联网的各种视频及数据服务业务,强调服务与物理网络的无关性。

随着智能电视的兴起,客厅成为家庭娱乐的中心。智能电视的大屏化、智能化、开放化等特征,创造性地衍生出更多商业场景和机会。以OTT大屏幕为中心的客厅经济场景营销正成为营销行业的下一个超级风口。

作为家庭互联网设备的核心,OTT成为当前连接以家庭为单位的人和信息的重要纽带。

OTT 的大屏幕、全天候、大数据、多屏互动、场景化等特性使其成为互联时代品牌争抢的营销高地。CTR 媒介智讯数据显示，OTT 广告的价值正得到越来越多的广告主的认可。OTT 覆盖的家庭普遍呈现年龄更小、收入更高、学历更高、在职人员比例更高的特征。同时，OTT 大屏幕的家庭营销价值也因为更多地服务于家人相聚的时刻而愈加凸显。

越来越多的广告主认可 OTT 的广告价值和营销效果，并提高了 OTT 广告投放预算。

OTT 行业的发展趋势是在全行业认可 OTT 家庭营销价值的基础上，改变广告主的观念，将 OTT 独立作为市场推广项目之一。

5G 对于整体 OTT 行业也是一个利好，未来在 5G 的赋能下，智能电视大屏幕的使用场景将更加丰富、多元化。从 OTT 营销行业来看，目前广告主对于 OTT 的关注度、接受度大幅提升，未来的 OTT 家庭营销一定是以大数据为基础的标签定向投放，从投前洞察到投中优化、投后验证全链路的大屏幕营销方式。

在 2017 年，OTT 便席卷整个电视行业，互联网电视蓬勃兴起，大屏幕经济备受关注，许多企业看到商机，智能电视大屏幕成为它们驻扎的新阵地，梅赛德斯-奔驰、宝马、一汽大众、迪奥、天猫、伊利、联合利华等知名品牌陆续加入大屏幕营销队列。

未来，大屏幕将会无处不在。一是 5G 牌照的发放和 8K 技术的发展，将使智慧大屏幕无处不在，传统的广场屏、家居电视具备数据能力之后将成为"固定的手机"；二是全媒体数字化后，企业也数字化了，营销将更加透明、高效，营销中台将在企业中得到越来越广泛的应用。

已经有越来越多的终端厂商、代理公司认为未来营销快速增长的焦点在大屏幕营销领域，这无疑会加剧该领域的竞争。然而，大屏幕营销背后的数据支持力量尚未完善，无法很好地评估营销效果，这是 OTT 营销面临的一个问题。

4.9 效果营销模式

近年来，随着流量成本的急剧攀升，过去单纯的品牌曝光已经不能满足广告主的营销需求，营销者对效果越来越关注，越来越追求品效合一。这就对营销服务商提出了更高的要求，如何降低成本、获取流量成为营销服务商迫切需要解决的问题。

各企业对效果营销的要求越来越高，满足用户需求和喜好的难度越来越大。未来，广告主对效果营销的要求将是更精准，并且希望成本更低，不过，在经济下滑的大环境下加大营销投入，反而能让品牌在后期获得更大的竞争力。

4.9.1 效果营销的关键点

(1) 流量。流量是效果营销的基础，目前行业比较常见的效果营销模式是竞价投放，即广告主在同一流量池竞争流量。平台流量越大，广告主竞价难度越低，也就更容易以低价获取曝光。

(2) 技术。广告主在获取流量的同时，需要对流量(也就是用户)进行筛选和定向，这都需要技术支持。这里所指的技术包括平台的数据分析能力、用户画像能力、定向能力，以及智能投放和出价能力等。

(3) 素材。从营销效果转化角度来看，点击率是从展示到最终形成转化的关键一环。影响广告点击率的因素主要有两个：第一个是广告匹配度，也就是精准定向；第二个是营销素材质量，素材的创意、精美程度都直接影响用户点击欲望。目前的信息流广告市场上，广告主以中小企业为主，这类广告主希望尝试视频信息流广告，但是好的视频素材制作难度大，费用较高。

4.9.2 效果营销的发展趋势

1. 搜索广告仍然是效果营销的重中之重

目前，搜索广告仍然是品牌营销的最重要方式之一，其中一个重要原因是搜索引擎营销投资回报率高，效果容易测量，而且是当前最成熟、最完备的网络营销渠道。搜索广告一直都被品牌视为营销闭环的关键一步。

2. 信息流广告市场成效果营销主战场

效果营销近些年发展非常快，以比较有代表性的信息流广告为例，市场规模仍在不断扩大。据国内外行业机构统计，2023年，中国信息流广告市场规模已超过1890亿元，比2022年增长14.9%。这一增长趋势显示出信息流广告在互联网广告市场中的重要地位，以及广告主对信息流广告形式的青睐。

信息流广告之所以能够获得如此显著的增长，主要得益于其精准投放、高曝光率以及用户体验的优势。随着人工智能技术的发展，信息流广告平台日益完善，能够更好地满足广告主的需求，同时也为广告主提供了更多的投放选择和优化空间。

此外，信息流广告的形式也更加多样化和人性化，能够更好地融入用户的日常浏览场景中，提高用户的点击率和转化率。这些因素共同推动了信息流广告市场的快速发展。

展望未来，信息流广告市场仍有巨大的发展潜力。随着移动互联网的普及和用户对个性化、精准化广告需求的增加，信息流广告将继续成为广告主的重要选择之一。同时，随着技术的不断进步和创新，信息流广告的形式和投放方式也将不断升级和优化，为广告主提供更加高效、精准的营销解决方案。

3. 技术和算法是精准营销的关键

与品牌广告不同，效果广告更加强调目标用户的精准性，而技术和算法则是精准营销的关键。通过大数据算法勾勒出用户肖像，然后把他们想要的、喜欢的内容精准送达。也正因此，越来越多的企业开始将数字化提上议程。值得一提的是，关于客户数据平台、数据管理平台的争论在业内一直都是一大热点，这也在一定程度上反映了广告主对技术和算法的重视。

4. 短视频+电商

近几年，阿里、京东、拼多多等电商都在加大对短视频的投入，越来越多的品牌试水短视频，并希望借此直接带动销售。可以预见，"短视频+电商"将风靡一时。

5. 营销场景化越来越受到重视

合适的场景往往能够起到"临门一脚"的作用，也正因此，在人们的注意力被极大地挤占和分散的当下，场景化广告正受到越来越多的关注。广告主对用户体验和参与的重视，使得场景化成为未来广告业的重要趋势之一。

6. 创意自动化

创意在营销中的重要性不言而喻。然而一直以来，营销的创意环节过于依赖人工经验，加上一些中小型营销商的制作能力不足，这在很大程度上直接影响了最终的传播效果。不过，这一问题将得到解决，爱奇艺、阿里妈妈等平台基于自身沉淀的营销经验，推出了一系列智能工具，在智能工具的支持下可以自动生成创意，然后由计算机完成整个广告投放的过程。

7. VR、AR等新技术的应用

随着科学技术的不断发展，新技术在广告中被大量地使用，技术和营销结合速度加快，如AR、VR技术的加入，让广告互动性大大提高，效果营销的广告有了更大的想象空间。

8. 众多手段配合使用

如今，越来越多的广告主开始认识到，广告要想达到最佳效果，远远不是打打广告就够了，还需要线下促销、展示等众多手段配合使用。

9. 要求透明、可控的投放环境

过去的广告主很关心广告是否触达消费者，如今的广告主有着更高的要求。例如，广告投放环境如何，广告尺寸够不够大，信息传递够不够清晰；媒介整体投放环境是否干净、可控，广告本身的质量如何，它的呈现方式是否多元化。

4.10 全域营销模型

一方面，线上媒体环境越来越复杂，消费者的触点越来越碎片化甚至粉末化，削弱了品牌主对消费者的影响力；另一方面，线上流量红利消失，导致品牌主获客成本升高。品牌主想要有效地影响消费者，必须完善全渠道的布局，同时要将全部触点有效地整合起来，对用户进行识别和营销。全域营销应运而生，其根本目的是将割裂的媒体资源及用户数据统一起来，实现精准营销，从而提升投资回报率。

自 2016 年阿里巴巴首次提出"全域营销"的概念，各大厂商和媒体纷纷跟进。

4.10.1　阿里巴巴：全域营销

2016 年，全域营销方法论被提出，以 Uni desk、品牌数据银行，Brandhub 等产品为基础，阿里巴巴开始推动品牌商实现全链路、全媒体、全渠道的营销。

(1) 全链路。全链路是一个品牌术语。消费者从认识到有兴趣、购买，再到重复购买的整个过程叫作链路。阿里巴巴能记录每个链路，通过技术与数据可以实现个性化推荐。

(2) 全媒体。过去因为 ID 分散，媒体众多，品牌不可能实现精准触达，而今阿里巴巴可以实现全媒体互动，做到精准触达。

(3) 全渠道。阿里巴巴不仅将用户引导到线上，还把网上的数据和线下零售店的数据完全打通，最终目的是无论消费者在线下还是在线上消费，数据都会不断积累。

4.10.2　腾讯：腾讯智慧营销Tencent In

在 2017 年腾讯智慧峰会上，腾讯正式提出了 ONE TENCENT，目的是在腾讯的大体系下实现技术、数据、产品、内容的共享互通，最大化释放全场景、全生态的营销能量。后来，腾讯重磅推出腾讯智慧营销 Tencent In，以融合升级的营销能力与解决方案推动营销进化。

腾讯智慧营销 Tencent In 是以用户为中心，以商业增长为使命，以体验智达、全景智连、数字智驱为核心理念的营销体系，旨在构建品牌与用户之间的连接，实现商业智慧增长。

4.10.3　百度：N.E.X.T. 百度全链AI营销

2017 年，百度推出百爱计划和 Omni Marketing 全意识营销。Omni Marketing 将与爱奇艺的内容、IP"粉丝"和品牌广告服务全面打通，实现全方位的整合营销数字平台。

在百度 AI 营销 2020 创新资源推介会上，百度推出了"N.E.X.T. 百度全链 AI 营销"的营销新路径，为不同行业、不同营销节点打造极具特色的系列解决方案，为广告主营销策略带来新变革。

据了解，全链不只是针对营销，也包括消费者全链。百度通过 AI 赋能，在用户对品牌认知的初始阶段通过"需求激发池"对其赋予需求，在用户产生购买意图的时候由"营销体验池"提供沉浸式体验，在用户产生购买或留资等行动时缩短其行动链条，并将用户数据沉淀在"品牌资产池"中，为品牌的后续营销打基础。

4.10.4　京东：京东营销360

在京东零售集团时尚居家平台事业群合作伙伴大会上，京东正式对外发布了京东营销 360

平台。京东营销 360 基于京东营销 4A(aware、appeal、act、advocate，认知、吸引、行动、拥护)模型，关注消费者心智和行为表现进化路径，有效界定受众价值阶段，为营销转化效果衡量提供可视化依据。

京东营销 360 不仅融合了京东平台多维数据，还汇聚广告主、合作媒体、第三方数据服务商等多渠道数据，形成规模庞大的京东消费行为大数据生态蓝图，还与腾讯、今日头条、百度、网易等互联网行业顶尖流量平台广泛合作，连接国内几乎 100%的网民，实现 360°用户路径覆盖。京东还支持行业偏好、用户属性、商品属性、电商行为等海量、丰富的数据标签拓展。

京东营销 360 有专业的消费者资产管理平台——京东数坊，能够基于京东生态大数据，将这些品牌资产数字化呈现，为品牌提供消费者 4A 资产实时查看与流转现状分析，以及从消费者画像洞察、消费者触达激活，再到营销效果复盘、品牌资产回流沉淀的全链路深入分析，助力品牌达成营销效果与品牌建设的协同增长。

4.10.5 巨量引擎：O-5A-GROW

巨量引擎推出了全新产品——云图。云图的产品定位为一体化商业数据平台，同时具备用户经营、策略分析、数据管理平台定向和价值评估四大功能模块。作为巨量引擎升级版的一体化商业数据平台，云图的理论基石来源于科特勒在《营销 4.0》中提出的 5A 模型，即 aware(感知)、appeal(好奇)、ask(询问)、act(行动)、advocate(拥护)。

云图以 5A 模型为基础，围绕将用户从初步认知转化为拥护这一路径展开，清晰量化品牌在各个阶段上所拥有的私域用户资产，最终在 5 个阶段里根据各阶段的不同特性帮助品牌方设定不同的营销策略。

以 5A 模型为理论基石，云图还提出一套完整的 O-5A-GROW 方法论。

(1) O 即 opportunity，指通过数据分析指导品牌方在公域流量中找到机会人群。

(2) 5A 指将机会用户正式拉入私域流量的阶段，即上面提到的从认知到拥护的全过程。

(3) GROW 则包括 gain(品牌知名度)、relation deepening(深度种草)、ownedself-media(众媒养成)和 word of mouth(口碑建设)，指品牌全面衡量营销活动期间新增、由机会流向行动、由机会流向拥护、由负面情感流向正面情感这四种用户的体量和价值。

4.10.6 快手：磁力引擎

所谓磁力引擎，是指快手通过强化 AI+DA 的技术能力，以人、内容、流量、创意为四大驱动力，全面打通公域和私域流量，为客户提供从流量效率到留量沉淀的"双 LIU"价值。依托快手平台的"国民级"流量，磁力引擎代表快手上"人+内容"的强社交关系，从而在品牌与用户之间实现强大共振，爆发强劲势能，释放出全新的吸引力。

4.10.7 小米:"MOMENT+"全场景智能生态营销

在 2019 小米开发者大会互联网商业化分论坛暨 2019 小米营销品牌推介会北京场上,小米营销重磅推出"MOMENT+"全场景智能生态营销体系,为 5G 时代的营销带来前沿探索,并围绕用户场景,发布众多全新资源,包含 OTT 超聚焦、OTT BIGDAY、小爱同学 BIGDAY、全新 MIUI 视频等。

"MOMENT+"全场景智能生态营销体系是小米面向合作伙伴提出的品牌营销解决方案,是小米成功实践多年的场景营销体系的再升级。

"MOMENT+"全场景智能生态营销体系包括小米月活 2.79 亿的 MIUI 用户、月活 2260 万的 OTT 家庭用户、月活 4990 万的小爱同学用户、1.96 亿物联网设备(不包括智能手机及笔记本计算机)、坪效世界第二的 586 家小米之家,凭借数据工场的能力,小米致力于在合适的场景中,与广告主一起为用户提供"感动人心"的超预期服务。

4.10.8 爱奇艺:AACAR营销模型

在悦享会上,爱奇艺首次推出 AACAR 营销模型,包括 attention(引起注意)、association(产生联想)、consensus(共鸣共识)、action(购买行为)、reputation(口碑分享),即一条从品牌曝光到品牌认知建立,再到后链路转化的完整营销路径,把带来的海量用户变成一场营销的饕餮盛宴呈现给广告主,并通过不断创新,结合科技、用户、效果层面的加持,满足广告主"品效协同"的诉求。

【拓展阅读 4-1】
拼多多的社交
电商模式

【拓展阅读 4-2】
TCL "AI×IoT" 新赛
道,占据行业高点

本章要领梳理

随着流量成本的急剧攀升,过去单纯的品牌曝光已经不能满足广告主的营销需求,营销者对效果越来越关注,越来越追求品效合一。这就对营销服务商提出了更高的要求,如何降低成本、获取流量成为营销服务商迫切需要解决的问题。

如今,数据的重要性已经被越来越多的企业所认同,各企业都在不断加大对数据管理应用的投入。随着大数据时代的来临,广告主都期望将自己生产、经营等过程中产生的各种数据有效地管理起来，从而实现持续获取新客户以及加强与客户的互动，在大数据赋能下让所有的事情变得有据可依，效果可量。随着数字营销的发展，国内各大巨头都推出了各自的数字营销模式。

教练作业

1. 经济学意义上的创新的主要维度有哪些？
2. 为什么说效果营销目前已经成为企业的标配？
3. 为什么说短视频营销将成为品牌营销的主战场？
4. 如何看待 OTT 营销？
5. 小米的"MOMENT+"全场景智能生态营销体系包含哪些内容？

第5章 以数据为基础的市场运营

> 中国愿同世界各国一道,把握数字时代新趋势,深化数字领域国际交流合作,推动智能产业创新发展,加快构建网络空间命运共同体,携手创造更加幸福美好的未来。
> ——2023年9月4日,习近平向2023中国国际智能产业博览会致贺信

近年来,我国科技创新成果丰硕,创新驱动发展成效日益显现;城乡区域发展协调性、平衡性明显增强;改革开放全面深化,发展动力活力竞相迸发;绿色低碳转型成效显著,发展方式转变步伐加快,高质量发展取得明显成效。

高质量发展需要新的生产力理论来指导,而新质生产力已经在实践中形成并展示出对高质量发展的强劲推动力、支撑力,需要我们从理论上进行总结、概括,用以指导新的发展实践。概括地说,新质生产力是创新起主导作用,摆脱传统经济增长方式、生产力发展路径,具有高科技、高效能、高质量特征,符合新发展理念的先进生产力质态。它由技术革命性突破、生产要素创新性配置、产业深度转型升级而催生,以劳动者、劳动资料、劳动对象及其优化组合的跃升为基本内涵,以全要素生产率大幅提升为核心标志,特点是创新,关键在质优,本质是先进生产力。

习近平指出,科技创新能够催生新产业、新模式、新动能,是发展新质生产力的核心要素。必须加强科技创新特别是原创性、颠覆性科技创新,加快实现高水平科技自立自强,打好关键核心技术攻坚战,使原创性、颠覆性科技创新成果竞相涌现,培育发展新质生产力的新动能。

因此,我们要及时将科技创新成果应用到具体产业和产业链上,改造提升传统产业,培育

壮大新兴产业，布局建设未来产业，完善现代化产业体系。更要大力发展数字经济，促进数字经济和实体经济深度融合，打造具有国际竞争力的数字产业集群。

对企业而言，提升企业数字化运营能力至关重要。我们知道，到有鱼的地方去钓鱼，是企业营销活动的起点。企业粗犷式运营已经不能有效地提升效率和增加企业用户。数字时代的企业需要进行精细化运营才能更好地从管理、营销方面提升用户的服务体验。与基于本能、假设或认知偏见而做出的决策相比，基于数字化证据的决策更可靠。采用数据驱动的方法，企业将能够判断趋势，从而展开有效行动，进而发现问题，推动创新或解决方案的出现。数据还可以为员工提供一个良好的标准，帮助员工将自己的工作和业务结果联系起来，从而发现一些可以改进的新机会。绩效评估可以建立在一些可衡量的标准上，管理者也可以了解整个企业的状态，以及企业的优势和劣势所在。企业精细化经营可以提升运营的效率，使企业广告投放效率尽可能最大化。企业精细化运营可以更好地为客户提供差异化的服务，可以对目标用户群体或者个体进行特征的画像和追踪，帮助企业分析用户在某个时间段内的特征和习惯，企业可据此向用户提供根据用户特性打造的专属服务。这也进一步促进企业运营更加精细化。

(1) 获取用户数据。获取消费者内在需求，掌握关乎用户使用习性的海量数据，这些数据的分析结果是公司做决定的重要依据。

(2) 充分利用互联网平台。企业可以使用不同的算法来推荐商品，或者改变购物车在屏幕上出现的位置。例如，企业发现把购物车从屏幕的左边移到右边时，购物车中的物品被遗弃的情况就会有不到一个百分点的好转。看起来并不多，但是对于有海量网站访问者的平台来说就是有意义的，而且进行试验的成本很低。通过这些试验得到的数据可以帮助网站优化 UI(界面)设计，给顾客提供更好的购物体验。

(3) 招募数据人才。企业需要数学、工程方面的专业人才来开发软件，以获取有效数据并提供强大的分析工具。

(4) 建立以数据为中心的企业文化。任何人做提案都必须有数据支持，否则很难通过。"数据认为……"应成为工作要求和企业文化。

5.1 企业数据化运营

企业的市场数据运营需要对企业数据和网络数据的收集、整理、使用提出标准化、规范化、系统化和时效化的要求。企业要知道自己需要哪些数据、如何得到数据、如何分析数据，要建立企业数据分析的模型、统一和优化数据算法，打造企业数据运营管理信息中心。

5.1.1 企业对运营数据的要求

阿里巴巴首席战略官曾鸣讲过："阿里本质上，未来会是一家数据运营公司。""一开始，我们在用好数据，但是随着数据战略与平台战略的紧密结合，我们开始刻意地去管理数据(保证数据安全、质量和对于商家的可用性)、养数据(有意识地收集外部数据)、沉淀数据。"

企业数据化运营对数据的要求包括：

(1) 数据来源的真实可靠。去除数据信息源头污染，净化数据质量。剔除虚假的数据，将失真数据剔除，或者将数据还原到真实的场景，让收集的数据能反映真实的消费情景。

(2) 数据形式和标准统一。要打破数据分割，统一数据标准。统一数据标准就是让净化后的数据流得以汇集。各个部门的业务重点不同，对数据的理解不同，因此可能造成数据标准各不相同。要将这些数据汇集成大数据之海，就必须统一标准。

(3) 做好数据精选和加工，让数据系统化和精细化。平台数据的细分是基础，只有将数据细分好，企业才能用好。数据精细化是确定消费者的应用场景，使原始数据更细致、更准确、对商家更有参考价值的标签。以淘宝平台为例，一方面，淘宝在收集用户信息时，专注对商家更实用的内容，比如对于大学生用户，除收集他们的地址信息外，还通过其他渠道收集其房租的金额，从而了解用户的消费水平，将这些数据提供给相应的商家。另一方面，淘宝根据商品的应用场景对数据材料做初加工。例如，一个人去母婴超市里买东西不一定能证明这个人有孩子，但如果这个人是女性，年龄又合适，那么这个人有孩子的可能性就很大，不断加入的其他证明信息可以让这个消费者的数据变得越来越精细化。

(4) 建立开放的数据平台。企业应打通抖音、快手、小红书、微信、微博、论坛、导购网站等外部平台，收集和分析客户的隐性需求。企业仅仅分析内部的大数据是不够的，还要纳入更多外部数据。拼出一幅囊括移动互联网，涵盖用户生活方方面面的全景数据图。

(5) 加强数据的安全管理。商家不希望竞争对手获得自己的机密信息，消费者也不希望被干扰，因此企业要判断数据是否公开及公开程度，把握谁应该看什么，谁不应该看什么，谁看什么的时候只能看什么。

(6) 企业数据化需要组织保障。组织体系支持，建立数据委员会。企业数据来自各个部门，无论是数据材料的质量、精细化的保证，还是数据安全的保证，都不是单个部门能完成的，需要全局性安排。企业需要一个上层组织结构来指导、协调各个部门形成合力，实现从大数据运营到运营大数据的转变。

企业数据化运营系统工作包括：①数据采集，包括内部数据采集和外部数据采集；②数据存储、处理和统计，包括制定数据标准，数据存储、清洗，数据质量监控，数据安全管理；③数据分析和挖掘，包括数据分析支持、机器学习平台、场景化运营；④高层数据，包括数据汇总和业务分析。

5.1.2 数据驱动决策的步骤

(1) 得到尽可能多的数据。数据驱动决策的第一步是，企业要得到尽可能多的数据。现在基于云的软件平台成本相当低，企业可以收集和存储尽可能多的数据。在收集数据的过程中，企业应该注意两类数据：内部数据(搜索引擎指数、网站转化率和已有客户数据)和外部数据(社交媒体提供的数据、竞争对手数据、市场数据等)。

(2) 制定可衡量的目标。企业应制定一些可衡量的目标(比如收入增加 20%)，促使自己分析为什么没能达到这个目标，找到原因的唯一方法就是查看数据，这将帮助企业发现哪些变量影响了业务的哪些环节。企业做的每件事都应该有一些可以测量的目标，这些目标不能仅仅适用于高层，也应该适用于单个项目和个人。制定可衡量的目标不仅能帮助企业评估自己的表现，还可以让企业的员工了解自己给企业带来的贡献。

(3) 确保每个人都能使用数据。一旦企业收集并存储所有的数据，企业就需要确保公司中的每个人都能使用这些数据。数据的使用对象不应该局限于数据科学家或 IT 部门。为了培养数据驱动的企业文化，每个部门都应具备使用数据的权限，以做出相关决策。为了让每个人都能使用数据，企业需要一个高级别的人负责企业的数据策略，这个人要带领企业推动数据驱动决策，并通过自上而下的命令和指导来推动企业文化的转变。

(4) 聘请数据科学家。企业要将数据融入企业运营的每个环节，若想深入了解数据，应聘请一些数据专家。企业的员工应该了解数据，但企业不能指望他们掌握复杂的算法和数据挖掘技术。企业需要一个非常懂业务，又十分了解数据科学、数据洞察、数据营销和策略的人，这个人不仅可以将非结构化数据转换为结构化数据并进行定量分析，还可以帮助企业决定要对哪些数据源进行分析，客户真正需要哪些数据和满足何种需求，以及如何把基于数据的产品和服务转变成行之有效的商业模式。

(5) 挑选合适的数据分析工具。有了数据科学家以后，企业应该搭建一个完整的数据分析平台。如果企业的 IT 部门人手有限，可以选择一些敏捷型的数据分析工具，基于这些工具再进行定制化开发，打造出能够满足企业分析需求的数据平台。目前市面上的数据分析工具既有免费的，也有收费的，一些领先工具已经可以做到实时、自服务、动态可交互的分析。企业可以用免费的流量监测网站查看自己官网的搜索指数，监测 App 运营状况。当分析需求变多时，企业也可以挑选大数据分析工具，进行多维度的自服务数据分析。

(6) 让数据分析变成最高优先级的任务。成为一个数据驱动型企业的最好方法就是从最高层的管理者开始，使数据分析成为一个最高优先级的任务。企业的每个人都需要了解数据驱动的方法，这意味着企业需要培养一种数据驱动决策的文化。企业必须把数据驱动决策融入日常工作中，在做决策时可以容忍质疑，甚至异议，只要这些质疑是建立在数据和分析的基础上。这才是真正的数据驱动型企业。因此，一些专家甚至放出豪言，3~5 年之内，如果企业还没有开始构建数据化运营体系，那么企业很可能将因此失去由数据打造的核心竞争力。

5.1.3 企业市场运营数据分析

移动互联网和大数据为企业市场的数据运营提供了条件。企业要学会通过海量多维数据来分析企业和市场的运营情况，预测行业和市场的未来变化与趋势，及时调整企业的市场营销策略，驱动企业市场运作，获取市场竞争优势。企业要想进入新市场、扩展新业务、开发新产品，就必须通过数据分析未来的市场情况，计算企业需要投入的资源和可以获得的收入。

大数据有诸多领域，每个领域关注的重点都不一样，但进行用户维度、运营维度和内容维度的数据分析是企业进行数据化运营的基础。

1. 用户维度数据分析

用户维度的数据是通过对网站用户进行分析所得到的数据：用户是通过什么渠道搜索和来到网站的？用户在网站上的行为有哪些？这些数据可以为市场细分、客户行为细分提供可靠依据，为企业的产品、价格和精准推广提供依据，还可以帮助企业网络人员分析、修订、创意、设计网站及页面，使得企业能够吸引用户并完成销售任务。

(1) 网站分析的第一个数据是用户来源渠道，即用户是从哪些渠道来到网站的。是直接输入网站地址，是从收藏夹中打开收藏链接，还是从搜索引擎上搜索过来，或是从微博、论坛等一些新媒体上点击网站链接进来？排名前 20 的搜索关键词都有哪些？网站做市场推广时，最好每一个链接都带有独立的统计标识，这样能够清楚地了解不同的媒体上不同广告位置的流量。营销人员通过这些数据可以发现能够为网站带来稳定流量的渠道，同时剔除推广效果不好的渠道。

(2) 网站分析的第二个数据是用户在网页上的行为。用户通过各种不同的方式来到网站后，常打开的页面是哪些？这些页面都有什么特点？这里要重点关注用户在页面上的点击行为，一般用户会看几屏，点击哪些按钮或者链接的概率大，在各个页面上的停留时间有多长？营销人员需要多关注这些数据，通过分析用户在各个网页上的行为，为企业做市场决策提供依据。

(3) 网站分析的第三个数据是用户访问路径。用户进入网站后，会陆续到哪些页面上？会在页面上进行哪些操作？在哪些页面上跳出？这些数据可以清晰地勾勒出典型用户的访问路径图，再结合用户来源和渠道一起分析，就能确定哪些渠道上的用户来到网站之后，访问深度最高、转化率最高。营销人员可以据此及时调整策略，对流量大、效果好的渠道加大推广力度。

(4) 网站分析的第四个数据是注册流程。很多网站的注册流程都需要至少两步(有的可能需要三四步)，如果网站的注册流程烦琐，则应及时改进，否则即便推广做得再好，网站各个模块再方便、易用，仍然得不到最好的转化率。对注册流程进行监测可以看到有意愿注册的用户到底在哪些环节流失了，是不是填写信息太多，是不是发送确认信息失败等。

除以上数据以外，营销人员还应关注千人成本、用户转化率、用户转化成本、付费广告点击率等数据，以便更好地帮助企业做市场决策。

2. 运营维度数据分析

运营维度的数据是指用户进入网站以后的后续行为数据。电子商务网站和社区都有自己要关注的运营维度数据。

电子商务网站的用户维度数据分析主要分析用户来源，运营维度数据分析主要分析收入情况。

(1) 每日的订单数。这个数据可以反映电子商务网站整体的销售情况，是电子商务网站最重要的数据指标。

(2) 客单价，即每笔订单的金额。每日订单数和客单价可以反映电子商务网站的整体销量，这个指标与实际销售情况的差别应该不是很大。

(3) 订单支付成功率。很多人都有这样的经历，在电子商务网站上我们可能会把很多商品放在购物车里，但是最后又会删掉购物车里的某些商品，也就是说很多订单最后并没有支付。电商运营人员应该重点关注这个数据，如果有大量的未支付订单，就需要去分析问题出现在哪里，是注册环节出了问题，还是支付环节出了问题。

(4) 退货率。这个数据很重要，大量的退货对于网站来说损失非常大，同时还要分析退货的原因。

(5) 订单交付周期。这个数据反映了每个订单从用户支付成功到用户签收的时间。不同区域、不同城市的订单交付周期都有一定的差别，这对电商整体的物流水平是一个考验。

(6) 投诉率。电子商务的用户体验是一个从线上到线下的全过程，其重点在于客户对服务的满意度，整个企业系统的任何一个环节出现差错都会导致客户流失，用户投诉往往说明某个环节出现了问题。投诉率是电商整体服务水平的反映，建立一个品牌很难，但是毁掉一个品牌非常容易。

(7) 用户的重复购买率或二次购买率。这个数据表明了用户的忠诚度。某个用户第一次购买的体验非常好，对商品很满意，那么产生二次购买行为的概率就非常大。用户重复购买的时间周期也是一个需要关注的数据。

社区需要关注的运营数据与电子商务网站有很大差别。每天的新注册用户数、登录的老用户数、人均浏览量是社区整体数据；社区每天产生的内容有多少，具体到文字、图片、视频等各种不同类型的内容各是多少，相对前日的增长率是多少，相对于上周或者上月的增长率是多少，每天的新增关注、新增评论、转发等数据，都是整个社区互动氛围的整体表现。还要考虑用户流失情况：两周未登录、一月未登录、两月未登录的用户各占社区总注册人数的比率是多少，比率越高对于社区产品及运营人员来说越危险，更需要重点关注。

对社区来说，优质活跃用户是营造社区氛围的关键。通过数据分析达到优质标准的用户每周增长多少，每个用户本周发布的内容属于哪一类，各类型的内容以及互动的数量是多少，有多少用户处于濒临流失状态，这些数据可以帮助运营人员调整企业运营策略。例如，很多用户很活跃，但是发布内容的质量并不高，那么应该怎样去引导用户？如果用户濒临流失，那么就需要考虑用什么方法挽回这些用户。

3. 内容维度数据分析

内容维度的数据是指单一品类及单一商品的数据，包括某一品类的销量、平均每次购买量、金额及退换货率，对于单一商品也要分析此商品在一定时期内的销量、订单数、金额及退换货率。对这些数据进行分析可以了解商品被市场接受的情况，以及热门品类和热门商品的趋势，对企业后续的市场运营和营销活动具有指导意义。

对于社区来说，不仅要了解社区整体的数据情况，也要对社区活动中的内容与用户进行分析。优质内容的分享对社区尤为重要。内容的文字、图片，视频的生动、活泼、深刻非常重要，对内容的有效分类也十分重要，摄影、旅行、美食、时尚、动漫、电影等是各个网站社区常用的分类方法。在社区中，内容的标签是用户自己添加的，那么需要关注的第一个数据就是用户自己添加的标签有多少是本周新增的，这样就可以了解社区每周会有多少新鲜的内容产生。需要关注的第二个数据就是各个标签下用户的内容发布量，每天是多少，每周是多少，这样就可以了解哪些标签下的内容最活跃，可以据此做出相关的运营决策。需要关注的第三个数据就是各个标签下用户的互动数，包括评论、转发、收藏等不同行为操作的数量，这个数据清晰地反映了用户在不同标签内容中的活跃程度，这是社区运营及活跃度分析必不可少的数据。

5.2 企业数据化运营体系

企业市场的数据化运营需要企业数据系统化，它不仅需要对企业数据的内在逻辑、业务关系进行梳理和确定，还需要对企业数据的来源、收集、清洗、整理、使用的管理流程、级别、方法和权限进行规定。

5.2.1 企业运营数据的获得

企业要进行数据化运营，首先要获得 App 中的数据，这就涉及使用什么工具来获得想要的数据。很多企业或个人没有过多的精力和能力自行开发数据的收集与分析系统，这类企业可以利用第三方免费的工具，例如腾讯、阿里等网络平台在收集和分析 App 数据方面功能非常强大。选择数据分析工具之后，要正确地实施与部署，最重要的是利用好它们的自定义变量及事件追踪机制。比如，可以把 App 的版本号作为自定义变量传回，这样就可以了解不同的版本在转化漏斗上是否有明显的改进。对于事件追踪，可以把每个按钮的点击都作为一个事件发送回来。营销人员可以明确地知道每个按钮每天有多少用户在点击，这对于产品改进有非常大的帮助。对于管理者而言，可以在腾讯、阿里等网络平台自定义一个常用数据的报表仪表板，从而一目了然地了解很多重要数据。

5.2.2 数据指导产品与运营

企业在获得以上关键数据后，下一步利用互联网和大数据就可以指导产品与运营。

1. 分析与研究最重要的转化漏斗

用户从打开 App 到最后完成购买的流程大致可分为四步：打开 App→查看企业详细信息→填写订单→完成订单。有 n%的用户打开 App 之后查看了企业的详细信息，只有 m%的人开始填写订单。以酒店系统为例，从中可以得到以下 4 个结论。

(1) 可能企业的酒店数量对于用户来说是远远不够的，因此用户没有进一步查看酒店信息的欲望。

(2) 酒店列表(打开"今夜酒店特价"栏目即显示酒店列表)的信息已经足够用户选择酒店，因此当用户看到列表中的酒店之后，就不需要查看酒店的详细信息。

(3) 可能企业的 App 产品设计不够友好，用户在"今夜酒店特价"栏目不容易找到自己需求的酒店，因而只有 n%的人进入酒店的页面。

(4) "今夜酒店特价"栏目的酒店不够好(性价比不够高或是酒店描述太糟糕)，所以当用户看完酒店的具体信息之后，只有 m%的人愿意开始预订。

这四个结论对于运营和产品的指导是完全不相同的。这时候，需要运用行业的知识以及用户的调研与反馈，来判断究竟需要在哪个方面做出努力。当用户开始填写订单之后，成功填写完成并提交订单的用户比例是 k%。企业可以从一个更长的时间段去观察这个比例的发展趋势，由此来分析购买流程对于用户来说是否流畅，并不断地改善流程，从而提高这个比例。

2. 分析新老用户的比例

企业可以分析新老用户的比例，这个数据反映了用户黏度。例如，老用户占比接近 h%，短期来看，这个数据是不能帮助企业做出决策的，企业需要从更长的时间段去看，分析不同月份用户的回访比例与回访次数，再结合用户访谈与调研，了解用户对"今夜酒店特价"最不满意的地方。此外，新老用户的比例还可以结合不同的营销推广渠道进行分析，了解不同渠道用户的忠诚度，这对于市场运营来说是非常有帮助的。再列举一个利用数据帮助运营决策的小例子。在"今夜酒店特价"的酒店列表页中，为了更方便用户寻找酒店，企业设计了按各种方式排序的功能，比如按星级由高到低、按距离由近到远、按价格由低到高等。如果想了解用户点击最多的按钮是哪个，就需要用到事件追踪的功能。例如，"今夜酒店特价"的用户最关心的是有没有高星级的酒店，其次是价格，最后才是距离，通过这个数据，企业的产品人员可以将性价比最高的高星级酒店放在酒店列表的顶部，从而节约用户查找酒店的时间。另外，企业的运营人员也可以有针对性地去开发一些性价比更高的高星级酒店。利用从 Google Analytics 中获得的数据，不仅可以帮助"今夜酒店特价"的运营团队做一些决策，也能帮助产品经理来更好地改进产品。

企业大数据团队能否基于大数据平台为企业的营销赋能、运营赋能，成为驱动企业成长的关键所在。赋能的核心是搭建好用的大数据平台，成体系地架构优良数据产品矩阵。当前的大数据平台已不再是独立的数据平台，开始和客户关系管理系统、营销平台、PUSH 系统深度融合，直接给业务系统赋能。

3. 企业数据化运营的数据体系

企业数据化运营的数据体系分成 4 层，从下往上依次是数据收集层、数据加工层、数据计算层、数据应用层，层层依赖，下一层是上一层的基础。

(1) 数据收集层捕获用户在各个产品端的行为数据，加载各业务系统的结构化数据和非结构化数据，导入流量平台数据，通过第三方平台的 API 接入微信、微博、广告投放平台，使用爬虫采集企业舆情、电商商品评论等第三方数据。相对应的有用户行为日志采集系统、第三方对接平台、数据爬虫。

(2) 数据加工层负责清洗、转换数据，把不同业务系统的用户归一化生成统一的UnionID，统一不同系统中的相同字段的数据类型、数据值(例如流量系统中的渠道和营销平台、广告投放中定义的渠道不一致)，建立合理的维度、度量以及数据模型。这一层的产品模块有元数据管理、指标库、作业调度管理、数据质量管理，这些模块都是为了让数据可追溯、可管理，持续改进数据质量，产出高质量的数据。

(3) 数据计算层解决数据开发和挖掘、标签制作和使用、算法调用、数据调用等问题。对应的数据产品模块有开发管理、标签平台、算法平台、数据接口、运维监控。数据加工层和数据计算层是数据平台建设的核心。

(4) 数据应用层承载了业务人员、用户可感知的系统和产品功能。对内包括日常报表系统、用户画像系统、标签查询、客户关系管理系统、营销平台，对外包括改善用户体验的个性化PUSH、推荐系统。

4. 客户数据分析与客户关系管理

用户画像系统是在标签的基础上定期生成企业、产品线用户画像报告，宏观、汇总显示用户的主要特征，同时可以自助查询单一用户、某个渠道、某条产品线的用户画像，供管理层、销售、运营、产品经理日常使用。

使用标签功能需要构建一个标签服务平台，最大限度地规范标签的体系(大类、中类、小类)、格式、组合方式、调用方式等，可以基于标签进行二次加工发布新标签。自定义标签是根据数据维度、度量自行生成新标签。每发布一个新的标签，就意味着增加一种数据能力。标签可以直接被外部系统调取，例如客户关系管理系统中的客户信息页面显示消费者类型(如冲动型、目标明确型、理性分析型、犹豫型)。

客户关系管理系统的常规功能有客户管理、潜在客户管理、业务机会管理、营销活动管理、客服记录管理。借助大数据可以为客户关系管理系统扩展以下能力：用户轨迹分析、挖掘潜在用户、用户流失分析、流失用户挽回、用户等级分群、用户价值分析等。大数据时代，客户关系管理系统也会同步进化，不再是单纯的业务过程记录，应该是与大数据逐步融合，大数据的分析结果直接嵌入客户关系管理系统中，供业务人员即时使用，但数据不会直接写入大数据平台，业务变更的数据还是进入客户关系管理系统，加工后再汇入大数据平台。

营销平台的常规功能有营销全流程管理(推广计划、广告投放、效果、人群定向)、费用审批、渠道管理、短信邮件推送、营销策略、营销执行。营销平台的大数据应用有生成种子客户群、消费者特征分析、消费者类型分群、渠道衡量、营销效果分析。标签库的用户群要能推送到营销平台，它们内嵌于生产流程，致力于端到端地解决问题，从而真正地赋能业务人员。

客户关系管理系统、营销管理平台既是数据消费者，又是数据生产者，大数据时代，客户关系管理系统、营销管理平台也一起同步进化，大数据应用和业务系统不断融合，对产品架构、技术架构都是不小的挑战。

另外，为了促进业务人员经常看数据报表，培养数据化运营理念，除在报表门户显示报表外，报表也要直接嵌入业务系统，因为业务人员每天都要登录业务系统，这也是数据平台和业务系统融合的一个表现。

5.2.3 数据管理平台的产品模块梳理

数据管理平台是大数据产品体系建设的核心和地基，实现数据管理、数据开发，以及对生产过程的管理。以下产品模块可由企业视数据规模及进化阶段而灵活取舍。

(1) 开发管理。开发管理包括 SQL 开发、Spark 开发、作业调度、API 管理等。

(2) 数据接口。数据接口对外提供数据访问能力，客户关系管理系统、营销平台可以直接使用数据平台的数据，让数据成果在业务系统中落地。

(3) 算法平台。算法平台解决数据开发和挖掘的问题，支持分类、聚类、关联、回归等常见数据挖掘算法，用于实现一些预测性标签、用户分群、个性化推荐等功能。如果业务线较多，还可以对业务线输出算法能力供其直接使用，避免另起炉灶。

(4) 元数据管理。元数据管理包括元数据采集、数据字典、影响分析、血缘分析。

(5) 质量管理。质量管理包括质量规则管理、质量规则检查、质量问题管理。

(6) 运维管理。运维管理包括资源管理、运行监控。

(7) 指标库。指标库准确定义数据指标的含义、计算方式，例如流失用户、活跃用户这两个指标没有明确的、通用的、适用于所有行业的定义。指标库重在帮助企业内部形成统一的指标口径，避免沟通误差，影响对数据的解读。

(8) 日志采集系统。日志采集系统需要能够支持网站、App、微信小程序等不同终端的用户行为数据收集，行为包括浏览、收藏、分享、评论、搜索、加入购物车、登录、注册、购买等，尽可能收集所有有价值的行为数据。日志采集系统可以使用 Facebook 开源的 Scribe 或者 Flume、Kibana 搭建。

(9) 公网数据采集系统。公网数据采集系统就是常说的网络爬虫。要想从公网上采集微博话题、电商评论、行业数据、营销活动数据等，可以采用开源软件自己搭建，也可以购买现成的数据爬虫服务。

(10) 第三方数据对接平台。第三方数据对接平台通过 API 从微信公众号获取文章阅读、用户、用户留言、客服记录等数据，从广告系统中获取投放计划、投放结果等数据。

5.3 企业数据化运营的数据处理

企业数据化运营不仅要求数据的全面性，而且要求数据的经济性，在企业实际工作中要注意对多余或无用数据的剔除。企业要在企业管理的层面规定数据的收集与分析规则，使企业数据应用高效、经济。

5.3.1 数据指标制定

数据指标制定是指要落实可以执行的指标，如通过微信引流新用户10万，提升付费转化率到5%等，这些是可以找到具体执行策略的指标。

(1) 基础指标。例如AARRR模型的5个阶段分别有对应的基础指标：①拉新，主要是新用户注册数；②活跃，主要是用户登录数(日、周、月)；③留存，主要是流失用户数(日、周、月)；④转化，主要是付费用户数；⑤传播，主要是分享用户数(微信分享、微博分享等)。

(2) 用户属性。依据用户属性和用户行为构建用户画像，目的是分析用户行为特征，对用户进行分类，精细化运营用户。对于社区产品，可以有针对性地运营KOL用户；对于电商产品，可以对用户做精准推荐。

终端画像，这里的终端特指移动智能终端，即智能手机。分析用户群终端，可以了解用户群构成，如操作系统、手机型号等，更有利于发现用户行为偏好。

(3) 用户来源。①渠道分布，用户通过哪个渠道下载了App，登录并注册App；②渠道效果，将每个渠道获取的用户数，转化为注册用户的数量，判断渠道获取新用户质量的好坏；③版本分布，了解使用不同版本App的用户占比，通过分析可以判断产品版本更新后是否出现用户体验过差的问题。

(4) 用户行为。①用户参与度，包括用户访问页面时间、频率等；②行为路径，即用户完成某一个任务时经过了哪几个页面，做了哪些操作；③自定义事件，根据产品需求，对某一个特定的用户事件进行数据统计，分析用户行为。

基于业务的漏斗分析常见于电商用户行为分析，反映从用户登录到最终支付的用户流失情况，判断在哪个环节出现问题以及时优化。

5.3.2 数据获取

产品上线后会不断积累、沉淀用户的注册、登录、使用等各个维度的数据。在数据获取阶段要做的就是采集需要的数据，并且对数据进行处理以达到可以用于数据分析的效果。

1. 数据采集

数据的来源主要有两种：一种是通过数据埋点，然后提取相应的数据字段；另一种是通过用户的使用日志文件分析用户数据及用户行为。

业内有两种埋点方式：一种是在产品设计阶段，通过提交相应需求由研发团队设计底层数据模型时，将需要在产品上线后特别注意的数据字段进行标识；另一种则是通过第三方统计平台统计到大部分用户的行为数据，减少产品自身的开发和改造，但是对于个性化的数据分析需求还需要通过产品底层的设计来满足。

用户使用日志即用户登录产品后每一次操作都会被记录下来，保证用户的使用行为可以被查询到，同时一些针对用户的误操作可以通过日志文件进行恢复。

2. 数据处理

实际生产环境下产生的数据与理想状态下产生的数据不同，可能某一条记录的某一个字段因为系统或人为原因造成了缺失，数据的不完整性也可能导致数据分析结果不准确，所以在数据分析前要对采集到的数据进行数据清洗和数据预处理。

(1) 数据清洗，指对采集的不规范数据进行清洗，如对存在缺失的数据进行填充，对于数值性数据比较常用的填充方法就是选取数据前后若干天的数据取平均值作为缺失数据值进行填充。其他可能出现数据不规范的现象还有很多，例如采集用户年龄字段数据时，发现个别用户年龄字段数值大于100，就需要通过数据稽查去发现问题所在。

(2) 数据预处理。原始数据与数据分析需要的数据维度可能会有所不同，比如采集到的原始数据是按日汇总的，但是数据分析需要的是按月汇总的数据，那么在进行数据分析前，就需要将每个用户的日数据进行汇总，得到每个用户的月数据后再进行分析。

3. 数据分析

专业的数据挖掘算法有很多，如关联分析、聚类分析、神经网络等，这里主要介绍用户画像洞察、漏斗分析模型和用户行为分析方法。

(1) 用户画像洞察。用户画像洞察是通过对用户数据的聚合，将数据转换成形象化的虚拟用户模型，通过用户画像展现具有某一类特征的用户群体。将用户群依据用户画像进行分类，可以为精细化用户运营提供数据支撑。同时，构建用户画像也有利于产品经理、运营把握用户，在进行功能迭代和活动运营时，可以有针对性地制定策略，提升效率。

(2) 漏斗分析模型。用户行为分析中最常用的就是漏斗分析模型，即用户在完成某一项特定任务时要经过多个步骤，在每一个步骤中都会产生用户流失，为了保证更多用户顺利完成任务，可以通过漏斗分析模型发现问题所在，优化关键步骤的用户体验，达成最终目标。

(3) 用户行为分析。对于产品新上线的功能模块，想了解用户体量有多少，用户在使用时是否在某些环节产生困扰，可以通过用户行为分析来验证功能效果。在进行用户行为分析时，要根据产品的具体业务流程设计分析方法，结合业务场景才能发现更多的问题。

4. 数据可视化

数据分析的结果往往都是枯燥的，无法清晰地被领导或执行同事理解，所以需要对数据分析结果进行可视化处理，让领导明白数据分析的结果是什么，让同事明白根据分析结果如何进行下一步工作。

(1) 可视化方式。根据数据类型及展现形式的不同，可视化方式有展现时间关系的时序图、展现占比的饼状图、展现数据分布的柱状图等。

(2) 可视化工具。简单的数据分析工作使用 Excel 就可以完成，复杂一些的数据分析工作可以使用 SPSS、Tableau 等专业化数据分析工具完成。这里还推荐 Echarts，这本是一个前端图表框架，但是简单、易用，通过对应的图表模板，只需要将数据导入框架模板即可生成可视化图表。

(3) 数据分析报告。数据分析报告是对数据分析任务的总结，向上可以向领导汇报，向下可以与同事共同制定策略完成下一阶段任务。数据分析报告大致包括分析背景和目标、数据源选取、数据分析方法和框架、数据可视化、数据分析结果和建议等内容。

5.4 企业市场运营的策略

企业市场运营必须以消费者为中心，以满足消费者的需求作为企业生存和发展的关键。在制定企业任务、目标、方针和策略时，必须以消费者需求为前提，通过满足消费者需求来满足社会需求，充分利用和挖掘企业的一切资源，发挥企业的优势，实现企业的目标。要做到这一点，就必须有一套行之有效的市场经营战略、策略和手段。在营销活动中确定企业的客户群和具有影响力的人，分析他们的行为并建立企业的客户数据库。接下来，企业就必须按客户的需求来影响客户和为客户提供服务。

市场营销的功能是通过企业的市场营销系统来实现的。企业的市场营销系统一般包括市场调查与市场预测系统，信息反馈系统，营销策略系统，产品功能系统，广告宣传系统，定价系统，产品分配与推销系统，服务系统，储运系统，计划、控制与分析系统。

企业市场细分是指根据消费者的不同特征把市场分割为若干个消费者群，每一个需求特点相似的消费者群就是一个细分市场。市场细分不是从产品出发的市场分类，而是从消费者的不同需求出发，根据消费者购买行为的差异性，把消费者总体划分为许多购买行为类似的群体。市场细分是企业在研究市场营销环境和消费者购买行为的基础上选择与确定目标市场的重要手段。

5.4.1 无差异性市场策略

无差异性市场策略是指企业把整个市场看作一个大的目标市场，认为市场上所有消费者对企业产品的需求基本相同，不存在大的差异，因此企业只向市场投放单一的产品，并采用最广泛的销售渠道和广告宣传形式向市场推销。这种策略适用于大宗经营或大批量生产的企业，其优点是企业可组织专业化、大批量的生产、运输和销售，使产品生产成本、销售费用都大大降低，取得较好的经济效益；其缺点是以单一品种满足整个市场的需要，风险较大，如果市场竞争激烈、需求量发生变化，企业可能陷入困境。

5.4.2 差异性市场策略

差异性市场策略是指企业在市场细分的基础上选择若干个市场面，采用不同的促销方式，以有差别的产品分别满足不同市场面的需求。这种策略适用于绝大多数在质量、性能等各个方面有差异的产品和几乎全部耐用消费品等，其优点是企业实行多品种经营，能较好地满足不同消费者的需求，有利于扩大销售额，保持经营的稳定，增强企业的竞争能力。因此，在竞争日趋激烈的市场环境下，为了保持企业的市场占有率，越来越多的企业采用了这种策略。这种策略的缺点是由于产品品种多、批量小，生产成本和销售费用会相应提高，同时也受到企业资源条件的制约。

5.4.3 集中性市场策略

集中性市场策略是指企业将其产品集中在某一个市场面，实行专业化生产和销售，以谋求企业在较小的细分市场上取得较高的市场占有率。这种策略适用于市场目标集中的企业，其优点是可以使企业集中使用资源，集中力量、扬长避短，在细分市场的竞争中占据有利地位；其缺点在于经营风险较大，由于市场面狭小，适应性差，一旦需求发生变化或出现强有力的竞争者，产品销量就会急剧减少，企业就会陷入极为困难的境地。

企业市场运营组合策略是指企业在选定的目标市场上综合运用各种市场营销策略和手段，以销售产品并取得最佳经济效益的策略组合。市场运营的策略有多种组合方式，运用最广泛的是 4P 分类方法。

(1) 渠道(place)。传统的市场营销活动包括企业渠道建设和终端布局，而数字时代，也可以理解为位置，即全世界近百亿部手机、计算机、网络电视及已经出现和将不断出现的移动互联工具的位置，将决定企业的生死。

(2) 价格(price)。与线下一样，在数字时代，价格对企业而言更加重要。移动互联网上，产品的价格不必是最低的，但必须是具备竞争力的。产品的性价比必须使客户满意。移动互联网使得虚高的价格无处可遁。

(3) 产品(product)。为了确保在竞争中获胜，企业必须了解自己的客户，知道他们的关注点，满足他们的需求。产品和服务是企业市场营销成功的基础，为客户提供的产品必须能为客户提供独一无二的价值，否则，吸引和说服客户购买是不可能实现的。

(4) 推广、沟通和促销(promotion)。包括线上和线下、企业网站和自媒体、搜索引擎和广告排名、植入和在线公关等一系列新的工具和新的方法。

制定市场营销策略组合的原则不是追求企业市场营销策略中某种要素最好，而是追求其组合的效果最好。同时，企业追求市场营销策略组合的效果最好，并不排斥企业突出某一项或几项策略的突出。市场营销策略组合中的各要素策略必须综合分析，组合制定。市场营销策略组合是不断开发市场策略系列，以满足消费者不断变化的需要的连续性工作，它是市场营销计划和战略的基本依据。制定市场营销策略必须排除的最大障碍之一就是所谓的自我参照标准，它假设在已有市场取得成功的策略在其他任何市场也将取得成功。为了避免让自我参照标准束缚自己的思想，最好的办法就是集思广益，建立一套决策制度，对所有相关的问题进行评价。

【拓展阅读 5-1】
字节跳动：数字化运营抢占流量高点

本章要领梳理

企业数字化运营可以更好地从管理、营销方面提升用户的服务体验,帮助企业做出更可靠的决策,以及为员工提供一个更好的标准,进一步促进企业运营的精细化。企业要建立数据化管理的机制和以数据为中心的企业文化。

企业数据化运营的 6 个方面的要求:去除源头污染,净化数据质量;打破分割,统一数据标准;精选+加工,让数据精细化;海纳百川,纳入更多外部数据;加强数据的安全管理;组织体系支持,建立数据委员会。企业数据化运营系统工作包括:①数据采集,包括内部数据采集和外部数据采集;②数据存储、处理和统计,包括制定数据标准,数据存储、清洗,数据质量监控,数据安全管理;③数据分析和挖掘,包括数据分析支持、机器学习平台、场景化运营;④高层数据,包括数据汇总和业务分析。企业市场运营数据分析的维度:用户维度、运营维度、内容维度。企业数据化运营的数据体系分成 4 层,从下往上依次是数据收集层、数据加工层、数据计算层、数据应用层,层层依赖,下一层是上一层的基础。

企业市场运营必须以消费者为中心,以满足消费者的需求作为企业生存条件。在制定企业任务、目标、方针和策略时,必须以消费者需求为前提,通过满足消费者需求来满足社会需求,充分利用和挖掘企业的一切资源,发挥企业的优势,实现企业的目标。要做到这一点,就必须有一套行之有效的市场经营战略、策略和手段。制定市场营销策略组合的原则不是追求企业市场营销策略中哪一种要素最好,而是追求其组合的效果最好。同时,企业追求市场营销策略组合的效果最好,并不排斥企业突出某一项或几项策略的突出。市场营销组合中的各要素策略必须综合分析,组合制定。

教练作业

1. 企业运营获得数据的方式与方法。
2. 数据如何指导产品与运营?
3. 企业数据管理平台要求的各项内容。

数字营销驱动

第 6 章

> 要发展数字经济,加快推动数字产业化,依靠信息技术创新驱动,不断催生新产业新业态新模式,用新动能推动新发展。要推动产业数字化,利用互联网新技术新应用对传统产业进行全方位、全角度、全链条的改造,提高全要素生产率,释放数字对经济发展的放大、叠加、倍增作用。要推动互联网、大数据、人工智能和实体经济深度融合,加快制造业、农业、服务业数字化、网络化、智能化。
>
> ——2018年4月20日,习近平在全国网络安全和信息化工作会议上的讲话

在商场中,一件衣服如果总被试穿但没人买,数据就会传回企业,这一数据就要被仔细分析,进而发现商机。

移动互联网在加速进化,围绕移动互联网和大数据产生的新技术、新应用、新服务层出不穷。商业生态系统不断演化,一切业务数据化,一切数据业务化,社会生态系统复杂化、开放化、非结构化、人性化,引发商业生态系统的数据化、品牌化、虚拟化。过去的智慧、知识和经验正在加速失效,工业时代的组织架构、思维方式、管理运营已不适应数据时代的发展。

企业的数字化应立足于顶端设计,结合企业的核心竞争力,如产品设计力、社会化服务力、渠道终端覆盖力、品牌感召力、团队创新力,以及产业互联、生态链发展,依托企业自身资源优势,力出一孔,推进企业数字化进程。在企业数字化过程中,数字化技术与业务融合至关重要,这种融合不是单纯地针对某些模块进行数字化改善的线性叠加,或者单一数字技术的运用。

6.1 AISAS模型

分享是人的天性,在数字营销领域,AIDMA 模型属于独善其身,AISAS 模型属于兼济他人。

AIDMA 模型将消费者从接触到信息到最后达成购买分为五个阶段:引起注意(attention)、兴趣(interest)、欲望(desire)、购买(action)、记忆(memory)。

为适应数字时代的发展,2005 年,日本电通集团提出 AISAS 模型:注意(attention)、兴趣(interest)、搜索(search)、行动(action)、分享(share)。

显而易见,AISAS 模型堪称数字时代消费者的购物决策法则。在 AISAS 模型中,搜索与分享是互联网时代对营销模式的一个突破,也是数字营销的一个飞跃。搜索反映了数字时代消费者决策的理性,分享则彰显了数字时代消费者表达的天性。

搜索与分享凸显互联网时代搜索和分享对用户决策的重要性,也反映了互联网对用户购买决策行为的影响。

6.1.1 注意

注意是指引起顾客注意。为了引起顾客注意,企业应该采用完整的六感营销,六感即视觉、听觉、触觉、味觉、嗅觉、心觉。比如在星巴克,店内有柔和的音乐(听觉),有可口的咖啡(味觉),有浓郁的咖啡香(嗅觉),摆设精致、环境优雅(视觉),服务与理念温暖人心(心觉),从而构成了一个家和办公室之外的舒适的"第三空间"。

除了在实体店里呈现六感营销,其他传播渠道也应从六感营销出发,如各种公众号、自媒体、短视频等内容媒体,信息流、竞价、需求方平台等效果广告等,从多个渠道触达消费者,吸引消费者的注意力。

需要说明的是,数字媒体比传统的广告牌、纸媒的传播范围更广泛,针对的目标人群也会更精准。

6.1.2 兴趣

当六感营销做到位后,产品品牌就会占领顾客的感官与心智。心觉是六感营销的核心,也是六感营销的终点,因此,企业的所有呈现(不呈现也是呈现方式之一)都应以引起顾客兴趣、好感为目标,让顾客产生新感觉、好感觉。

6.1.3 搜索

在移动互联网时代,几乎所有的顾客都可以称作网民。货比三家不吃亏,这就决定了他们在购物前会上网搜索数家企业、品牌、产品的口碑和评价等相关信息作为参考,并据此做出决策。

从专业的角度来看，顾客表面上是在"比货"，其实是在对比信息、筛选信息。为了能让顾客搜索到自己的品牌，不少企业采用竞价排名方式发布广告，有的行业比如医疗，医院门诊几乎垄断前面数十项的搜索排名。

6.1.4 行动

在 AIDMA 模型中，购买行动是最后一个环节，即购买意味着结束。在传统实体店购买过程中，顾客购买的促成离不开销售员的"临门一脚"，但在互联网上购物，销售员的作用被大大削弱了，因为客户已经在线上收集了足够详细的信息，基本上属于自助购物。

6.1.5 分享

在 AIDMA 模型中，购买行动完成后就结束了，但是在 AISAS 模型中，购买结束后还有一个十分重要的环节——分享。互联网的普及使得分享也变得非常便利、普遍。

通过点赞、评价、分享，顾客不仅向身边的人推荐产品，也向素不相识的人推荐产品，顾客的推荐、口碑传播，比企业自身开展的营销活动有效得多。顾客甚至在进行决策分析的时候，都可能会进行分享。分享是数字营销区别于传统营销的重要标志。所以，企业需要做好用户的分享路径，同时有意识地引导用户分享。

AIDMA 模型描述了客户从了解到购买的倒金字塔漏斗状进程，客户数量随着进程持续而不断减少，如图 6-1 所示。而 AISAS 模型则描述了客户从了解到分享的哑铃漏斗状进程，客户数量最后随着分享的持续而无限增加，如图 6-2 所示。

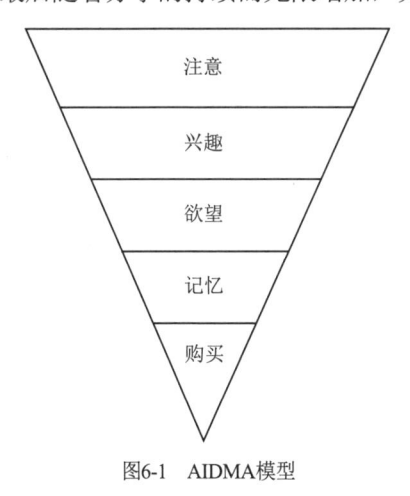

图6-1 AIDMA模型 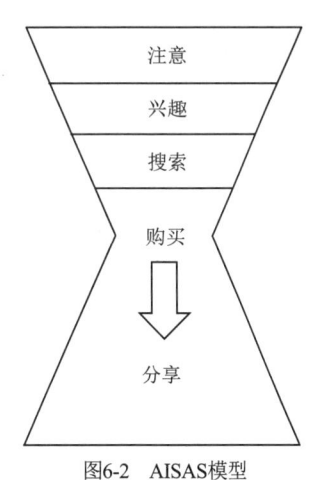 图6-2 AISAS模型

数字信息的承载与表达呈现多样化特征，话语权的下放推动"人人都是自媒体、麦克风"的时代来临，信息传播者和接受者之间的身份边界模糊，消费者在自有的营销传播渠道中分享、传播信息。

AISAS 模型描述了客户从了解到分享的进程。

6.2　从4A到5A：让顾客成为品牌"传道者"

随着市场与顾客消费习惯的变化，营销理论与实践也随之不断改变。在早期众多营销理论中，国际推销专家海英兹·姆·戈得曼提出的AIDA(attention、interest、desire、action，注意、兴趣、欲望、行动)模型，是营销学中一个重要的模型，是指一个成功的推销员必须把顾客的注意力吸引或转移到产品上，使顾客对推销人员所推销的产品产生兴趣，这样顾客的欲望也就随之产生，之后再促使其采取购买行为，达成交易。

AIDA模型代表传统推销过程中的四个发展阶段，它们是相互关联、缺一不可的。应用AIDA模型，营销人员需要做的是：①设计推销的开场白或引起顾客注意；②继续诱导顾客，想办法激发顾客的兴趣，有时采用"示范"这种方式也很有效；③刺激顾客购买欲望时，最重要的是要让顾客相信，他想购买这种商品是因为他需要，而他需要的商品正是推销员向他推荐的商品；④购买决定最好由顾客自己做出，推销员只要不失时机地帮助顾客确认，让顾客坚信自己的购买动机是正确的，购买决定是明智的选择，就基本完成了交易。

AIDA模型的魅力在于吸引注意、诱导兴趣和刺激购买欲望。

后来，德瑞克·洛克教授提出替代AIDA模型的4A模型，将顾客在评估品牌时的考虑过程分为：认知(aware，指顾客是否了解某个品牌)、态度(attitude，指顾客喜不喜欢这个品牌)、行动(act，指顾客决定是否购买)、再次行动(act again，指顾客确定是否值得重复购买)。

相比AIDA模型，4A模型更在乎顾客购买之后的行为，将重复购买视为顾客忠诚度的重要指标。但是，科特勒认为顾客忠诚不该仅由重复购买率决定(如汽车和冰箱一般不会重复购买)，而是由品牌拥有多少忠诚顾客(倡导品牌、愿意主动为品牌发声、积极向他人推荐)决定，足够多的忠诚顾客才是品牌赖以生存的强大后盾。

为此，科特勒在其著作《营销革命4.0——从传统到数字》中，将顾客体验路径重新修改，提出了5A模型：了解(aware)、吸引(appeal)、询问(ask)、行动(act)和倡导(advocate)。

1. 了解阶段：顾客被动接受信息

顾客从过往经验、营销互动或其他人的体验等方面获得各种信息，被动接收品牌信息，这一阶段是促使用户购买的"闸口"，"闸口"大小由品牌认知度决定。

2. 吸引阶段：增加顾客的品牌印象

顾客认知到几个品牌之后，会处理接触到的信息，创造短期记忆或扩大成长期记忆，结果只对少数几个品牌印象深刻。

3. 询问阶段：适度引发顾客的好奇

好奇心驱使下，顾客会积极从亲友处、网上搜寻相关信息或直接、间接地收集企业信息。在询问阶段，顾客体验路径从个人转为社群，品牌诉求必须获得其他人的认可，才能继续出现在顾客体验路径中。

4. 行动阶段：让顾客参与互动

如果顾客在询问阶段被信息进一步说服，就会决定采取行动。企业想要让顾客采取的行动不仅包括购买，还希望顾客在购买之后通过消费、使用及售后服务进一步与品牌互动。当顾客有问题和抱怨时，品牌必须密切注意，并确保问题获得解决。

5. 倡导阶段：让顾客成为品牌"传道者"

随着品牌的发展，顾客可能会发展出对品牌的强烈忠诚度，这会反映在顾客保留率、重复购买率，以及向其他人宣扬品牌的好处上。积极的倡导者会在没有人询问的情况下主动推荐，但最忠诚的拥护者则是在有人询问或出现负面宣传者时才会发声，因为他们觉得自己有义务推荐或捍卫自己喜爱的品牌。

在互联网时代，顾客对品牌的第一印象受到顾客周围社区的影响。之前，顾客的忠诚体现为顾客的留存和再购买；现在，顾客的忠诚体现为对品牌的拥护。

由于互联网的普及，顾客彼此联系频繁，并共享相关信息，这让新的用户购买路径 5A 变得更直观：了解(我知道)、吸引(我喜欢)、询问(我相信)、行动(我要买)和拥护(我推荐)。

在实际营销工作中，以下 3 点需引起营销人员的注意。

(1) 顾客在询问和行动阶段最容易受到影响。因为询问时，顾客会尽可能吸收外界信息，所以营销人员可以借此增加品牌偏好度。品牌也必须引发顾客的好奇心，顾客才会进入询问阶段。品牌如果能在消费阶段和使用阶段提供更好的顾客体验，就能成为顾客偏好的品牌。

(2) 5A 模型的各个阶段不一定是直线阶梯，顾客很可能会在顾客体验路径中跳过某些阶段。例如，顾客在一开始没有被某品牌吸引，但因为朋友推荐就直接购买使用，这表示顾客跳过吸引阶段，直接从了解阶段发展到询问阶段，进而做出购买行动。新的顾客体验路径也可能是迂回前进的，如顾客进入询问阶段时，向亲友提出疑问，因而得知新的品牌，又转而研究另一个更有吸引力的品牌。

(3) 可以跨企业比较，进行自我完善。企业可以描绘出更接近顾客体验路径的品牌形象，也可以用来进行跨企业比较，找到产业特性洞察，或者与竞争者的顾客关系进行比较，找出值得改进之处，进行自我改进与完善。

让顾客成为品牌"传道者"，价值观是其重要的内在驱动因素。

6.3 营销驱动方式

市场营销活动不是企业被动地等待和满足客户需求的工作，而是企业主动发现客户需求、满足客户需求和创造客户需求的工作。企业分析和设计驱动客户兴趣和购买热情的能力成为企业最重要的市场竞争能力。

6.3.1 价值观驱动

1997 年,麦肯锡公司曾做过一次重要的调查,调查结果显示,58%的企业管理者把品牌价值和企业文化视为激励员工的主要动力。相比之下,职业发展机会对员工的激励作用占 39%,薪酬因素对激励作用的贡献为 29%。这些数据表明,正确的价值观才是吸引优秀员工最重要的因素。

共享价值观是企业文化的重要一半,企业文化的另一半是员工的共同行为。构建企业文化实际上就是把共享价值观和员工共同行为整合起来,换句话说,就是在企业内部通过日常行为来体现企业价值观。

1. 市场营销理念的变化与发展

营销 1.0 就是工业化时代"以产品为中心"的营销,解决企业如何实现更好的"交易",功能诉求、差异化卖点成为帮助企业实现盈利的利器,这种营销被认为是一种纯粹的销售,是一种关于说服的艺术。

营销 2.0 是"以消费者为中心"的营销,不仅产品需要有功能差异,企业更需要赋予产品情感与形象,企业追求与顾客建立紧密联系,因此企业与产品都追求独特的市场定位,以期望为消费者带来独一无二的价值组合。

营销 3.0 是以价值观驱动的营销,它把消费者从企业"捕捉的猎物"还原成个性丰富的人,是以人为本的营销。营销 3.0 使人们从狭隘地关注利润、产品、消费者到深切地关注人与地球,关注那些人类千百年来信仰的精神。以价值观驱动的人文营销著作有很多,图 6-3 所示是其中两部。

图6-3 以价值观驱动的人文营销著作

以价值观驱动的营销过程中,第一阶段,营销活动以产品交易为中心,强调如何实现销售;第二阶段,营销活动以消费者关系为中心,强调如何维系回头客并增加销售;第三阶段,营销开始演变为邀请消费者参与产品开发和信息沟通等活动。

2. 以客户为中心的数字化营销

合作营销是营销 3.0 的第一个组成部分。对于实践营销 3.0 的企业来说，光靠合作营销还不够。在经济高度互联化的今天，企业必须学会同其他企业、股东、渠道合作伙伴、员工及消费者合作。

文化营销是营销 3.0 的第二个组成部分，营销 3.0 即一种可以解决顾客顾虑，满足其愿望的营销方式。践行营销 3.0 模式的企业必须了解与其业务相关的地区或社区问题。美国市场营销协会对营销行为的新定义是："市场营销既是一种行为、一套制度，也是创造、传播、传递和交换对消费者、代理商、合作伙伴与全社会有价值的物品的过程。"

营销 3.0 的第三个组成部分是创造型社会的出现。创造型社会中的人既是消费者，也是创造者，擅长科学、艺术和专业化服务等创造性工作。

人类从原始社会的猎手和农夫发展成依靠力气的蓝领工人，然后发展为依靠左脑工作的白领职员，最后成为使用右脑的艺术家，科技是这个演进过程的主要推动力。

营销 3.0 带领人们从"我"营销向"我们"营销转变，从"消费者"营销向"人"营销转变，"消费者"被还原成"整体的人""丰富的人"，而不是以前简单的"目标人群"，"交换"与"交易"被提升为"互动"与"共鸣"，营销的价值主张从"功能与情感的差异化"被深化至"精神与价值观的相应"。这一切还原、提升乃至深化的背后折射出人类社会在新社会与科技浪潮下的消费观念的转变。它给人们提供了一个看待当今消费者的全新视角，给人们指出了达到马斯洛需求模型的顶级需求"自我实现""超越自我"的路径。

为此，企业应该将营销的中心转移到与消费者积极互动、尊重消费者作为"主体"的价值观上来，识别与满足他们最深层次的渴望和担忧，让消费者更多地参与营销价值的创造。然而，有的企业热衷通过公关、概念性营销宣传炒作市场，导致企业使命"表面化""纸面化"的趋势加剧，使企业与消费者共赢变成了猜忌与博弈，企业的可持续发展堪忧。践行营销 3.0 就是要提倡将营销和价值观融为一体，企业必须依靠价值观来生存，这些价值观使企业具有了不同的个性和目的感。另外，企业推动以价值观驱动的营销也是在当今营销竞争中实现差异化的有效手段，产品功能与情感诉求已经步入同质化时代，强调企业使命、愿景与社会价值观的契合能充分彰显人文精神，为企业带来巨大竞争优势。

在营销 1.0 和营销 2.0 时代，企业面对的都是消费者，消费者看起来像猎物，企业的营销战略像狩猎计划，而营销教科书看起来更像狩猎指南。营销 3.0 时代超越了琐碎而狭隘的营销技术，使营销进入了宏大的与人类根本需求相关的新境界，营销不再是如何狩猎消费者的雕虫小技，第一次站在了推动社会变革和提升人类幸福的前沿。

3. 4F：企业与客户的互动关系

在营销 3.0 时代，营销者不再仅仅把顾客视为消费的人，而是把他们看作具有独立思想、心灵和精神的完整的人类个体，企业的盈利能力与其企业责任感息息相关。在人文精神的带动下，一种新的营销力量迅速崛起——4F 力量(如图 6-4 所示)，家庭(family)、朋友(friends)、"粉丝"(fans)、追随者(followers)，谁拥有4F，谁就会成为营销与商界的胜利者。

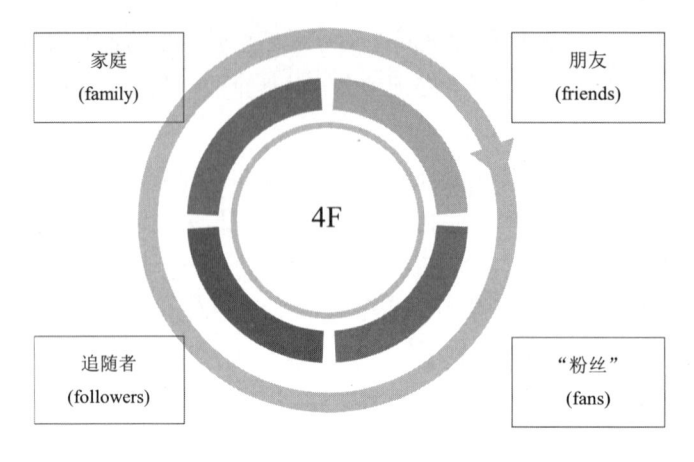

图6-4 4F力量循环模型

营销4.0以大数据、社群、价值观营销为基础，企业将营销的中心转移到与消费者积极互动、将消费者作为主体、让消费者更多地参与到营销价值的创造中来。在数字时代，洞察与满足这些连接点所代表的需求，帮助客户实现自我价值，就是营销4.0所要面对和解决的问题。

4. 网络客户和客户网络

被网络联结的消费者正在改变商业世界，并逐渐成为营销主体，他们通过网络广泛联结，这些被联结起来的消费者比任何一个企业营销者和公关者都聪明，任何虚伪和装腔作势都无法欺骗他们。

新一代消费者关注的事物已经远远超出了狭隘的自身利益，他们具有比老一代消费者更加广阔的视野和更加多样的诉求，他们对环境改进、可持续发展、社区美好生活、社会责任、快乐和幸福的意义都有高度的敏感和渴望，企业要做的就是以"绿色环保"来赢得这些以"绿色"为核心价值的消费者，以"践行普世价值观"来赢得这些以"普世价值"为核心价值的消费者。

小米的发展就是这种模式的典范。雷军在为《参与感：小米口碑营销内部手册》作序时提到了小米的由来，他爱玩手机，对手机有很多自己的想法，所以特别想做一个让"发烧友"一起参与的公司，老板跟每一个用户都是朋友。雷军抱着这种想法做了第一款产品操作系统MIUI，操作系统研发周期长，为了能让它成为听取客户意见的系统，雷军提出每周迭代的要求。跟用户沟通，管理用户需求，听懂用户要什么，然后把它变为现实，通过质量控制，在一周内发布出来。小米通过这个模式聚集了第一批用户。2011年，小米召开第一次发布会时，MIUI已经发布一年而且有50万用户了。小米创业一年，没做任何公关和营销就能取得这种成绩验证了两点：其一，用户的参与有助于做出好产品；其二，好产品通过用户口碑是能够被传递的。这后来成为小米的经营指导理念，即通过用户参与完成产品研发、产品营销推广和用户服务。

消费者的传统角色正在发生转变——他们不再是一个个孤立的个体，而是开始汇聚成一股股不可忽视的力量；在做出购买决策时，他们不再盲目地被商家引导，而是主动、积极地收集各种有关信息；他们不再被动地接受广告，而是主动向企业提出实用的反馈。有鉴于此，营销也就不可避免地发生了演变。

营销 1.0、2.0、3.0、4.0 综合对比如表 6-1 所示。

表6-1 营销1.0、2.0、3.0、4.0综合对比

对比项目	营销1.0	营销2.0	营销3.0	营销4.0
中心导向	以产品为中心	以消费者为中心	价值观驱动为基础	价值观、大数据、社群为基础
目标	销售产品	满足并维护消费者	让世界变得更好	共同创造公平、自由与美好的世界
推动力	工业革命	信息技术	新浪潮科技、人文思潮	人文思潮、精神觉醒、数字科技
企业看待市场的方式	具有生理需要的大众买方	有思想和有情感的聪明消费者	具有独立思想、心灵和精神的完整个体	具有独立思想、心灵、精神和创造性的完整个体
主要营销概念	产品开发	差异化	价值	价值创造
企业营销方针	产品细化	企业和产品定位	企业司训、经营理念、使命、愿景、价值观	企业司训、经营理念、使命、愿景、价值观
价值主张	功能性	功能性、情感化	功能性、情感化、精神化	功能性、情感化、精神化、创造性、利他性
与消费者互动情况	一对多交易	一对一关系	多对多合作	多对多合作、创造、成就

营销需要价值观这种内在的"道"的驱动，也需要数字这种内在的"术"的驱动。

6.3.2 数字驱动

企业的数字营销有一个共同的技巧：将目标流量转化成为私域流量，即转化为目标用户或潜在用户，并通过用户购买行为将其变现，转化为实际利益。

1. 私域流量

私域流量，指企业通过构建自己的品牌内容、社群、客户关系系统等，吸引并留住目标客户，建立起稳定的销售收益体系的一种流量来源。在移动互联网时代，随着平台流量红利消退，越来越多的企业开始把眼光转向私域流量，并取得了一定的成绩。

私域流量，这个词在 2019 年开始火了起来。早在 2015 年，正值淘宝电商时代，很多淘宝品牌商家会在发货时在物流箱里面放置引流小卡片，比如：扫码添加微信、好评返现等活动，这些就是淘宝商家进行流量私有化的过程。

那么私域流量的具体特征有哪些呢？

(1) 自主可控。私域流量是企业自己打造的，不受第三方平台控制，可以更方便地实现内

容、运营、客户管理等全方位的自主掌控。

(2) 精准目标。企业可基于自身的产品、服务特征，制定定制化的目标客户群体，精准推送符合其需要的内容和服务，提高转化率。

(3) 高质量。企业通过建立专业的品牌内容、社群环节等，提升目标客户对企业的信任度和忠诚度，提供优质服务和产品，从而形成高质量的流量、高重复购买率，保持稳定的营收增长。

私域流量是相对于公域流量而言的。理论上私域流量是任何人都可以接触到的流量，而公域流量属于公共空间，要想让公域流量里面的群体关注你，要么花钱买、要么资源换，公域流量是大家共有的，不属于你自己。私域流量是属于企业、门店、个人自己的，可以随时、自由、免费使用与触达，沉淀在一定私有空间的流量。

目前，私域流量已成为企业运营的新武器。依靠微信个人号，能把公司营收做到5000万元以上的，已经超过300家了，连美团、饿了么的外卖代运营公司在每份外卖上都夹着一张卡片，上面写着：加老板微信领红包返现。还没有开始做"私域流量"的企业，现在可以准备布局了。

私域流量的崛起意味着互联网用户管理进入"精细化"运营时代，这将为互联网行业带来新的发展机遇，吸引不少创业者及资本入局。部分成立时间较早的客户管理系统服务商，顺势推出以私域流量为抓手的产品与服务。

除微信外，短视频也是私域流量的重要阵地。目前，短视频在65岁以下人群中的渗透率达60%+，用户每日使用时长超过5小时。

伴随着5G的来临，短视频会重新定义用户、内容、时长及营销模式，不仅呈现万物皆媒的新形态、更具沉浸感和参与感的新体验，还会重新构建人才体系和行业标准，对短视频内容产生影响。短视频将成为私域流量的优质流量池。

随着线上用户红利出尽，互联网营销成本高成为常态。无论是互联网巨头还是一般中小企业，都需要更精细化的运营来实现降本增效的目的。从用户角度看，新一代消费主力人群的消费需求呈现品质化、社交化、个性化的特点，他们更加注重消费全过程中的体验，精细化的私域运营有利于满足他们的消费需求，营销方也可以借助消费者乐于表达乐于分享的特点实现营销效果最大化。

当前市场供给普遍过剩，多数产品和服务呈现同质化的竞争状态，用户可选择的替代性产品增多。营销服务不再停留在单纯的产品服务信息推广上，而是以用户为核心，更好地满足用户需求，为其提供独特价值，才有可能使企业在激烈的竞争中占据一席之位。提供优质的产品、给予优惠的价格、满足用户个性化需求，都是为用户创造价值的表现，只有这样才能与用户建立良好的关系，这也是私域流量运营的关键。

对互联网平台方而言，重视和鼓励营销方发展私域流量能有效盘活平台方的流量，进一步挖掘用户价值，有利于平台更好地实现商业化。

私域流量的核心前提是强大的品牌力和产品实力。企业需要通过持续投入，不断扩大品牌知名度和用户黏性，吸引用户参与内容生产和社群互动，形成完整的沉淀体系。此外，企业要建立完善的客户关系系统，精准推送用户感兴趣的信息，并能够及时地提供售后服务，提供全方位的用户体验。

对于企业来说，私域流量的价值无疑是巨大的。相比于平台流量，私域流量不仅能够帮助企业降低营销成本，提高客户转化率，还可以对建立品牌和增强用户群体的忠诚度起到不可替代的作用。通过私域流量，企业能够建立自己的庞大用户数据库和消费者洞察体系，有利于数据驱动的商业决策。

但是，私域流量的建设并非简单易行。首先，企业需要在自身业务、品牌形象等方面有足够的实力和基础，才能够针对性地引流和留存目标用户。其次，需要打破"信息孤岛"，实现各个部门之间的信息共享和协调，从而形成信息生态链。最后，还需要有一定的技术支撑，能够对数据进行挖掘和分析。

综上所述，私域流量是企业发展的重要助推器。建设私域流量需要企业持续的投入和努力，因此企业文化、品牌形象、内容生产、社群运营等方面均需全方位提升。只有建立强大的私域流量，才能让企业在激烈的市场竞争中获得更大的优势。

2. 消费者体验

在数字营销时代，没有良好的消费者体验就无法为品牌价值续能。小米的成功核心在于借助数字技术建立消费者数据库，形成独有的洞察消费者的手段与方式，并通过社交媒体与消费者进行沟通，让他们参与产品设计和体验，共同打造产品与品牌价值。

古希腊哲学家毕达哥拉斯认为万物皆数，事物的性质是由某种数量关系决定的，万物按照一定的数量比例而构成和谐的秩序。把哲学变成数字才是经营，没有数字，就无法有效开展经营，缺乏数字，营销也就成了无的放矢。数字为营销提供依据，也给营销树立目标。

在过去，精心设计的品牌信息可以通过不同的媒介(电视、报纸、杂志和网络终端)传递给消费者，消费者通过这些媒介熟知品牌，然后在有限的选择里购买产品，广告发挥了巨大的作用。消费者的直觉和他们对商品的熟悉度会拉动产品的销量，毕竟消费者并没有多少可用信息来帮助他们做出理性的选择。他们会对比同一货架上的同类产品，然后选购那些看起来顺眼的品牌，"购买"实际上是情感支持下的猜测结果。在这种情况下，广告也是一种猜测，只不过它是更为聪明的猜测，是以彻底的调查和不断修正的方法论为基础的。这种猜测的最终结果是大品牌脱颖而出。消费者只能掌握有限的信息，生产者得以通过在电视、广播、报纸、杂志及网络上吸引消费者眼球和注意力的方式，左右消费者的情绪、选择和消费行为。企业完全掌控与消费者之间的互动关系。

传统的营销大多依赖市场调研，市场调研耗时长，需要耗费大量的人力、物力和财力，抽样调查是企业进行市场调研时普遍采用的调研方法，获取的数据只是"小数据"，样本选取和分析过程中的小误差有可能导致营销的失败。不仅如此，市场调研反映的问题有限且具有时间上的滞后性。因此，营销广告界有一个著名的难题长期困扰着广告人，著名广告大师约翰·沃纳梅克指出："我知道我的广告费有一半浪费了，但遗憾的是，我不知道是哪一半被浪费了。"

从某种程度上说，传统的广告因为缺少数据，不了解顾客真正所需，不了解顾客信息渠道，浪费50%的广告费并不稀奇。

随着移动互联网、移动终端、物联网和云原生的快速发展，消费者的偏好、地点、个性、生活方式等信息都可以通过各类互联网设备获取到，数据量、数据类型和数据分析速度都在快速地增长和提升，呈现出全样本的消费者"大数据"。互联网可以精准确定哪种广告更有效，并有区分地推送给各个消费者；搞清楚消费者每时每刻所在的位置，以及能给他们提供哪些实时的服务；了解历史购物记录，预测消费者未来会买什么。

1987年，美国硅谷的《圣何塞信使报》将该报内容刊登至尚处于初级阶段的互联网，从而开创数字媒体与电子报刊的新纪元。1993年，《杭州日报》电子版的发行拉开了中国新闻传媒数字化的序幕。

数字营销公司由于其巨大的信息承载力、舆论影响力，已将自身的服务对象从企业、商业、经济扩展到政治、文化等领域。

3. 基于移动互联网的顾客数据分析

现代数字营销公司需强化三项核心业务模块：顾客洞察、大数据分析、广告定位。

心理测量是数据分析的核心业务模块之一，主要测量心理特征，用5种人格特质来评估人的性格，被称为"五因素"，即经验开放性(对新经验的态度的开放程度)、尽责性(追求完美主义的程度)、外向性(热爱社交的程度)、亲和性(善解人意和善于合作的程度)，以及情绪稳定性(容易生气的程度)。它们也被称为OCEAN五要素，即开放性(openness)、严谨性(conscientiousness)、外向性(extroversion)、宜人性(agreeableness)、神经质(neuroticism)，如图6-5所示。

图6-5 OCEAN五要素

基于这些维度，数据分析可以对顾客做一个相对准确的评估，包括评估他们的需求与恐惧，以及他们会做出哪些可能的行为。OCEAN五要素已经成为心理测量的标准技术，但这种方法一直存在数据收集的问题，因为完成这个测量需要填写一份复杂的、高度个性化的问卷。不过，有了互联网，一切就迎刃而解了。

智能手机可以被看作一个广泛的心理问卷，无论是有意还是无意，每个人都一直在填写这份问卷。

在此之前，竞选活动都是基于人口概念来组织的，所有的人都会收到相同的信息。即使现在，仍有大部分营销活动依赖人口统计学数据，但数据分析使用的却是心理测量学数据，是基于客户特征的大数据。

数据分析公司的数字营销优势主要体现在三方面：基于OCEAN五要素的行为科学(完成顾客洞察与画像)、大数据分析和广告定位。数据分析公司购买不同来源的个人数据，例如土地登记数据、汽车数据、购物数据、奖金卡数据、俱乐部会员资格、阅读什么杂志、去哪个教堂等，将这些数据进行统计、筛选，就确定了一个人的需求、兴趣、爱好和住宅地址等。

6.3.3 量身定制：为顾客创造独特价值

无论是价值观驱动营销，还是数字驱动营销，其核心都是为顾客创造独特价值。

1. 大规模生产与一对一客户服务

从福特发明生产线至今已有100多年的历史，在数字时代，大工业生产正受小批量量身定制的冲击。

量身定制模式已成为越来越多的行业必备的一种营销方式。在传统的营销方式中加入更个性化、更有针对性的量身定制方案已经被更多的行业和企业创新使用。随着消费的多元化发展及竞争方式的创新和变革，量身定制的大趋势势不可挡。

在服装行业，量身定制的模式并不仅仅是一种创新的营销手段，更重要的是革新了人们的穿衣观念。未来，服装行业的发展趋势将越来越个性化，越来越唯我化。

(1) Zegna的量身定制服务。国际品牌Zegna从20世纪70年代开始提供量身定制服务。现在，Zegna在中国提供量身定制服务的专卖店有30多家。在号称中国最昂贵的裁缝间——上海外滩18号Zegna的专卖店里，消费者可以任意选择套装、衬衫、裤子、领带及鞋子，价格大约为定制一件衬衫3000元起，定制一套西装2.7万元起。如果愿意，消费者还可在西装内袋衬里及衬衫袖口处绣上自己名字的拼音缩写。Zegna的量身定制方法有别于传统的量身、画样、剪小样、试穿、完成过程，它只需要消费者试穿合乎自己身材的样衣，然后标出要修改的细节，再挑选出喜欢的款式，包括开衩方式、纽扣数量、领口高低和口袋数量等，随后便会第一时间通知瑞士工厂加工。6个星期内，消费者就能收到成品。

(2) 红领集团的客户定制服务。中国服装企业红领集团，张瑞敏参观后，让海尔集团几百名中层以上领导分9批到该企业学习。在工信部出版的《信息化和工业化深度融合干部知识读本》中，该服装企业作为典型案例被收录其中，中央电视台的《新闻联播》也对其进行了3分钟多的报道。

全球首家采用互联网工业模式(IIM)，即中国版的互联网工业4.0模式，无加班、无库存、无渠道分层、无科层化的服装企业红领集团实现了利润连续多年逆市增长，不断有来自全国各地的企业负责人参观学习如何实现在工业流水线上生产个性化定制产品，业界呼吁多年未完全实现的扁平化数据制造在位于青岛的红领集团内成为现实。

自 2003 年开始，红领集团用了 11 年的时间，投入 2.6 亿元资金，用信息化互联网的思维，以 3000 人的工厂作为实验室，建立了自己的大数据系统。自 2005 年起，红领集团就确立了发展高端正装个性化量身定制 MTM(made-to-measure)业务的企业战略。通过 MTM 系统，消费者可以成为设计师，只需动动鼠标，就能获得企业生产的个性化正装。红领集团的 MTM 系统支持消费者自由输入自己的体型数据和提出个性化需求，支持全球消费者自主决定款式、工艺、价格、交期、服务方式等，可满足 99.9%的消费者个性化需求，在时间上，7 个工作日便可以交付成品。

在流水线上生产私人定制的西服，并将这种模式推而广之，为其他服装企业提供解决方案，帮助中小企业成长，是红领集团的愿景和利润增长点。这种模式称为 C2M(customer to manufacturer)，即消费者和厂家直接对接，没有任何中间渠道。

红领集团借助互联网搭建消费者与制造商直接交互的平台，去除了商场等中间环节，从产品定制、设计生产到物流售后，全程依托数据驱动和网络运作。

客户直接面对工厂而不是面对渠道，从而实现了零库存，达成了投资低、回报率高的效果，而且形成了很高的客户黏性。在任何环节都进行了颠覆性创新，这就是红领集团与其他服装行业营销模式的不同。

红领集团把这种模式做成了解决方案，进行编码化、程序化和一般化，命名为 SDE(source data engineering，源点论数据工程)，进行规范化和标准化设计，可以在其他行业进行转化和应用。

在红领集团，每件衣服都有一个故事，每件衣服背后都是一个极具个性的客人，从他们的衣服可以猜测大概是什么样的人穿，甚至以什么样的心情来穿。在整个工厂里，能够清晰地感受到信息在各个生产环节中的流动，整个厂房仿佛就是一个有生命、有思想的有机体。

张瑞敏表示，传统企业必须要从过去的"打固定靶"向"打移动靶"乃至"打飞碟"的方向转变。互联网改变的不是需求碎片化、个性化的趋势本身，而是使这种趋势得以集中爆发。如果说海尔是在"打移动靶"的话，红领集团就是在"打飞碟"。

红领模式的精髓就是量身定制，红领集团这家主业为西服定制的中国企业有一半的收入来自海外，其一个美国代理商每天最多可发出 400 多套西服定制的订单，每套定制西服上千美元的价格让其不必在意布料和成衣每次往返美国高达 130 美元的运输成本。

在传统概念中，定制与工业化经常是相冲突的，尤其是定制西服与工业的冲突更加明显。定制西服往往意味着手工操作，包括手工量体、手工打版(设计西服版型)，然后用廉价衣料手工制作毛坯，客人试穿后再次修改，如果效果不好，毛坯的制作和修改可能会反复进行，这样至少 3 个月过去了，所以西服定制一般都需要 3~6 个月。如果按照传统模式去生产，定制西服很难实现量产。据说，国内一般的小型定制生产线，一天产量仅为 5 套。

红领集团的声名鹊起就在于解决了这一问题，即用规模工业生产满足了个性化需求，其原因在于红领集团自己研发出了一个个性化定制平台——男士正装定制领域的大型供应商平台 RCMTM(RedCollar made to measure，红领西服个性化定制)，其核心是一个由不同体型、身材、尺寸集合而成的大数据处理系统。这个平台可以让红领集团每天生产 1200 套西服，一套西服的制作只需 7 个工作日。

红领集团已经不仅是一家制作西服的服装厂了，它更像一个数据中心。红领集团的工厂就像一台大的数字化 3D 打印工厂,由数据驱动,人机结合,从数据的录入到西服最后生产出来,只要经过 300 多个工序。目前,红领集团的数据平台已具有百万万亿级别的数据规模。红领集团在自建的 RCMTM 平台架构的基础上打造了酷特智能平台,这成为红领模式的关键核心。酷特智能 C2M 生态圈如图 6-6 所示。像天猫一样,酷特智能是一个互联网上的交互平台。不同之处在于,酷特智能是由 C(消费者)驱动 M(工厂)完成直接销售的生态体系。它是源点论思想的充分呈现,高度主权的 C 端通过网络发出源点需求,M 端的智能系统实时整合满足源点需求的价值链条,回到源点,满足需求,即工商一体化的 C2M 电商生态体系。

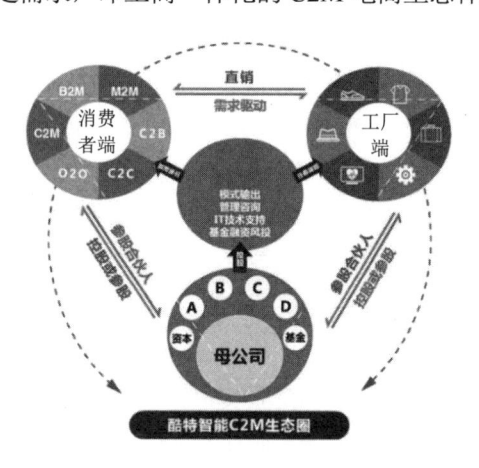

图6-6 酷特智能C2M生态圈

红领集团的智能制造体系如图 6-7 所示。

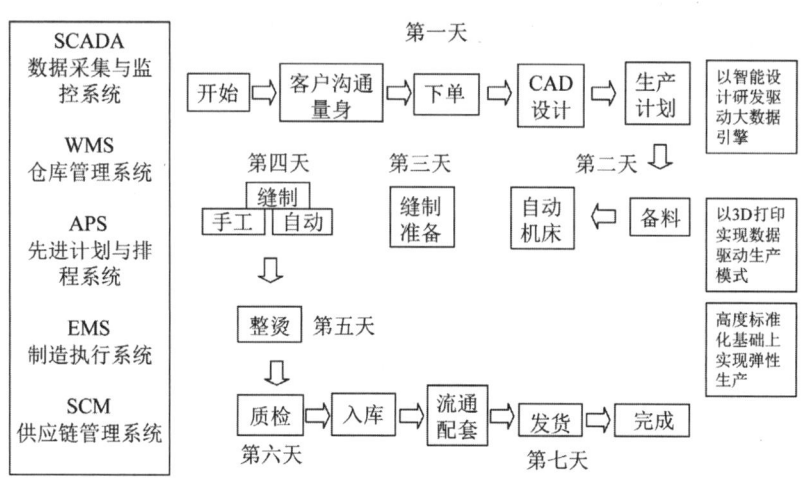

图6-7 红领集团的智能制造体系

2. 海量数据与智能平台

酷特智能平台是实现客户订单提交、产品设计、生产制造、采购营销、物流配送、售后服务一体化的开放性互联网平台。世界各地的客户在酷特智能平台上提出个性化产品需求,平台将以数据驱动自主运营的智能制造工厂，生产满足客户个性化需求的产品，并进一步实现设计、制造、直销与配送的一体化。酷特智能平台是一个消费者和生产者直接交互的智能系统，利用酷特智能平台，可以大幅提高工厂的生产效率，加快资金周转，消除中间环节占据的 1/3 左右的价格空间，为客户和工厂带来实实在在的利益。

要建成大数据系统，硬件显然不是最重要的，最重要的是要有海量技术数据。工业化生产满足个性化需求的核心问题在于解决手工打版，也就是输入身体尺寸数据后，CAD 软件会自动匹配最适合体型的版型。而在 CAD 打版的过程中，根据测算，1 个数据的变化会引起 9666 个数据的同步变化，比如肩宽 1 厘米，身体其他部位的尺寸都会发生变化，身体各部位的尺寸数据有很强的衔接关系。要保证衣服合体，没有大数据是做不成的。

红领集团的大数据系统中包含 20 多个子系统，全部以数据来驱动运营。每天，系统会自动排单、自动裁剪、自动计算、自动整合版型，一组客户量体数据完成定制、服务全过程，无须人工转换、纸质传递，数据完全打通，实时共享传输。红领集团实现了"在线"工作，而不是"在岗"工作，每个员工都是在互联网终端上工作。

3. 为顾客创造独特价值

与红领集团业务的红红火火相比，不少服装企业遭遇行业寒潮、市场淡季、企业瓶颈等困境，造成这种局面的主要原因在于许多服装企业长期以来没有把主要精力放在服装经营上面，具体来说，这样的企业主要存在 3 大问题。

(1) 指导思想不对。传统制造业的价值观还停留在通过什么手段、渠道、宣传方式来保证企业的市场份额、收入和利润等方面，并没有关注消费者的需求。

(2) 经营思想不对。传统企业的经营思想是做任何事情都从企业的角度来思考，以产品为核心，却没有想过能给消费者带来什么。

(3) 经营方式不对。很多企业认为多元化就能赚钱，于是就延伸并控制产业链。企业什么都想做，结果却什么都做不好。

为顾客创造独特价值是未来企业的核心竞争能力，这种能力主要取决于企业一把手的经营哲学与思想水平，取决于企业的管理能力、经营能力和企业数字化建设水平。

6.4 数据会说话和用数据说话

"任何人都必须用数据说话。"50 多年前，PDCA 循环发起人、管理大师爱德华兹·戴明如是说。世界上的万事万物均可用数字表示出来。在大数据时代，数据从一种附属品变成企业创造价值的关键资源。

企业必须利用大数据分析环境变化的机会与威胁，根据环境的变化趋势判断行业和市场的变化趋势，根据行业和市场的变化预测供应情况和竞争强度，根据客户消费行为细分确定客户(客户画像)并进一步判断客户消费行为，以做到精准营销。

数据会说话。海量的用户数据可以说明客户想要什么，市场最有可能的趋势是什么，从而帮助企业做出更高质量的决策。在这里，数据是一种信号，它告诉企业已经发生了什么或即将要发生什么，企业依据对信号的判断来决定企业行事的方向和方式——什么事可以做，什么时候做，以及应当采取什么样的方式来做。

用数据说话。数据是一种结果，可以说明企业取得了什么成绩，获得了多少收益，哪个团队收益高，哪种方法更有效。

没有数据就无从管理，优秀的管理者需要充分挖掘、发挥数据的价值，通过数据发现问题，通过数据发现规律，通过数据发现未来，通过数据发现范式。这四个层级中，第一个层级是描述性分析，通过数据统计分析发生了什么；第二个层级是诊断性分析，通过数据模型和算法找到事物间的规律，回答为什么会发生；第三个层级是预测性分析，通过逻辑规律进行预测，并回答将要发生什么；第四个层级是规范性分析，回答应该做什么。四类分析方法的应用如图6-8所示。

数据技术带来了新的组织管理方式，甚至是新的生产方式。数据技术在企业内部的应用能够发挥的作用也是巨大的，如彻底改变人们的沟通方式、生产方式、决策方式、产业生态等。

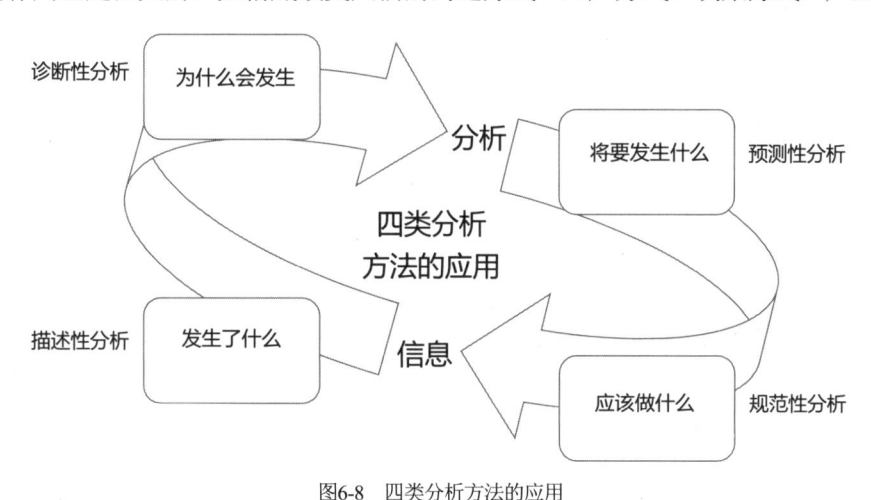

图6-8 四类分析方法的应用

6.4.1 利用数据技术改变沟通方式

数据技术的应用首先改变的是人们的沟通方式。企业内部是否使用目前最流行的、大家最习惯的聊天方式进行沟通，决定着这家企业是否与时俱进，是否以一个开放的态度接受新鲜的事物。目前，微信和钉钉等各种公共聊天工具已经非常完善，这些公共聊天工具在企业内部沟通中的使用反映了企业对外部沟通方式的适应。企业管理首要的工作就是沟通，如果没有有效的沟通，管理就不会存在。如果采用更加有效的沟通方式，企业的管理方式必然随之改变。当使用高效的沟通工具进行管理沟通时，企业就已经开始了管理创新、组织创新甚至业务流程的创新。业务流程中的信息传递是否采用了最高效的信息传递方式，决策链是否使用了最先进的决策方式，员工是否使用了最先进的即时聊天工具或者在线工作工具，这些都是利用数据技术进行创新的一些外在表现。

6.4.2 利用数据技术改变生产方式

数据技术的应用改变了人们的生产方式。目前，关于工业 4.0 和智能生产的技术已经相对成熟，生产方式的变革已经走在了管理变革的前面。数据技术正在改变生产制造业、服务业、高科技行业和贸易行业等各行各业的生产方式。

传统生产制造型企业的变革是显而易见的。随着人工成本的提高，越来越多的企业开始采用智能设备替代人工，逐步实现工厂的无人化生产，例如，富士康也在谋求利用智能机器人替代成本越来越高的手工劳动者。

6.4.3 利用数据技术改变决策方式

过去，企业的经营和管理决策以经验为主，工作时间越久的人积累的经验越多，对行业、市场和管理的认知越深入，越能够做出更好的决策。但在数字时代，不是看谁的经验丰富，不是看谁的工作时间长，不是看谁做过的项目多，而是看谁对数据有更深刻的洞察力，谁掌握了更多处理数据和分析数据的方法，谁能够从即时获取的数据中得到更多的推论，谁能够做出更好的分析和判断，谁就能够做出更好的决策，谁就能成为更高层的管理者，这将与年龄无关，与工作阅历无关，与是否在较高岗位层级无关，当然，与学历也无关。企业会更加依赖机器，更加依赖算法，更加依赖丰富和全面的高质量的数据。企业管理者的作用将被弱化，机器算法和数据采集将成为企业的竞争力，是企业经营和管理决策的基础。

6.4.4 利用数据技术构筑产业生态

企业的数字化转型会逐步打破企业的边界，并延伸到相关合作方、产业链，甚至会重新构筑整个产业生态。数据技术在企业中的应用打破了各种组织壁垒，使组织变得更加开放，企业内部数据与外部数据贯通，新的数据算法形成，企业的商业模式也会受到新的冲击。

对企业来说，数据意味着一切，企业可以通过数据分析发掘市场新需求，创造顾客新价值。

6.5 数据驱动新价值

企业要进行数字化转型，就要把与社会、市场、客户和企业有关的海量数据变量嵌入现有系统，打破现有平衡。数据是当今时代的新变量、新资源、新力量，人们的思维方式和要素选择中都将加入数据维度。数据正在重塑当今时代的资源观，数据资源的价值凸显。

由数据互联到数据共享，由数据资源到数据成本，由数据互联到信任互联，企业应打造数据体系，即数据及其相关要素的关系集合，这是描述和分析数据及其相关关系的框架。数据上升体系反映数据的复杂性与多样性、层次与类别，要求企业认知方法升级，从局部到整体、从自身到外部、从静止到动态、从孤立到关联。数据体系优先性分析即数据体系应优先于技术体系、管理体系、业务体系、服务体系，促进各个体系之间的融合、优化与升级。数据体系是对数据世界的认知的深化，使数据世界的构建从无序走向有序，从孤立走向协同，从传统走向现代。

6.5.1 发掘新需求，创造新价值

数字技术的发展带来企业营销体系的变化。营销理念逐渐趋于精细化，整体营销策略开始由产品导向型向服务导向型过渡。在数据驱动之下，企业在品牌营销过程中开始对大量数据信息进行分析，洞察消费者需求，评估消费者市场价值，提升品牌的销售转化率。

大数据营销是以大数据技术为基础，建立在多平台的大量数据之上的一种互联网营销方式，其关键在于通过数据技术采集大量的用户行为数据，在用户画像的基础上，精确找到目标消费者，从而完成内容的聚合与分发。

1. 收集和分析消费者信息

数字技术为收集和分析消费者信息提供了良好的条件。基于数字技术，消费者的消费习惯、媒介接触规律及基本的人口统计学信息等都能得到全面的收集。根据消费者的基础属性、兴趣、产品使用时间、喜好标签等多维度信息，再加上对消费者的短期与长期行为进行比对分析，企业在技术描绘的用户画像的基础上，有效结合用户的实际需求、客户的传播要求，从而告别广撒网的粗放式传播，实现精准营销。通过技术平台和营销平台的有效对接，准确推送匹配目标用户需求的产品信息，向目标用户投放相应的定制广告，虽然这在某种程度上存在机械化、精而不准的局限性，但是从目前来看，这也兼顾了用户的实际需求和客户的产品诉求，达到较大程度的双赢。

以奥美互动传播平台的数字分析为例，奥美互动传播平台通过建立消费者网上营销平台进行数据追踪，收集企业自身的网站和官方平台社区、行业的垂直媒体付费搜索引擎、微博、微信等平台的数据，收集以消费者为中心的访问信息、行为信息，从而检测整体营销效果，对营销手段进行优化。具体而言，分为以下 3 个步骤。

(1) 进行网站代码和广告检测代码的部署。首先，对网站结构进行研究，确认检测工具，从整体上对数据库进行搭建和部署。其次，对具体的参数进行抓取和传递，建立与网站后台、网站数据库的连接计划。最后，在此基础上进行网站代码和广告检测代码的部署。

(2) 网站上线与数据收集。首先，对网站代码、广告检测代码的触发情况进行测试，并且对数据收集情况进行检测。其次，定期对数据收集的健康度进行检查。最后，对突发代码的布设和数据处理情况进行监测。

(3) 进行数据的分析与优化。首先，对不同类型的平台的具体数据表现进行分析。其次，根据消费者具体的需求提供相应的监测效果总体报告。最后，根据具体情况适时调整监测布局，有机整合线上和线下的营销传播手段。

2. 消费者的细分与档案化

通过大数据技术的分析与洞察，消费者的细分与档案化变得切实可行，数据为目标消费者消费习惯和消费价值调研提供支撑，有助于企业精确地传播和提供商品与服务。在这一层面，之前提到的奥美互动传播平台自创了一套系统的分析方法论 Persona，来实现消费者角色分析，并站在消费者的视角了解和收集世界各地消费者对品牌的想法、行为、障碍及驱动力。对消费者的见解和行为的洞察变得模块化，既有对个人和集群层面的挖掘，也有从整体角度对品牌消费者的勾勒和画像。

洞察的本质是一种建立在数据分析基础上的思维方式，应该是每一个高阶营销人的思维模式。海量的数据提供的是关乎市场和消费者的"事实"，并不能直接与品牌营销发生关联，这时候就需要洞察在中间起桥梁的作用。这样的洞察大部分源于对生活的深入观察，特别是对亲情、友情、爱情、权力、欲望这些人类本性的深入挖掘，这些体会相互链接起来成为人们的素材库，帮助人们产生新的感悟，为冷冰冰的"事实"披上"情感"的外套，成为一个很好的营销点子。例如，企业以职场新人的试用期为切入点，试用期是绝大部分职场人都会经历的阶段，企业将此段时间的酸甜苦辣作为洞察对象，并将这种成长与企业的陪伴相关联，与众多有类似经历和情感体验的职场人产生共鸣，实现品牌与目标消费者的关联。

消费者洞察有两层含义：其一，消费者洞察不是一般意义上的对消费者的了解，而是对消费者的深入理解，而且还要有意识地将这样的理解用于帮助消费者实现他们的需要；其二，发现消费者的新需求和隐性需求，不仅包括消费者的现实需求，还应包括其自身还没有意识到但却真实存在的隐性需求。

6.5.2 企业领导者决定企业数字化的未来

吉姆·柯林斯在其作品《强势怎样衰落》中描述了一个企业从成功走向衰败经历的几个阶段。柯林斯认为，成功的企业往往会变得骄傲，认为自己无所不能(第一阶段)，因而转向疯狂增长(第二阶段)；当危险的苗头出现时，它们毫不在意(第三阶段)，直至失败的倾向越来越明显(第四阶段)，如果此时仍不思悔改，最后只能走向破产。

1. 企业领导者决定企业未来

在企业中，领导者的格局决定了企业的规模。企业领导者是企业的领头雁、掌舵人，决定了企业能飞多高，决定了企业能走多远。在企业数字化转型过程中，需要企业领导者始终参与其中，深度参与其中——这是一个言传身教的过程，也是一个潜移默化的过程，更是一个共振同化的过程。作为企业领导者，要有两种感觉，一是要对员工有感觉，二是要对市场有感觉。

对员工有感觉，不仅意味着对员工的冷暖温饱有感觉，也意味着对员工的工作条件及人生理想有感觉，更意味着对员工的想法与精神状态有感觉，致力于满足全体员工物质与精神两方面的需求。

世界一流战略大师加里·哈默尔在《管理大未来》一书中指出："传统的管理已经过时了！

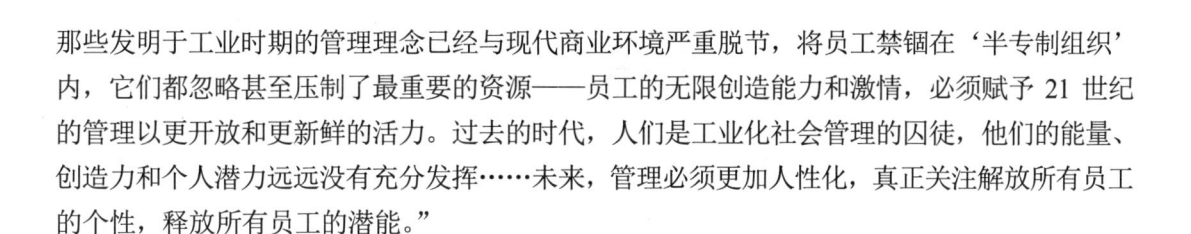

那些发明于工业时期的管理理念已经与现代商业环境严重脱节，将员工禁锢在'半专制组织'内，它们都忽略甚至压制了最重要的资源——员工的无限创造能力和激情，必须赋予 21 世纪的管理以更开放和更新鲜的活力。过去的时代，人们是工业化社会管理的囚徒，他们的能量、创造力和个人潜力远远没有充分发挥……未来，管理必须更加人性化，真正关注解放所有员工的个性，释放所有员工的潜能。"

2. 企业领导者的企业角色

对市场有感觉，即对满足消费者的需求有感觉，包括消费者对产品性能、价格、服务等方面的需求。为消费者提供优质的产品和服务是企业经营的根本，也是企业生存和发展的原则。在互联网时代，企业领导者的角色可以用三位一体来形容。

(1) 布道者。领导者要给大家很明确的指引，把价值观讲清楚，让员工清楚地知道什么是对，什么是错。

(2) 设计者。领导者负责描绘企业梦想，设计企业蓝图，将梦想嵌入产品，将梦想嵌入组织，将梦想嵌入企业所有的流程与细节中。

(3) 伙伴。领导者是全体员工的工作伙伴，应平等对待每一位员工，尊重每一个岗位，听取专业人士的意见，学会做被管理者。

3. 企业数据文化建设

在企业数字化转型过程中，塑造数据文化是领导者的第一要务。领导者是数据文化塑造的第一推动力，也是主要责任人。企业文化理论奠基人埃德加·沙因说过："领导者是文化创建者、管理者。""领导者如果不知道该如何管理文化，就会沦为文化的牺牲品。""文化和领导者是同一硬币的两面。"

(1) 领导者要提出并宣贯数字愿景。比如"将企业的全部工作数字化，从分子的构成到工厂的运营，再到零售商的销售数据"。数字愿景可以驱动全员参与数字化工作，认同数字化的价值，学习数字化技能。麻省理工学院数字经济项目负责人安德鲁·麦卡菲及其他专家调研了全球 391 家企业的 431 位管理者，结果发现，42%的高层管理者拥有数字愿景，中层管理者中了解该愿景的人只占 34%。这与数字化转型如火如荼的态势明显不符。企业急于转型却没有愿景，这就如同努力跑却不知道往哪跑。管理者们必须注意这个问题。

(2) 领导者应说到做到，以身作则。人们相信的不是领导者说什么，而是领导者做什么。如果领导者自己都不重视数据，那么期待员工践行数据文化是不现实的。

(3) 领导者必须通过管理行为的设计，为员工进行数字化探索提供较多的支持，促进数据文化的落地，即员工思维、行为与技能的数据化。

【拓展阅读 6-1】
泡泡玛特基于用户数据的开店决策和精准营销

本章要领梳理

AIDMA 模型将消费者从接触信息到最后达成购买分为五个阶段：注意、兴趣、欲望、记忆、购买。

为适应数字时代的发展，2005 年，日本电通集团提出 AISAS 模型：注意、兴趣、搜索、行动、分享。

AIDMA 模型描述了客户从了解到购买的倒金字塔漏斗状进程，客户数量随着进程持续而不断减少。而 AISAS 模型则描述了客户从了解到分享的哑铃漏斗状进程，客户数量最后随着分享的持续而无限增加。

4A 模型将顾客在评估品牌时的考虑过程分为认知、态度、行动、再次行动 4 个阶段。

科特勒在其著作《营销革命 4.0——从传统到数字》中，重新修改顾客体验路径，提出了 5A 模型：了解、吸引、问询、行动和倡导。

在营销 1.0 和营销 2.0 时代，企业面对的都是消费者，消费者看起来像猎物，企业的营销战略像狩猎计划，而营销教科书看起来更像狩猎指南。

营销 3.0 超越了琐碎而狭隘的营销技术，使营销进入了宏大的与人类根本需求相关的新境界，营销不再是如何狩猎消费者的雕虫小技，第一次站在了推动社会变革和提升人类幸福的前沿。

营销 4.0 所要面对和解决的问题是由价值观、连接、大数据、社区、新一代分析技术所带来的。

没有数字，就无法有效开展经营，缺乏数字，营销也就成了无的放矢。

量身定制模式已成为越来越多的行业必备的一种营销方式。在传统的营销方式中加入更个性化、更有针对性的量身定制方案已经被更多的行业和企业创新使用。随着消费的多元化发展及竞争方式的创新和变革，量身定制的大趋势势不可挡。

成功的企业往往会变得骄傲，认为自己无所不能(第一阶段)，因而转向疯狂增长(第二阶段)；当危险的苗头出现时，它们毫不在意(第三阶段)，直至失败的倾向越来越明显(第四阶段)，如果此时仍不思悔改，最后只能走向破产。

"任何人都必须用数据说话。"在大数据时代，数据从一种附属品变成企业创造价值的关键资源。

在数据驱动之下，企业在品牌营销过程中开始对大量数据信息进行分析，洞察消费者需求，评估消费者市场价值，提升品牌的销售转化率。

教练作业

1. 基于 C2M 模式，企业应如何优化流程，提升效益？

2. 作为企业领导者，要有两种感觉，一是要对员工有感觉，二是要对产品有感觉。如何理解企业领导者是布道者，是设计师，是工作伙伴？

3. 数据会说话，它告诉我们什么？

4. 用数据说话，数据告诉世界什么？

5. 在数据驱动之下，企业在品牌营销过程中应对大量数据信息进行分析，洞察消费者需求、评估消费者市场价值，提升品牌的销售转化率。说说你对这句话的理解。

第 7 章 企业数字化战略升级转型

> 数字经济是全球未来的发展方向，创新是亚太经济腾飞的翅膀。我们应该主动把握时代机遇，充分发挥本地区人力资源广、技术底子好、市场潜力大的特点，打造竞争新优势，为各国人民过上更好日子开辟新可能。
>
> ——2020年11月20日，习近平以视频方式出席亚太经合组织第二十七次领导人非正式会议时的讲话

在企业管理界，根据各学者对企业战略理解的不同，可分为 10 大学派：①设计学派，将战略形成看作一个概念作用的过程；②计划学派，将战略形成看作一个正式的过程；③定位学派，将战略形成看作一个分析的过程；④企业家学派，将战略形成看作一个预测的过程；⑤认识学派，将战略形成看作一个心理的过程；⑥学习学派，将战略形成看作一个应急的过程；⑦权力学派，将战略形成看作一个协商的过程；⑧文化学派，将战略形成看作一个集体思维的过程；⑨环境学派，将战略形成看作一个反应的过程；⑩结构学派，将战略形成看作一个变革的过程。这 10 个学派可以分成三类：从性质上看，前 3 个学派属于说明性的学派，关注的是战略应如何明确地表述，而不是战略形成过程中的一些必要工作；随后的 6 个学派对战略形成过程中的具体方面进行了思考，侧重于描述战略的实际制定和执行过程，而不侧重于描述理想的战略行为；最后一个学派——结构学派，是其他学派的综合。结构学派的学者崇尚综合，将战略的各个组成部分，如战略制定过程、战略内容、组织结构和组织关系等集中起来，清晰地划分为各阶段或时期。

随着数字技术的发展，关于企业战略，学界将产生新的学派：大数据战略学派。

7.1 大数据重构企业战略

数字时代带来的变化是全面和深刻的：数据治理能力对企业组织架构重构的影响越来越大，传统企业层级制、中心化、金字塔型组织结构发展成扁平化、去中心化、倒金字塔型组织结构；企业实物资产在变虚，虚拟资产在做实，门店、网点、现场、资金、厂房、机器等的重要性在下降；市场成本高度透明，竞争越来越激烈，人工成本越来越高，产品价格越来越低。这一切都取决于企业数据资产和资源最优化的程度。简约高效、数据主导、平台支撑的本质是企业对数据的利用能力、对先进生产力和生产关系的掌握程度。数字化重构着企业战略的方方面面。

7.1.1 企业战略的数字化转型

企业战略的数字化转型已经不是"要不要转"的问题，而是"如何转"的问题。数字化转型并不仅仅是数字技术的转型，还涉及各部门的组织变革。数字化转型是对业务过程(包括场景、营销、关系、员工等)进行重新塑造，使企业适应更全面的在线环境和数字化基础设施，从最终用户的接触到后端的办公室工作，全面实现无须人工介入的自动化和智能化，并最终创造价值。近几年，数字化转型浪潮风起云涌，无论是大品牌还是小企业，都已迈入一个全新的发展时期。1956年，美国营销学家温德尔·史密斯提出市场细分的概念。此后，美国营销学家菲利浦·科特勒进一步发展和完善该理论，并最终形成了成熟的STP理论——市场细分(segmentation)、选择适当的市场目标(targeting)和定位(positioning)。今天，由于数字技术的普及，实现市场细分的手段和方法都有所升级，市场目标定位更加精准、精细，在目标市场选择上，因为市场的精细化，目标市场也更加小众。定位之父艾·里斯在世界营销峰会上说："很多公司把自己聚焦在大众，得到的往往是小众，而把自己聚焦在小众的公司，最后耕耘出来的却是大众，真正的市场机会往往是在相反的目标市场中产生的。"

"大数据+移动互联网+云原生"是这个时代的标志。移动互联网提供了网络和传输技术，云原生提供了计算与分析。数字时代的根本特征是基于技术进步，用效率消除一切信息不对称。大数据使人们的判断力更准确，智能制造使人们的行动力更强，区块链使人们之间的信任度更高。

7.1.2 数字时代的7P战略

不是第一，就是唯一。这是战略的制高点，也是战略的最佳通道。每个人都是独一无二的，每家企业也是独一无二的，企业必须在战略上凸显这种独一无二。如果做不到"唯一"，那就做"第一"，从地域上、品类上、产品上，要在客户感知上创造一个属于自己的"第一"。有了第一个"第一"，才可能创造越来越多的"第一"。这是这个时代的企业成功的要诀。企业数字化可以帮助企业战略实现这个目标。

1. 企业战略的意义

(1) 战略是一种观念(perception)。战略主要体现企业决策者和员工对客观世界共有的认识方式，主要包括企业司训、经营理念、价值观。

(2) 战略是一种远景(perspective)。战略是企业设定的远景与目标，主要包括企业的愿景、使命、目标等。

(3) 战略是一种探查(probing)。制定战略需要进行广泛而深入的调查与数据分析，包括外部环境、企业内部资源等方面的综合评估。

(4) 战略是一种定位(position)。企业要生存发展，必须对顾客、市场、产品进行精准、精细的定位，从而确定自己在市场中的位置。

(5) 战略是一种路线(path)。为实现目标，企业应根据内外环境与资源，制定企业发展应遵循的价值路线与发展途径。

(6) 战略是一种规划(plan)。战略是一个行动之前的概念，是一种事先做好的、有意识、有目的的设计与策划，是企业发展的长远计划。

(7) 战略是一种模式(pattern)。战略蕴含着企业发展模式，包括商业模式、经营模式、管理模式、盈利模式等。

战略就是在符合企业司训、经营理念、价值观和保证实现企业使命、愿景的条件下，在充分利用环境中存在的各种机会和创造新机会的基础上，确定经营范围、发展方向和竞争策略，优化配置公司资源，进而培育和保持核心竞争力。

2. 企业战略的内涵

战略管理是实现企业使命与目标的一系列决策和行动计划，主要包含这样几个问题：做什么？由谁做和为谁做？怎么做？在哪里做和何时做？

"做什么""如何做""由谁做"是战略管理的三个中心问题，其中"做什么"涉及经营方向抉择，"如何做"涉及运作方式选择，"由谁做"涉及行为主体确定。企业数字化使得"做什么""如何做""由谁做"更加精准和更加可靠。

通常情况下，企业总体战略要完成 4 项关键任务：①清晰地界定企业的司训、经营理念、愿景、使命、价值观、战略目标；②明确企业业务单位；③分析现有业务组合和未来投资战略；④选择进入新业务领域的增长策略。

3. 企业战略模型

企业战略应着眼于未来，立足于现实。企业战略是一个完整体系，是一个闭环系统，因此在制定时需要遵循其内在逻辑。需要说明的是，公司战略不是静态的，而是动态的、发展的。企业战略框架如图 7-1 所示。

图7-1　企业战略框架

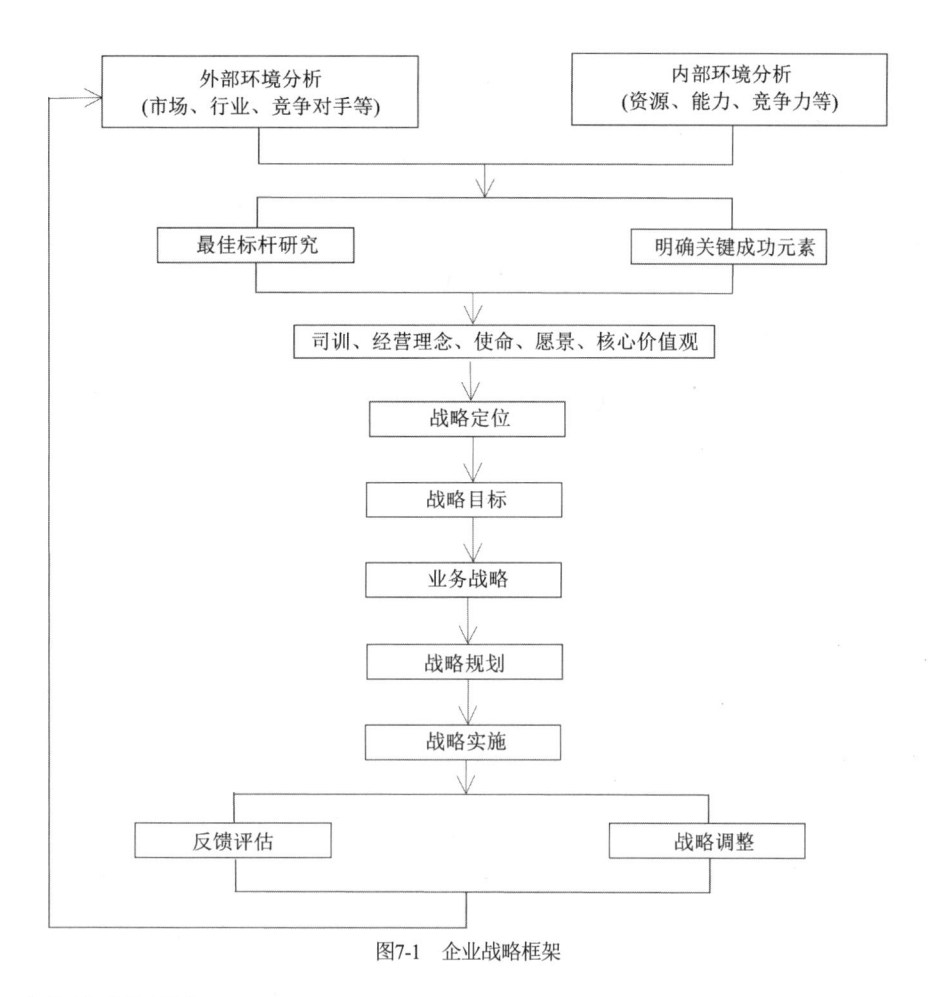

4. 企业战略的层次

企业战略可以划分为3个层次：企业总体战略、业务单位战略和职能战略。

(1) 企业总体战略关注企业的整体目标和活动范围，以及如何提供各个不同部门的价值，包括司训、经营理念、使命、愿景、核心价值观、战略定位、战略目标。

(2) 业务单位战略关注如何在某个特定市场上成功地开展竞争，主要指企业确定业务类型。

(3) 职能战略是指企业各部门如何有效地利用组织的资源、流程和人员来实现公司层面战略和业务单位战略，主要包括管控、组织架构、人力资源、质量管理、信息化、研发与技术、市场营销等。

企业总体战略是基于内外部环境分析，为实现企业发展目标而对未来发展方向做出的长期性、系统性和科学性的战略规划或谋划。它是统筹各业务单位战略和各职能战略的全局性指导纲领，是指导企业行为的最高行动纲领，决定着企业在市场环境中的位置和生存状态，特别是按照现代企业制度组织起来的企业，有无明晰的、正确的企业总体战略，对于企业的规范、协调运作和长远、持续发展尤为重要。

虽然以BAT(百度、阿里巴巴、腾讯)为首的巨头企业在某些领域领先于欧美，但大量中小型企业仍在数字化转型的道路上步履维艰。建立大数据融合下的企业数字化发展战略，继而推动自身业务、服务、产业乃至管理的转型升级,创新企业发展动能,是解决企业发展不平衡不充分问题的突破口。

企业战略是一个整体,但企业战略的制定和实施需要把握其原点。

7.2 原点:战略制高点

杰克·韦尔奇(Jack Welch)和妻子苏茜曾连续 3 年举办为期 2 天的座谈会,每次他们都邀请 100 多位企业执行官参加。让他们感到惊奇的是,在这些企业老总中,有 60%的人坦承自己的企业根本没有使命宣言;至于其余 40%,他们的使命宣言也大多是仿照其他企业改编的,都是假大空的套话。

有使命感的人与没有使命感的人,所呈现的状态和力量是完全不一样的。经营企业也一样,企业的使命感能大大提升团队的凝聚力,增强团队的工作热情,激发员工的创造性,释放企业的潜能。

日本经营之圣稻盛和夫坦言:"企业经营能否取得成功,这与员工是否优秀并无太大的关系,关键要看员工对一个项目会带着多大的使命感去绞尽脑汁地力图战胜它。"

员工需求、顾客需求是企业战略的原点;员工价值、员工的心是企业的原点;企业哲学是企业管理人生与经营的原点。

司训、经营理念、使命、愿景、核心价值观处于战略金字塔的顶端,对整个战略的制定、实施与实现起着至关重要的作用,也是战略原点、企业原点及人生与经营原点的集中体现。企业战略层次如图 7-2 所示。

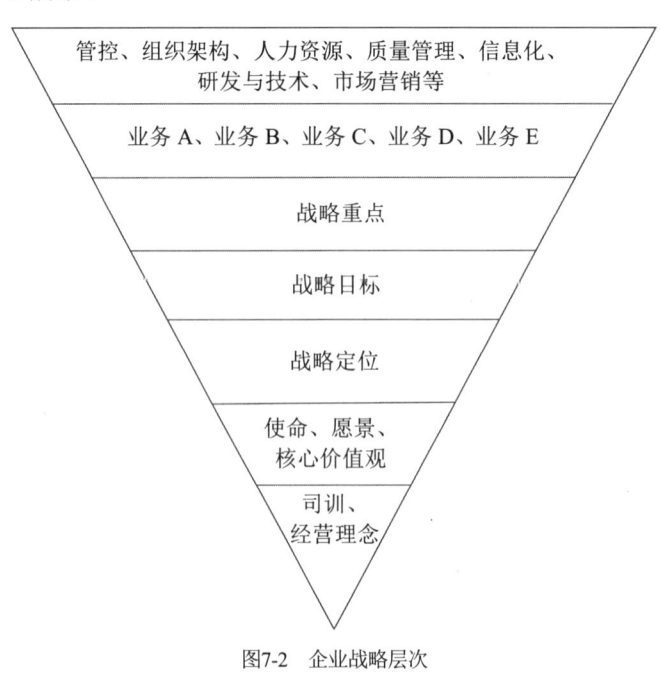

图7-2 企业战略层次

7.2.1 司训

司训是全体员工共同的价值信仰、精神追求、行为准则与道德规范，它既是一个企业经营理念、治企精神、价值观念的高度概括与反映，也是企业精神风貌的集中表现，体现了企业文化精神的核心内容，也能体现企业的原则与目标。

司训是一个企业的灵魂，是企业经营哲学的最高表现，也集中反映了企业的经营宗旨和传统，体现了企业的价值追求和精神风貌。

司训由家训发展而来，在大型的家族企业里，司训同样是对家庭成员立身处世、持家治业的教诲。司训是企业大家庭的重要组成部分，对个人和团队的思想与行为等有着极其重要的约束作用。

司训是企业的信条，表明企业信仰什么，最高精神追求是什么。例如，京瓷的司训(日本称社训)是敬天爱人；日立的司训是和、诚、开拓者精神；大丸百货的司训是先义后利。

7.2.2 经营理念

经营理念是企业经营、追求绩效的根据、宗旨，是员工价值观与正确经营行为的确认，企业在此基础上形成基本设想、科技优势、发展方向、共同信念和经营目标。

经营理念是系统的、根本的管理思想。管理活动都要有一个根本的原则，一切的管理都须围绕一个根本的核心思想进行。经营理念决定企业的经营方向，和使命与愿景一样是企业发展的基石。

(1) 经营理念是创始人创办企业的发心，发自企业创办人对经营的内心认知与起心动念。

(2) 经营理念是对人、社会、自然、经济、产业的哲学判断，可以永久性地指导企业经营。

(3) 经营理念是指导一切经营活动、制度、思维方式的根本源头。

经营理念是企业信条，表明企业创始人经营企业的发心是什么。例如，京瓷的经营理念是追求全体员工物质和精神两方面的幸福，同时为人类及社会的进步与发展做贡献；松下的经营理念是企业是社会的公器；麦当劳的经营理念是品质、服务、清洁及物超所值。

7.2.3 使命

使命是指企业存在的价值和意义，是企业存在和发展的理由，是企业最根本、最有价值、最崇高的任务和责任。使命为企业确立了经营的基本指导思想、原则、走向、经营哲学等，影响着经营者的决策和思维。

(1) 使命是企业存在的理由和价值，表明了企业必须承担的社会责任。

(2) 使命是企业为社会及利益相关者提供的附加价值。

(3) 使命可以为企业提供 30 年以上的经营指导。

使命阐述了企业是谁，为什么而存在。例如，苹果的使命，借推广公平的资料使用惯例，建立用户对互联网的信任和信心；微软的使命，创造优秀的软件，不仅使人们的工作更有效率，而且使人们的生活更有乐趣；IBM 的使命，无论是一小步，还是一大步，都要带动人类的进步；通用电气的使命，以科技及创新改善生活品质；迪士尼的使命，使人们过得快活；阿里巴巴的使命是让天下没有难做的生意。

7.2.4 愿景

愿景是指企业渴望实现的未来景象，是企业对未来长远发展方向的谋划，企业愿景是大家愿意看到的，愿意为之努力的，通过努力可以步步接近的一个大胆的梦想。

(1) 愿景是领导者希望企业最终发展成的结果。
(2) 愿景可以指导战略和组织的发展，描述一个鼓舞人心的未来。
(3) 愿景可以在一个特定时期内实现，主要为内部人员提供指引。
(4) 愿景为企业描绘至少 3 年的阶段性愿望和梦想。

愿景反映了未来是一幅什么样的图景。例如，微软的愿景是让计算机进入家庭，放在每一张桌子上，使用微软的软件；通用电气的愿景是使世界更光明；迪士尼的愿景是成为全球的超级娱乐公司；阿里巴巴的愿景是活 102 年：我们不追求大，不追求强，我们追求成为一家活 102 年的好公司，到 2036 年，服务 20 亿消费者，创造 1 亿个就业机会，帮助 1000 万中小企业盈利。

7.2.5 核心价值观

核心价值观是指企业在进行经营管理活动时依据的是非标准及遵循的行为准则，是全体员工必须信奉的信条。核心价值观是一个企业本质的和持久的一整套原则，是企业解决发展中的内外矛盾的一系列准则，如企业对市场、对客户、对员工等的看法或态度，是企业如何生存的主张。

价值观是把所有员工联系在一起的精神纽带，是企业生存、发展的内在动力，是企业行为规范、制度的基础。

核心价值观反映了企业在通向未来的发展过程中，要坚持什么样的判断标准。例如，IBM 的价值观是成就客户、创新为要、诚信负责。迪士尼的价值观是极为注重一致性和细节刻画；通过创造性、梦幻和大胆的想象不断取得进步，严格控制、努力保持迪士尼具有"魔力"的形象。阿里巴巴的价值观是客户第一，员工第二，股东第三。因为信任，所以简单唯一；不变的是变化；今天最好的表现是明天最低的要求；此时此刻，非我莫属；认真生活，快乐工作。

在数字时代，企业需要依托大数据等技术应用，实现企业组织文化转型、经营管理升级、经营潜力挖掘，充分释放企业经营潜力。

企业制定战略目标需要以数据作为依据。

7.3 分析：看数字，知己知彼

我国经济已由高速增长阶段转向高质量发展阶段，正处在转变发展方式、优化经济结构、转换增长动力的攻关期。随着大数据、物联网等技术的快速发展，传统行业的边界趋于模糊，产业结构松散，难以形成有效合力，极易造成地区资源和发展的不平衡。

例如，首个提出综合性运动解决方案的 O2O 平台——立咕运动，以大数据应用服务为核心，为运动场馆、教练、器材、消费者、社区提供服务。一方面，以数据应用，帮助场馆洞察消费者需求，改善运动场馆经营现状，提高场馆使用率；另一方面，为个人运动爱好者建立动态运动数据监测系统，提供立体式、全方位的身体健康管理服务。最终实现各个行业的数据共享、生态共融的战略布局。

7.3.1 波士顿矩阵

波士顿矩阵(BCG 矩阵)是美国波士顿咨询集团(Boston Consulting Group，BCG)在 1960 年提出的一种产品结构分析方法。波士顿矩阵的发明者、波士顿公司的创立者布鲁斯认为："公司若要取得成功，就必须拥有增长率和市场份额各不相同的产品组合，组合的构成取决于现金流量的平衡程度。"因此，波士顿矩阵的实质是通过业务的优化组合来实现企业的现金流量平衡。

波士顿矩阵分析是把企业生产经营的全部产品或业务的组合作为一个整体进行分析，常常用来分析企业相关经营业务之间现金流量的平衡问题。波士顿矩阵分析的核心在于使产品业务更符合市场需求发展的变化，以及将公司有限的资源有效地分配到合理的产品或业务结构中。波士顿矩阵如图 7-3 所示。

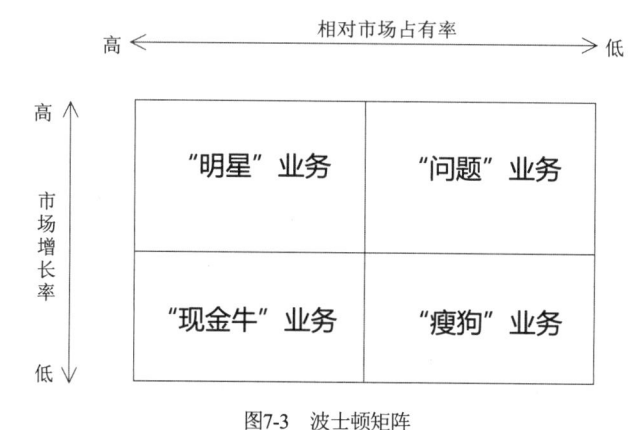

图7-3 波士顿矩阵

1. "问题"业务：高增长/低竞争地位

"问题"业务通常处于最差的现金流状态。一方面，所在行业市场增长率极高，企业需要投入大量的资金支持其生产经营活动；另一方面，市场份额较低，能够获得的资金较少。因此，公司对于"问题"业务的投资需要进一步分析，判断使其转移到"明星"业务所需要的资金量，分析其未来是否能够盈利,研究其是否值得投资。

2. "明星"业务:高增长/强竞争地位

"明星"业务处于迅速增长的市场中,具有很大的市场份额。在企业的全部业务中,"明星"业务在增长和盈利上有着极好的长期机会,但它们是企业资源的主要消费者,需要大量的投资。如果"明星"业务能够保持领导地位,那么在增长放缓、再投资的需求消失之后,"明星"业务最终会变成"现金牛"业务,产生大量、稳定和安全的现金回报,这些现金回报将可再投资于其他业务。

3. "现金牛"业务:低增长/强竞争地位

"现金牛"业务处于成熟的低增长市场中,市场地位有利,盈利率很高,本身不需要投资,反而能为公司提供大量资金用于支持其他业务的发展。实践中,每家企业都必须有自己的"现金牛"业务,否则很难在中长期保持现金流的健康运行。

4. "瘦狗"业务:低增长/弱竞争地位

"瘦狗"业务处于饱和的市场中,竞争激烈,可获利润极小,不能成为企业主要资金的来源。如果这类业务还能自我维持,则应缩小经营范围,加强内部管理。如果这类业务已彻底失败,企业应及时采取措施,清理业务或退出经营领域。

7.3.2 GE矩阵

GE矩阵也是企业常用的投资组合分析方法,又称通用电气公司法、麦肯锡矩阵、九盒矩阵法、行业吸引力矩阵,由美国通用电气公司(GE)于20世纪70年代开发,对企业进行业务选择和定位具有重要的价值与意义。

GE矩阵是对企业的战略事业单元进行业务组合分析的一个管理模型。从某种意义上来讲,GE矩阵是为了克服波士顿矩阵的缺点而开发的,主要体现在采用了更多的指标来衡量市场吸引力和竞争能力。

市场吸引力取决于外部环境因素,也就是与各项业务有关的不可控的外部因素,如市场容量、市场增长率、行业竞争结构、进入壁垒、行业盈利能力等。市场吸引力通常分为高、中、低3个等级。竞争能力取决于企业内部的各项可控因素,如市场占有率、制造和营销能力、研究与开发能力、财力、质量和管理素质等。竞争能力通常分为强、中、弱3个等级。

市场吸引力的3个等级和竞争能力的3个等级组成9个具有战略意义的象限区域。企业的每一个经营单位都可放置于矩阵的一个象限中,总体而言,企业内所有经营单位可归纳为3种类型,对不同类型的经营单位应采取不同的战略:发展重点集中在1、2、4象限区域内,对于市场吸引力和竞争能力相对一般的3、5、7象限区域,企业应设法提高产品的竞争实力;对于市场吸引力和竞争能力都较弱的第6、8、9象限区域,企业应采取维持或收缩退出战略。GE矩阵如图7-4所示。

图7-4 GE矩阵

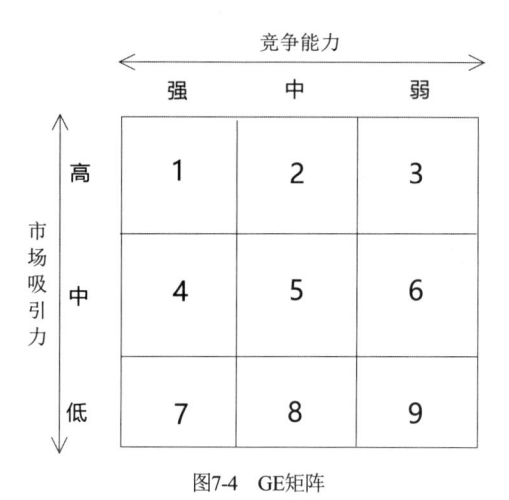

7.3.3 SWOT分析

无论是企业战略规划,还是区域战略规划,普遍都会进行 SWOT 分析。对于战略管理而言,SWOT 分析是一个非常重要的过程。SWOT 分析是哈佛商学院的肯尼思·R. 安德鲁斯(Kenneth R. Andrews)于 1971 年在《公司总体战略概念》一书中首次提出的。他认为,战略是一个企业"能够做的事"和"可能做的事"的有机匹配,其中,企业"能够做的事"取决于组织的优势和劣势,"可能做的事"取决于环境的机遇与威胁。SWOT 是由 4 个单词的首字母构成的缩写,4 个单词分别是优势(strengths)、劣势(weaknesses)、机遇(opportunities)和威胁(threats)。SWOT 分析是指通过全面分析企业自身的优势、劣势、可能的机遇及面临的威胁,制定有效、灵活的战略。

SWOT 分析的核心要点在于企业战略必须使其内部能力(优势和劣势)与外部环境(机遇和威胁)相适应。基于企业与环境之间的相互依存程度,SWOT 分析可以形成四种不同的战略,即 SO 战略、WO 战略、ST 战略和 WT 战略。

(1) SO 战略是指依靠内部优势去抓住外部机遇的战略。一家资源雄厚(内在优势)的公司发现某一国际市场未曾饱和(外在机遇),就应该采取 SO 战略去开拓这一国际市场。

(2) WO 战略是指利用外部机遇来改进内部劣势的战略。一家面对计算机服务需求增长(外在机遇)的企业,却十分缺乏技术专家(内在劣势),就应该采用 WO 战略培养、聘用技术专家,或购入一家高技术的计算机公司。

(3) ST 战略是指利用企业的优势,去避免或减轻外部威胁的打击。一家企业的销售渠道很多(内在优势),但是由于各种限制,又不允许它经营其他商品(外在威胁),该企业就应该采取 ST 战略,走集中型、多样化发展的道路。

(4) WT 战略是指直接克服内部劣势和避免外部威胁的战略。一家商品质量差(内在劣势)、供应渠道不可靠(外在威胁)的企业应该采取 WT 战略,强化企业管理,提高产品质量,稳定供应渠道,或者走并购之路以谋生存和发展。

7.3.4 TOWS矩阵

TOWS 矩阵作为 SWOT 的变形应用,是指将 SWOT 分析中列出的机会和威胁与优势、劣势分别组合起来,在列出全部组合之后,就可以得出许多策略提案。TOWS 矩阵如图 7-5 所示。

		内部	
		优势	劣势
外部	机会	机会+优势 积极攻势	机会+劣势 弱点强化
外部	威胁	威胁+优势 差别化	威胁+劣势 防卫/撤退

图7-5 TOWS矩阵

(1) 机会与优势组合可得出积极攻势策略提案。
(2) 机会与劣势组合可得出弱点强化策略提案。
(3) 威胁与优势组合可得出差别化策略提案。
(4) 威胁与劣势组合可得出防卫/撤退策略提案。

TOWS 矩阵可以分为机会+优势、机会+劣势、威胁+优势和威胁+劣势 4 个象限,若每个象限各有 5 个影响因素,则可供企业选择的战略提案也会有很多。

麦肯锡前总经理弗雷德里克·格卢克认为,战略制定者要在所收集信息的广度和深度之间做出某种权衡。战略制定者要像一只正在捉兔子的鹰,鹰必须飞得足够高,才能有广阔的视野以发现猎物,同时它又必须飞得足够低,以便看清细节、瞄准目标和进行攻击。不断地进行这种权衡正是战略制定者的任务,这是一个不可由他人代理的任务。

7.3.5 PEST分析

PEST 分析是企业外部环境分析的经典工具,用于分析企业所处的宏观环境对战略的影响。PEST 分析主要是对企业所处的政治(political)环境、经济(economic)环境、社会(social)环境和技术(technological)环境等方面的变化,以及行业所造成的影响进行归纳、总结和研究。现在的数字技术和工具可以帮助企业更多地收集和处理信息,也使得企业的分析更加可信和可靠。

7.4 定位:不是第一,就是唯一

近年来,云原生、大数据提升了传统行业的效率,带来了市场的快速增长。制造、能源、汽车、金融等领域的一大批企业正在通过物联网、云原生打通各个环节,将各个环节产生的数据进行集成分析，从而提高企业生产和经营效率。此外，城市治理、机场调度、环境保护等各行各业都开始引入物联网、大数据技术，推动传统战略决策方式和管理服务模式等的革新。

战略是一种自我定位，没有定位，就没有定力，也就没有方向。战略是一种自我限制，一家什么都想做的企业，一个什么都想做的人，最终什么都做不好，什么都做不成。高度不够，看到的都是问题；格局太小，纠结的都是鸡毛蒜皮的小事。

关注顾客和员工需求，是战略原点。成为"1"，是战略途径。不是第一，就是唯一，这是战略的制高点，也是战略的最佳通道。

1971 年，仅有 3 架波音 737 客机(112 座)的美国西南航空公司踏上了航空服务业的征程，最初，航线仅覆盖了得克萨斯州的 3 个城市(达拉斯、休斯敦、圣安东尼奥)。当时，公司的创始人赫伯·凯莱赫已是不惑之年，律师出身的他在经营上另辟蹊径，推出了一系列新主张。1978 年，47 岁的赫伯·凯莱赫成为公司总裁，他强调"顾客的话不一定全对""员工第一"的价值观。为了调动员工的积极性，他亲自参与机舱打扫和分发小吃的工作，人们亲切地称他为 Herb。最终，美国西南航空公司以低廉的票价和热忱的服务大获成功。

战略定位是指企业通过什么方式和途径，为哪些客户提供什么产品和服务，以获取和保持经营优势，实现企业战略目标。对企业而言，战略定位需要回答 4 个问题：①企业从事什么业务？②企业如何创造价值？③企业的竞争对手是谁？④哪些客户对企业是至关重要的，哪些客户是必须要放弃的?

要想回答这些问题，需要关注以下 3 个定位要素。

(1) 目标客户定位。为哪些客户提供产品和服务。这是企业如何选择目标客户群的问题。

(2) 产品定位。为目标客户群提供什么产品和服务。这是企业设计、创造和交付什么产品和服务的问题。具体来讲，就是将企业的产品、形象、品牌等在预期消费者的头脑中占据有利的位置。

(3) 商业模式定位。通过什么方式和途径为目标客户群提供产品和服务。这是企业如何设计、创造与交付产品和服务的问题。

在同一产业中，战略定位是相对于竞争对手的战略和结构上的差异，包含企业持续竞争优势和超额利润回报的来源等因素。

7.4.1 波特的三大战略

波特在《竞争战略》中提出三大战略：总成本领先战略、差异化战略和专一化战略。

1. 总成本领先战略

总成本领先战略要求坚决建立高效的、规模化的生产设施，基于经验，全力以赴降低成本，加强成本与管理费用的控制，最大限度地减少研究、开发、服务、推销、广告等方面的成本费用。总成本领先地位非常有吸引力，一旦企业赢得了这样的地位，所获得的较高的边际利润又可以重新对新设备进行投资以维护成本上的领先地位，而这种再投资往往是保持低成本状态的先决条件。研究结果表明,在经济危机时期,效率驱动型、科技创新型和价值链优化型总成本领先战略均能够显著提升企业的核心竞争力,尤以科技创新型总成本领先战略效果最为显著。

2. 差异化战略

差异化战略是将企业提供的产品或服务差异化,打造全产业领域内具有独特性的产品或服务,以获得竞争优势而采取的战略。该战略的重点是创造独特的产品和服务。从某种意义上来讲,现在的市场更加强调差异化,任何想要长期生存下去的企业,都必须通过差异化战略形成压倒所有其他竞争对手的独特优势,维持这种差异化正是企业长期战略的精髓所在。市场的需求是千差万别的,个性化时代要求供给的差异化,这已成为企业形成独特竞争力的追求目标。

3. 专一化战略

专一化战略也称集中化战略或聚焦战略,主攻某个特殊的客户群、某产品线的一个细分区段或某一地区市场。总成本领先战略与差异化战略都是要在全产业范围内实现其目标,专一化战略是围绕为某一特殊目标尽力服务这一中心建立的,它所开发与推行的每一项职能化方针都要考虑这一中心思想。采用专一化战略的前提是:企业业务的专一化能够以更高的效率、更好的效果为某一狭窄领域的战略对象服务,从而超过在较广阔领域内竞争的对手。这样做的结果是企业通过满足特殊对象的需要而实现了差异化,或者在为这一对象服务时实现了低成本,或者两者兼得。坚持专一化战略的企业可以使其盈利的潜力超过产业的普遍水平,同时,这些优势能够帮助企业抵御各种竞争力量的威胁。但是,专一化战略常常意味着限制了可以获取的整体市场份额,它必然以放弃销售额为代价。

7.4.2 目标:设立具体的数字化目标

企业制定战略目标时要考虑的问题是:在未来的 3~5 年甚至更长时间,行业的边界之内和边界以外将会发生什么变化?行业重构的机会和新的竞争将来自何处?企业的发展目标与具体战略是什么?

没有目标,到哪里都是流浪;没有高目标,做什么都是次品。取法其上,得乎其中;取法其中,得乎其下;取法其下,则无所得矣。从另一个层面来说,目标越高,越能激发人的潜能,也越有利于创造更大的价值,因此,计利当计天下利,求名应求万世名。

如果没有高目标,人的潜能与创造性就得不到充分地发挥与释放,就不能体现自己的价值。对企业来说,同样如此,高目标能激发人的潜能,发挥人的天赋。另外,企业要想生存下来,就必须有热情,并随时保证经营者与全体员工的活力处于最高点。

人是强大的,也是脆弱的,如果有卓越的高目标,同时感召更多的人,那么就可以树立勇往直前的信心,提升精神境界,并大大增强内在的力量与外在的能力,让自己无所畏惧,充满自豪感与使命感。企业目标也反映了经营者的哲学,狂热的努力只能带来短暂的成功,唯有以最高道德标准要求自己的企业才能长青。经营企业不仅需要目标,还需要高目标。经营者不是靠简单下命令来完成目标，而是要鼓励员工的志气，调动他们的积极性，让经营目标被全体员工认同。当然，最重要的不是策略和手腕，而是经营者必须想尽各种办法，利用一切机会，直率地将无论如何必须达成目标的坚定决心传递给员工。

为了有效地让全体员工共有目标，企业需要做好以下几点。

(1) 员工要参与目标制定过程。目标制定过程要尽可能让员工参与进来，这是实现目标共有的第一步。

(2) 目标必须具体。如果目标不具体就无法在公司内部形成共同的语言，不便于员工理解，所以目标应尽量数字化。销售额、利润、员工人数等涉及企业规模的项目都要有明确的数字目标，而且要明确目标达成的空间和时间。所谓目标达成的空间，是指目标不是全公司的一个抽象数字，而是分解到各个部门的详细资料，最小的组织单位也必须有明确的数字目标，进而每一个基层员工都要有明确、具体的目标。所谓目标达成的时间，是指各组织单位和基层员工不仅要设定年度目标，而且要设定月度目标，这样个人就能了解自己每一天的目标，明确自己每一天的任务。

(3) 目标要向所有员工公开。目标要形成文字，通过晨会、例会、业绩报告会等多种场合反复强调，时时将目标值与实际完成值进行对比，努力使其一致。只有反反复复地、不厌其烦地让员工看到、听到公司的目标，才有可能将这个目标融入员工的潜意识中，从而指导其工作。员工只有把公司的目标当成自己的目标，才有可能尽全力去实现它。

企业可持续的数字化目标与战略必须在赋新、跨界、连接三个维度上不断突破。通过赋新，企业追求的客户价值得到了清晰的界定，由此可以定义跨界的目标——需要提供的要素组合是什么。以亚马逊为例：最初，亚马逊通过建立电商平台将种类丰富、价格优惠的图书呈现在同一个平台上，提供与传统书店不同的价值主张(赋新)；之后，亚马逊引入商家开展第三方平台业务(连接)，并通过一系列的自建、收购、合作等围绕客户需求拓展服务和业务边界(跨界)；基于技术、数据、客户关系等资产，又衍生出了面向企业端的 AWS(云服务)、FBA(物流交付服务)和面向消费者端的 Amazon Go(无人线下店)、Echo(智能音箱)等业务(赋新)。在这个循环的过程中，亚马逊的业务范围不断丰富，与客户的关系也持续深化。

确定具体目标后，企业要做的就是规划达成目标的路径。

7.4.3 规划：今天做什么才有未来

自 2000 年年初起，信息技术逐渐渗透到主流市场并发展成为所谓的新浪潮科技。新浪潮科技指的是能够帮助个体和群体保持互联互动的科技，它的主要组成部分有 3 个：廉价的计算机和手机、低成本的互联网接入方案，以及开源性软件。新浪潮科技允许个人表达自己以及与他人合作，它的出现，正如太阳微系统有限公司董事长斯科特·麦克尼利(Scott Mcnealy)所说的那样，标志着参与化时代的到来。在参与化时代中，人们在消费新闻、观点和娱乐的同时也主动创造它们。新浪潮科技使得人们从被动的消费者变成了产消者(生产型消费者)。

推动新浪潮科技发展的力量之一是社会化媒体的兴起。社会化媒体可以分成两大类：一类是表达性社会媒体，例如微信、博客、微博、YouTube、Facebook、推特、照片分享网站 Fikr，以及其他各种社交性网站；另一类是合作性社会媒体，例如维基百科、Rotten Tomatoes 和 Craigslist 等网站。

鉴于社会化媒体具有成本低廉和毫无偏见等优势，它已成为营销沟通及营销活动的主要方式。在微信、Facebook、MySpace 等社交网站上，好友之间的联系也会成为企业了解市场动态的有效手段。IBM、惠普和微软等公司的研究人员正在大力挖掘社交网络数据，以便为公司员工和消费者提供更好的沟通平台。

在社交媒体平台营销反响较好的产品或品牌一般具有两个特点：一是较强的展现力；二是良好的用户体验。从展现力层面来看，提高产品的展现程度需要结合用户的需求来发掘产品的亮点和卖点，针对用户的这类痛点，在合适的平台上采用优秀的创意进行表现，可以达到强化展现力的效果。而从用户体验层面来看，更多的是要推动消费者的主动分享。企业在社交媒体上进行重点产品推广时，需要让自己的产品在社交媒体平台上有明确的产品定位、清晰的卖点、专业的售后，展现足够的品牌透明度。而当用户获得良好的产品体验后，会在社交媒体上进行二次传播，形成链式反应。

消费者的互联网行为趋向碎片化，使品牌在社会化网络下与用户的传统关系模型被颠覆，品牌需要重新以用户的社会化属性与体验为出发点，重新构建数字营销体系。

做对的事情，比把事情做对更重要，前者是战略规划，后者是战术应用。战略规划是指对重大的、全局性的、基本的、未来的目标、方针、任务的谋划。从管理学角度来讲，战略是指企业为了实现企业使命、预定目标所做的全盘考虑和统筹安排。战术是指为实现目标而实施的具体行动。如果说战略明确了企业努力的方向，战术则决定由何人、在何时、以何种方式、通过何种步骤，将战略付诸实施。

企业使命是企业战略制定的前提，也是企业战略的行动基础。

战略规划包括企业目标、战略定位、环境分析、资源分析、制定流程、业务组合、财务规划、关键保障、实施计划等，但起决定性作用的是企业司训、经营理念、使命、愿景和核心价值观。

所有的规划，都是为了实施。

7.4.4　实施：从管理到经营

企业数字化战略需要在赋新、跨界、连接 3 个维度不断突破。在新的情境下，客户的需求以前所未有的速度变化着，技术的突破也赋予企业不断连接跨界资源、尝试新商业模式的机会。这意味着数字时代的战略与工业化时代不同，企业需要在迭代中不断自我更新，并且在战略实施的过程中，企业需要将管理思维转换为经营思维。

管理一般着重工具和方法，以方法论为导向，而经营着重经营理念的落地，是以价值观为导向的。

管理追求利润至上，主要是高层经营；而经营秉承义利合一，实现全员经营。

传统管理体系的核心问题是致力于使一切趋于平庸,它迫使人们越来越辛苦地工作,以弥补一种缺失——人们在最佳状态下一起工作时所特有的精神和集体智慧的缺失。传统管理体系的主要特征如下。

(1) 依赖测量考评的管理。关注短期业绩考核指标,排斥无形指标。爱德华·戴明曾说过:"真正重要的东西你只能测量到3%。"

(2) 以服从为基调的文化。靠取悦老板来出人头地,靠恐惧气氛管理。

(3) 围绕结果的管理:管理层制定目标,员工被迫承担完成管理目标的责任,而不考虑在现有体系和程序内是否可能。

(4) "正确答案"对比"错误答案"。重视解决技术问题,忽视发散性(系统)问题。

(5) 同质化。多样性被视为问题,认为需要解决掉,用肤浅的协议来抑制冲突。

(6) 可预测性和可控制性。管理就是控制,管理的三位一体是指计划、组织和控制的一体。

(7) 过度竞争与互不信任。人与人的竞争是实现所要求的业绩的必要条件,没有人们的相互竞争就没有创新。爱德华·戴明曾说过:"我们已经被竞争给出卖了。"

(8) 整体的缺失。肢解分离和碎片化,局部的创新不能得到广泛传播。

以上8个问题是全球性的企业问题,但在中国企业中表现得更为突出。中国企业流程和决策机制的规划基础是权力,而不是客户价值,这就导致现在的流程再造、组织改造发生了偏离,因此,需要把中国企业传统的中央集权制转变成客户导向、市场导向,企业内部也要从业绩导向、惩罚式地对待员工转变成真正的人性化管理,让员工得到应有的尊重,激发他的潜能,从过去"要他干",转变成"他要干"。

总之,企业的战略能否贯彻到位,取决于"知不知、能不能、愿不愿"9个字所构成的3个机制层次的实际状态,无论是企业外部,还是企业内部都是如此。价值观和运营系统决定了企业和内部员工"愿不愿",约占60%;组织、培训等资源性的因素决定企业和内部员工"能不能",占比30%;管控与考核决定企业和内部员工"知不知",是保障性因素,占比10%。

从赋新、跨界、连接3个维度来说,就是可做、能做、想做实现跨界(突破产业条件)、连接(突破资源能力)、赋新(突破优势选择),推动企业数字化战略。

如果员工对企业没有安全感、归属感、荣誉感,就必然缺乏主人翁意识,如果在思想未统一的组织里放权给员工,可能会适得其反。也就是说,如果大家没有共同愿景,对企业运营的现实没有共同分享的心智模式,放权只能增加组织的压力,削弱组织的创造力,并加重组织协调和维持运营的管理负担。反之,经营则可实现:①全员参与的自主经营;②以核算作为衡量员工贡献的重要指标,培养员工的目标意识;③高度透明的经营过程;④自上而下和自下而上的整体配合与整合;⑤培养企业领导人。

现在,许多企业都在倡导全员参与式经营,其中关键在于员工到底站在什么立场参与。最常见的是高层管理部门听取基层员工意见并将其反映到经营决策中,这种做法虽然也被看作一种员工参与式的经营,但实际上只是把员工当作一种信息来源。还有一种情况就是让员工出席各种决策会议,对基层员工来讲是一件非常振奋人心的事情,能够让员工对参与到决策过程这一行为有切身的感受,但这种做法只能给员工带来一点自我满足,消除他们工作中产生的部分挫败感，效果甚微。

有的经营者认为员工只要劳动就行，因此制定严酷的定额强制他们工作，或者以高额的成功报酬作为诱饵，刺激人的欲望，借以达到提高公司业绩的目的。与此相反，以数字化为特征的现代经营应使在现场工作的每一位员工都有"自己也是经营者"的意识，在感受到劳动的喜悦的同时自发地努力工作，最终达到提高公司业绩的目的。

战略实施过程中需要进行评估，以便及时进行调整。

7.4.5 评估：在战争中学习战争

数字时代的每家企业都有自己的目标和面临的挑战，为了尽可能地规避战略风险，企业需要对其战略进行战略评估，即通过对影响并反映战略管理质量的各要素的总结和分析，判断战略是否实现预期目标，评估对象包括战略决策(制定、保障、模式)、经营模式(模式、定位、效率)、组织架构(分工、协同、效率)、关键职能(人力资源、财务、科研、生产、营销、数字化、企业文化)等。

战略评估包括3项基本活动：①考察企业战略整体运营状况；②将实绩与目标进行比较；③持续改善或采取纠正措施以保证行动与计划的一致。

战略评估需要回答以下几个问题：①公司内外部战略环境有没有发生重大变化；②公司战略目标是否恰当，是否需要调整；③战略举措与实施计划是否获得了良好执行；④公司资源是否需要重新调配；⑤能否在规定的时间内完成战略任务。

战略评估模型如图7-6所示。

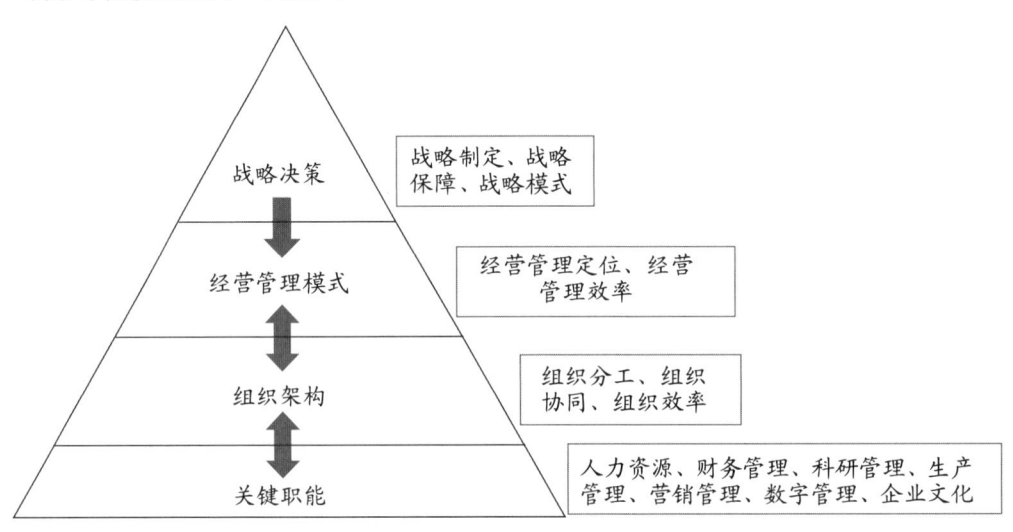

图7-6 战略评估模型

战略评估旨在监控公司的经营活动和业绩结果，将实绩和预定目标进行对比，发现缺点与不足，进行相应调整，让战略管理得以正常推进，从而保证以正确的战略来指导正确的企业经营管理。也就是说，公司必须对战略执行的结果进行评估，总结取得的成绩，找出差距、问题及其解决办法，必要时也可适当调整战略和经营指标。

虽然大部分公司已经意识到战略管理的重要性，但往往会忽略战略管理是一个长期和动态的过程，制定准确的战略并推动其实施仅仅是战略成功的起点，只有对战略进行有效评估和调整才能保证企业的长期成功。

成功的战略取决于公司的战略规划与执行力，这就要求领导者必须通过对战略执行情况的准确评估来发现可能的问题，并在此基础上做出相应的改善、修正。公司内外部环境瞬息万变，新技术、新产品、新渠道、客户、竞争对手、合作伙伴及公司自身都在不断发生变化，技术的变革、宏观经济环境的变化、政策法规的调整也时时对企业形成新的挑战。

这就要求公司不断对战略及其执行情况进行评估、调整和修正。客观、高效地对正在实施的战略进行评估，并及时采取相应行动，有利于保证企业实现既定目标。战略评价对公司及时纠正偏差、确保战略执行力意义重大。

战略评估贯穿战略管理的全过程，可分为战略分析评估、战略选择评估和战略绩效评估。

(1) 战略分析评估，即事前评价，是对企业所处环境的评估，其目的是发现最佳机遇。

(2) 战略选择评估，即事中评价，是指在战略的执行过程中及时获取战略执行情况并及时处理战略目标差异，是一种动态评估。

(3) 战略绩效评估，即事后评价，是指在期末对战略目标完成情况的分析、评价和预测，是一种综合评估。

因此，战略评估是以战略的实施过程及结果为对象，通过对影响战略管理质量的各要素进行总结和分析，判断战略是否实现了预期目标的一种管理活动。

战略管理过程中，一个关键的环节是建立战略评估标准，它是制定战略、实施战略管理的目标和依据，没有战略评估标准的约束，战略管理必将导致混乱的局面。理查德·鲁梅特提出了可用于战略评价的4条标准：一致性、协调性、卓越性和可行性。

战略评估是在战争中学习战争，可谓是詹姆斯·马奇创导的利用式学习与探索式学习的实践。利用式学习是指在短期之内将既有的想法、技术、战略或者知识常规化、完善化、精细化，努力提高效率；而探索式学习是指尝试全新事物，希望能找到更好的、可以替代旧有事物的全新事物。在企业战略评估及企业数字化转型过程中，整合两种学习方式可以事半功倍，企业一方面可以利用数字化技术继续挖潜现有业务，提高效率，增加盈利，实现现有业务价值的最大化，强化竞争力；另一方面也需要持续观察、探索各种数字化解决方案，创新商业模式、创造新业务。

【拓展阅读 7-1】
华为的战略制高点

本章要领梳理

企业数字化战略转型已经不是"要不要转"的问题，而是"如何转"的问题。

不是第一，就是唯一，这是战略的制高点，也是战略的最佳通道。

战略 7P 指的战略是观念、远景、探查、定位、路线、规划、模式。

司训、经营理念、使命、愿景、核心价值观处于战略金字塔的顶端，对整个战略的制定、实施与实现起着至关重要的作用，也是战略原点、企业原点及人生与经营原点的集中体现。

在数字时代，制定公司战略时，最常用的分析方法是波士顿矩阵、GE 矩阵等，GE 矩阵也是企业常用的投资组合分析方法。

TOWS 矩阵作为 SWOT 的变形应用，是指将 SWOT 分析中列出的机会、威胁与优势、劣势分别组合起来，当列出全部组合之后，就可以得出许多策略提案。PEST 分析是企业外部环境分析的经典工具，用于分析企业所处的宏观环境对战略的影响。

战略是一种自我定位，没有定位，就没有定力。

波特在《竞争战略》中提出三大战略：总成本领先战略、差异化战略和专一化战略。

瞬息万变的数字化环境下，战略规划面对的是未来，但立足点是现在，诚如彼得·德鲁克所言：" 战略不是研究我们未来要做什么，而是研究我们今天做什么才有未来。"

企业的战略能否贯彻到位，取决于 " 知不知、能不能、愿不愿 "9 个字所构成的 3 个机制层次的实际状态，无论是企业外部还是企业内部都是如此。价值观和运营系统决定了企业和内部员工 " 愿不愿 "，约占 60%；组织、培训等资源性的因素决定企业和内部员工 " 能不能 "，占比 30%；管控与考核决定企业和内部员工 " 知不知 "，是保障性因素，占比 10%。

战略评估旨在监控公司的经营活动和业绩结果，将实绩和预定目标进行对比，发现缺点与不足，进行相应调整，让战略管理得以正常推进，从而保证以正确的数字战略来指导正确的企业经营管理。

教练作业

1. 选择一个著名企业，从 7P 角度分析该企业数字战略。
2. 什么是司训、经营理念、使命、愿景、核心价值观？请举例说明。
3. 在企业战略中，如何实现 " 不是第一，就是唯一 "？
4. " 企业的形体远远没有企业的精神重要。'自来水'哲学赋予企业使命、精神与灵魂，它意味着企业的真正诞生。因此，企业创业的开端不是在店门打开之时，也不是在厂房落成之时，而是企业哲学形成之时。" 如何理解松下幸之助的观点？
5. 用数字工具构建战略评估模型。

品牌建设的数字化

第 8 章

> 要完善数字经济治理体系，健全法律法规和政策制度，完善体制机制，提高我国数字经济治理体系和治理能力现代化水平。要完善主管部门、监管机构职责，分工合作、相互配合。要改进提高监管技术和手段，把监管和治理贯穿创新、生产、经营、投资全过程。
> ——2021年10月18日，习近平在十九届中央政治局第三十四次集体学习时的讲话

数字经济无疑给企业的生存与发展带来了新的机遇和挑战。与以往任何一种经济形态相比，基于互联网的广度和深度以及数据资源价值的内创性，数字经济不断影响着社会生产、生活的各个领域和方面，持续改变着人们的消费方式、生活方式甚至生活观念，进而也带来了商业模式、商业生态及商业运行体系的重大调整和改观。对于品牌的价值和品牌的建设而言，也有着根本性的影响。

一般来讲，数字经济是基于数字技术的经济活动，而数字技术主要包括 3 个方面的技术，即与数据有关的技术、与网络有关的技术和与计算有关的技术。跨界、融合、共享和生态企业是企业在数字经济环境下运行需要考虑的主要内容，这也使企业经营管理的方方面面(包括文化、战略、运营、营销、人力、财务等)都需要基于新的经营理念进行思考。

显然，数字经济环境下，企业在考虑品牌建设时也必然需要有新的经营理念进行引导。

8.1 数字时代，谁需要品牌

在大数据时代，数字营销的应用已经深入商业活动的方方面面，涵盖了用户画像、市场预测、产品研发、广告创意优化、程序化购买、广告监测、客户关系管理、企业内部管理、企业品牌打造等各个环节。作为顾客，其数据包括用户网络行为数据(活跃人数、页面浏览量、访问时长、激活率、外部触点、社交数据等)、用户行为数据(浏览路径、页面停留时间、访问深度、唯一页面浏览次数等)、用户内容偏好数据(浏览/收藏内容、评论内容、互动内容、生活形态偏好、品牌偏好等)、用户交易数据(贡献率、客单价、连带率、回头率、流失率等)等。

基于数字营销和移动营销的快速发展，入口无处不在，企业想要构建优势品牌，必须重视自有数字化营销平台的建设，重新审视品牌。

人或事物的重要性，由其被需求决定。当一个品牌成为解决社会问题或改变人们生活的某个运动的象征时，它便具备了很好的特征。一旦某个品牌在消费文化运动中脱颖而出，它便会成为一个强势品牌。简而言之，品牌应当承诺企业业务的不同寻常性，并为消费者提供文化层次上的满意度。

品牌的重要性虽然不言而喻，但是，谁真正需要它呢？可以说，每家企业，众多的单位、个人，甚至国家都在不遗余力地打造自己的品牌，包括在传统商业环境下成长起来的传统企业。

传统商业环境下，由于环境因素的相对稳定性，品牌对于一个企业、一个商品而言具有重要的溢价价值。一个经营良好的品牌可以持续很长时间，经久不衰，特别是对于产品受环境影响程度小、产品生命周期较长的行业，这一现象更加明显。在这一情况下，品牌的声誉无疑起着至关重要的作用。好的品牌声誉能够给企业带来持续的竞争优势和利润红利，但一旦品牌声誉下降，则可能给企业带来毁灭性的打击，要想完全得到消费者的认可也可能较为困难，这种情况下，消费者对其产品的认可和接受程度可能还不如一个不出名的产品。因此，品牌在给企业带来收益的同时，也同样具有潜在的风险。

而在数字经济环境下，由于信息和数据传播的广延性、及时性及跨界性的存在，良好的品牌声誉可以得到更广泛、更及时的传播和推广，从而给企业带来收益。同时，不好的品牌声誉也会在短时间内得到更快、更广的传播，从而给企业带来更大的灾难。

每个企业，每个人，每个组织，包括每个国家，都需要品牌塑造，需要进行数字营销。有人说，每个国家的总统都是品牌代言人，都是杰出的营销员。

英国的西蒙·安霍尔特于 1996 年第一次提出了"国家品牌"的概念，并开始协助世界各国拟定国家品牌策略。他将国家视为一个品牌，在营销层面可以通过国际传播，将国家品牌化，再运用政治营销手段，将国家品牌构建成为一个大众知晓且具有竞争优势的品牌识别系统，这就是"品牌国家"。

"品牌国家形象"有 7 个参考指标，包括：NBI 国家品牌指数、CBI 国家品牌指数、CPI 全球清廉指数、GCI 全球竞争力指数、Interbrand 世界百大品牌指数、BrandZ 世界百大品牌指数、媒体因素等类目所形成的国家形象结构性因素，并由此来测量和检验品牌国家形象是否良好及完善。

从一定程度上来说，国家声誉与公司或产品的品牌形象、声誉差不多，都很重要。软实力是一种基于吸引力和认同感的同化力，它主要来自文化(在很多方面对他国具有吸引力)、政治价值观(在内外事务中遵守并实践这些观念)，以及对外政策(正当合理并具有道德上的权威性)。

品牌是一种名称、符号、标语、标记、设计，旨在确认某个服务者或服务集团的货品和服务，以便与竞争对手区分开来。产品、企业品牌如此，国家品牌亦如此。

品牌是企业的宝贵资产，是一种商标权，是一种区别于其他竞争者的标志。但是，品牌的构建并非企业单方面可以完成的，需要消费者的参与。可以说，没有消费者，就没有品牌。品牌的价值体现在与消费者的关系中，品牌之所以能够存在，是因为它可以为消费者创造价值，带来利益。品牌是消费者的理性与感性认识的总和符号，品牌体验属于消费者，品牌利润属于经营者。

目前，越来越多的企业致力于创建强势品牌，虽然行业、地域、规模等不一样，但创建模型基本大同小异，各有侧重，5V模型为有效途径之一。

(1) 信念(verity)。有品才有牌，才可能成为大牌，每一个强势品牌都是以品格为基础，其背后都有价值观与信念的支撑。

(2) 构想(vision)。品牌的创建需要综合构想、精确定位、重点设计，展现出品牌的调性与气质。

(3) 表达(vocalize)。对于品牌来说，表达无所不在，也无微不至，传播是品牌表达的重要形式。

(4) 价值(value)。品牌的本质属性是价值，是为顾客创造价值的具体体现，价值主张与品牌资产，是品牌价值的另一种体现。

(5) 确认(validate)。一个强势品牌不仅需要得到顾客的认可，也需要得到全体员工的认可，唯有被员工、顾客及社会认可的品牌，才是真正有价值的品牌。

8.2 信念：品牌之魂

大多数强势品牌都有一个"灵魂"——品牌的基本价值观，这给品牌赋予了生命、个性和意义。

品牌的内涵不仅包括创意和战术级传播，而且包括建立品牌战略思维、关注深度品牌资产的建立，提升品牌溢价能力。在数字时代，品牌不是碎片化的曝光，不是点击，不是分享，而是长久以来在人们心中积累的形象和联想。一家企业的司训、经营理念、使命、愿景、价值观、形象和文化一同构建了其品牌。

8.2.1 强势品牌都有一个"灵魂"

大家熟知的可口可乐品牌，相比于产品创新，更热衷通过数字多媒体的方式，以年轻群体为目标，将自己融入主流文化之中。肯德基入驻天猫，邀请《奇葩说》辩手直播，都是品牌建设数字化的重要决策。实体企业面临越来越多的竞争，品牌建设方式从传统直线式广告向沉浸式数字多媒体广告转变，企业通过当代人们所喜爱的沟通和消费方式，提升了消费者的体验，增强了消费者的忠诚度。

在以人为本的时代，越来越多的品牌要打造人性化的一面，这需要品牌研究并发掘客户内心最深的需求和渴望，才能更好地满足这些需求和渴望。

人性化的品牌应该具有物质吸引力、智力性、社交性、情感吸引力、强烈的个性和高尚的道德。一个品牌如同一个人，包括4个方面：健全的身体、可独立思考和分析的思想、可感知情绪的心灵、可传达灵魂或世界观的精神。同样，一个企业也应该包括4个方面：企业组织、经营理念、企业愿景、品牌灵魂或企业精神。

当品牌营销开始关注消费者的精神层面时，营销者应当努力了解消费者的焦虑和期望，和消费者建立更深层次的关联。企业应当把消费者视为具有思想、心灵和精神的完整个体而不是猎物，对精神上的关联尤其不能忽视。

在营销3.0时代，营销应重新定义为由品牌、定位和差异化构成的等边三角形，要想完善这个三角形，必须引入3I概念，即品牌标志(brand identity)、品牌道德(brand integrity)和品牌形象(brand image)。在消费者水平化时代，品牌只强调定位是徒劳无益的。消费者或许会牢牢地记住某个品牌，但并不表明这是一个良好的品牌。对品牌的定位纯粹是一种主张，其作用仅仅是提醒消费者小心虚假品牌。

为了把义利合一、善行义举并入企业文化并保证言出必行，最好的方式莫过于把它们视为企业司训、经营理念、使命、愿景和价值观的一部分，企业领导必须把这些内容当作经营企业的最基本要素。

8.2.2　以企业的自我实现为最终目的

彼得·德鲁克曾指出，确立使命或许是企业应向非营利组织认真学习的第一课。他认为，成功的企业在制定发展规划时首先应考虑的并不是经济回报，而是企业的使命。企业确立了正确的使命之后，经济回报就会自然而然地产生。

创造力，是人类不同于地球上其他生物的根本原因，具有创造力的人可以创造自己的世界。创造性人群总是不断地改变自己和身边的世界，创造力可以通过人性、道德和精神得到展现。

随着创造性人群规模的日益增长，人类文明正在接近前所未有的巅峰。一个先进的创造性社会的重要特点在于，生活在这个社会中的人已经超越了对生存需求的基本满足，而是把自我价值实现作为人生的第一目标。这些人都是富有表达性和合作性的共同创造者，作为复杂的个体，他们以人类精神为信仰，听从内心深处的呼唤。

马斯洛认为人类需求有5个层次，这些层次从低到高分别是生理需求(生存性)、安全需求、社交需求、尊重需求(主体性)、自我实现需求(意义性)。他认为这些需求必须依次得到满足，即只有在较低层次的需求得到满足之后，较高层次的需求才会产生足够的动力。但是，左哈在其

《精神资本》中称，天才的马斯洛在临死前曾对自己的理论表示遗憾，认为这个金字塔模型应该颠倒过来才对，把自我实现需求(超越自我)作为人类最基本的需求。左哈说："缺乏超越及超个人的层面，我们会生病，会变得残暴、空虚或无望、冷漠。如果你不能解决问题，你就会成为问题。"

创造性人群是马斯洛需求倒金字塔理论的坚定拥护者，对他们来说，精神性的定义即"重视生活中非物质化的一面，相信永久性现实"，这个定义可以说和创造型社会高度相关。在现实生活中，很多科学家和艺术家都是这样，他们往往忽略了对物质需求的满足，一心追求自我价值的实现。他们追求的是金钱无法买到的东西，他们渴望的是人生的意义、快乐和精神实现，相比之下，物质方面的满足简直无关紧要，仅仅是心灵满足之余对自己的一个小小奖赏。

盖瑞·祖卡夫在其作品《灵魂之心》中指出，精神性需要正逐渐取代生存需要成为人类最重要的需求。诺贝尔经济学奖获得者罗伯特·威廉·福格尔同样指出，当今社会越来越重视的是精神需求的满足，而不是物质需求的满足。

人们在满足基本需要的同时，更希望能发现一种可以触及自己内心深处的体验和商业模式。也就是说，为消费者提供意义感将成为企业未来营销活动的价值主张，价值驱动型商业模式将成为营销的制胜之道，精神回报对消费者来说才是最重要的需求，能否提供这种回报将成为营销者之间的终极差异。

和创造性人群一样，企业也必须超越自己的物质目标，以企业的自我实现为最终目的。企业必须了解自己的本质，为什么从事这个行业，以及未来将何去何从，然后把这些问题的答案融入自己的企业司训、经营理念、使命、愿景和价值观。只有当企业努力为全人类的利益做出贡献时，消费者才会追随你，利润才会滚滚而来。

与品牌信念息息相关的是品牌构想与定位。

8.3 构想：精准定位，品牌设计走心

在数字时代，品牌不再是一个静止的符号，也不是一成不变的宣传，而需要整体的、沉浸式的体验。当社会发展逐渐在线化、数字化、智能化，企业数字化转型成为唯一的生存道路，建立合适的数字化品牌是新形势下企业一定要做的品牌战略升级与转型。

8.3.1 精准定位

为了让消费者买到产品，企业通常有两种方式：一是将产品放到渠道的货架上；二是让品牌占据消费者的心智。前者属于渠道建设，后者属于品牌建设；前者持续时间短暂，后者持续时间持久。

品牌定位是品牌建设的前提，品牌定位的本质是差异化：目标顾客的差异化、顾客价值的差异化、企业文化的差异化。数字化为顾客分析和品牌定位提供了强大的工具。

为了实现这种差异化，企业一般会给自己设计一个企业形象识别系统(corporate identity system，CIS)。企业形象设计指企业有意识、有计划地将本企业的各种特征向社会公众主动地展示与传播，使公众在市场环境中对某一个特定的企业有一个标准化、差别化的印象和认识，以便更好地识别并留下良好的印象。

企业形象识别一般分为三个方面，即企业的理念识别(mind identity，MI)、行为识别(behavior identity，BI)和视觉识别(visual identity，VI)。

企业理念是指企业在长期生产经营过程中所形成的企业共同认可和遵守的价值准则与文化观念，以及由企业价值准则和文化观念决定的企业经营方向、经营思想和经营战略目标，具体包括司训、经营理念、使命、愿景、价值观等。

企业行为识别是企业理念的行为表现，包括在理念指导下的企业员工对内和对外的各种行为，以及企业的各种生产经营行为。企业视觉识别是企业理念的视觉化，通过广告、标识、商标、品牌、产品包装、企业内部环境和厂容厂貌等媒介及方式向大众表现、传达企业理念。企业形象识别的核心目的是通过行为识别和视觉识别传达企业理念，树立企业形象。

8.3.2　价值驱动的品牌设计思维

在数字时代，数字化为品牌带来了根本上的变化。传统意义上的品牌是通过产品和广告单线连接消费者，而数字化品牌以消费者为中心，强调生活场景，追求价值观的共鸣。在这样的环境下，品牌的设计与建设也面临着前所未有的挑战和机遇。

品牌设计正在经历一个大转型：早年的品牌设计通过视觉、听觉、触觉、行为等创建和识别，品牌信息通过产品和广告这一单一通道传达给消费者。而现在的"90后""00后"消费者在数字时代长大，他们有大量个性化、社交化需求，比如欧舒丹卖得最好的产品是鹿晗在真人秀中推荐的产品。消费者的数字化行为时刻推动着品牌的数字化建设，品牌的定位更多地取决于用户对品牌的多渠道感知和体验。

新经济、新媒体时代的品牌设计，品牌的标志仍然起着举足轻重的核心作用，它可以通过一个抽象、简洁的视觉语言来代表一个公司或产品。而企业视觉识别系统是通过一系列视觉呈现来展现企业形象，但它们仍然无法代表品牌的全部价值。

如今，产品成为品牌和消费者相连接的最重要纽带。人们所购买的产品不再仅仅是实体产品本身或者产品的某项功能，而是接触产品不同的触点产生的场景，以及围绕产品发生的各种社会关系及产生的情感，并且达到一定的共鸣，进而形成社群的共享体验。

很多品牌在数字化转型中不断突破自己，从定位分析到产品研发，再到推广的时间大幅度缩短；产品也从实体逐步过渡到部分甚至全部数字化；媒介在变化，消费者接触品牌的维度越来越多，从线上到线下，从服务到活动，一篇文章，甚至一个朋友圈广告都可以使消费者接触到品牌……

大多数企业会遇到一个挑战：如何将品牌策略落地。企业可能做了一个非常好的策略，但是真正落实到品牌形象和产品设计等方面，如何通过统一的形象将品牌策略贯穿始终就成为一个问题。而接下来又需要通过广告或品牌设计公司来实现这一过程，策略是否能实现呢？挑战很大，因为企业可能不知道自己需要的设计起源于什么。

数字化产品不再是冷冰冰的，而是可以长期陪伴、体验且需要不断迭代、更新的存在。用户虽然可以通过多场景、多触点使用产品并接触品牌，但碎片化的时间非常短暂，如何快速、高效地传递品牌信息就变得至关重要。

品牌设计思维包含 3 层含义：一是差异化价值；二是同步驱动；三是最大感知。

(1) 品牌设计是对差异化业务、资源、能力的形象化过程，是为达到商业目标而进行的用户传达。以链家为例，链家的差异化价值体现在值得信赖的业务员和真实拍摄的房源等方面，这些差异化的价值和能力被成功地体现在产品层面。这一过程可以被形象地比喻成翻译，就是能让用户走进链家，在享受服务和体验产品时，随时能感受到信赖和真实。

(2) 品牌与产品密不可分，定位、产品、品牌需同步进行。从产品的角度做品牌，从品牌的角度影响产品。企业的品牌理念需要迅速通过具象化的设计手段传递给用户，而理念与设计、产品与品牌也要快速互相验证。比如，摩拜单车从先期产品的设计思路里提炼出靠谱、智能、自行车、与手机互联等品牌理念，将其应用到品牌的形象特征中，之后又将这些形象特征形成规范去影响数字化产品的设计。

(3) 品牌需要被不同维度的触点所承接，并基于产品的不同场景找到品牌最优维度。由于数字化产品与品牌的同步进行大大缩短了两者的设计时间，这就需要考验设计师是否能抓住最重要的绝对触点，并将用户对其的感知最大化。

8.4 价值：三生万物

随着人工智能、大数据、云原生、物联网等技术热潮不断崛起，数据资源得到深度挖掘和应用，新的机会正在不断被发现和创造。对于传统企业而言，如果不进行数字化转型，不能重塑品牌价值并丰富品牌形象，企业就会面临巨大风险，随时都可能被淘汰。企业必须大规模开发消费者利益，打造数字化品牌，它将为消费者带来比现实世界中的竞争品牌更多的实际利益。

品牌的核心价值包括 3 个层次：功能价值、情感价值、自我表达价值，如图 8-1 所示。

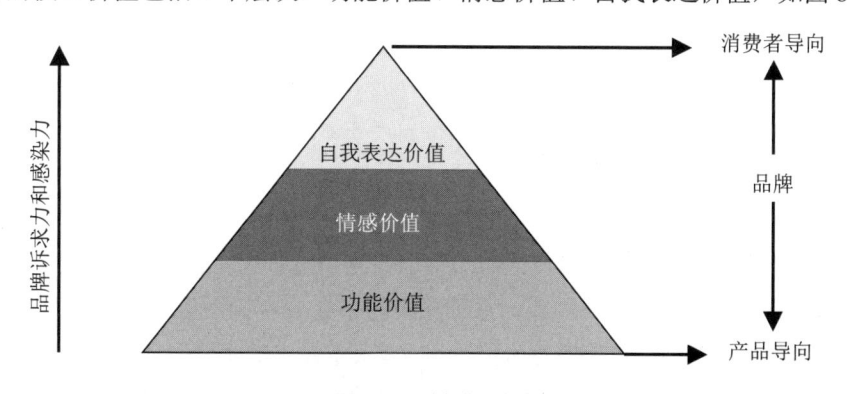

图8-1 品牌的核心价值

8.4.1 功能价值

在品牌价值主张中，最明显、最普遍的是功能价值。功能价值与产品或服务为顾客提供的功能直接相关。例如，激光打印机的功能价值可能是速度、分辨率、质量、纸张容量或短暂的停机时间；吉利汽车的功能价值是安全性能出众，性价比高；五谷道场的功能价值是非油炸速食面，适合作为营养早餐或快餐；比亚迪汽车的功能价值是电动车续航能力强；红旗连锁便利店的功能价值是提供 24 小时便利购物体验，满足居民随时随地的购物需求；王老吉凉茶的功能价值是清凉解渴，同时具有降火功效，口味独特。

功能价值与消费者决策和使用体验直接相关。如果一个品牌能够拥有一项关键的功能价值，它就能主宰整个产品类别。例如，王老吉凭借其独特的凉茶配方，以及"怕上火，喝王老吉"的防上火承诺，在中国饮料市场占据领先地位多年，使得其竞争对手多集中在其他次要的功能维度上进行定位，比如强调口感清爽、提神醒脑或是补充维生素等。因此，品牌面临的挑战往往是选择一项功能价值，使其打动消费者，支持比竞争者更强的品牌定位，这项任务不仅涉及创造一项产品或服务，更涉及向顾客传达这种能力。

功能价值的局限是常常做不到差异化，容易被模仿。假设决策者是理性的，则可能会减少战略灵活性，妨碍品牌延伸。克服这些局限的方式之一就是把品牌识别的视角扩展到产品属性之外，把品牌当作组织、个人和符号进行考虑。还可以通过扩展价值主张的范围克服这些局限。

8.4.2 情感价值

如果购买或使用某品牌能够让顾客产生一种积极的情绪，这一品牌就提供了情感价值。最强势的品牌识别通常都包括情感价值。例如，顾客可以体验到以下情感：比亚迪的超强续航能力带来的可靠感，华为的高科技含量带来的自豪感等。

依云(Evian)只不过是水而已，并没有足够吸引人的功能价值。而在依云的广告中，品牌被赋予了巨大的情感价值，通过"又一天，又一次感受健康的机会"的广告语和视觉形象，依云不仅把自己与成功(该品牌常用的使用场景)联系起来，而且把自己与成功带来的满足感联系起来。

情感价值丰富并加深了品牌拥有与使用时的体验。例如，阳光少女(SunMaid)激发顾客的回忆，它的红色包装让很多使用者想起了在厨房里帮助妈妈做饭的快乐时光(对那些希望自己曾经有过这种体验的人来说，则是理想的童年)，这样就产生了独特的使用体验，它包含着情感，最后塑造了一个强大的品牌。

要探究什么是情感价值，何种情感价值可以与一个品牌相关联，则研究的重点需要聚焦到情感方面。当顾客购买或使用品牌时，他们的感觉如何？当功能价值实现时，会产生什么样的情感？大多数功能价值都会引发一种或一系列相应的感觉。

强势的品牌既有功能价值也有情感价值。一项有关洗发水的实验研究表明，给功能价值(头发浓密、有光泽)增加情感价值(看上去很棒)会提高吸引力。后续的一项研究发现，47 个包含情感价值的广告比 121 个只诉求功能价值的广告在有效性方面的得分高很多(使用标准化广告实验室程序)。

8.4.3 自我表达价值

著名消费者行为专家罗素·贝克曾写道:"我们就是我们所拥有的事物,这可能是消费行为中最基本、最有力的事实。"贝克的意思是,品牌和产品能够成为一个人自我概念的表达符号,因为品牌给人们提供了传播自我形象的方式,所以具有了自我表达价值。

当然,每个人都扮演着多种角色,就像一个女人可能是妻子、母亲、作家、网球运动员、音乐发烧友和徒步旅行者。对于每个角色,这个人都会拥有相关的自我概念,也需要表达这种自我概念,购买、使用品牌就是满足这种自我表达需求的一种方式。比如,一个人可能把自己定义为以下任何一种形象:通过拥有金鸡滑雪板显示富有冒险精神和勇敢个性;通过购买 GAP 品牌的衣服而显得时尚;通过使用拉尔夫·劳伦香水而显示深沉;通过驾驶林肯轿车显示成功和权力显赫;通过在凯马特购物显示节俭和谦逊;通过使用微软办公软件显得能力十足;通过为孩子提供桂格麦片展示细心照料孩子的父母形象。

当一个品牌提供了自我表达利益,品牌与消费者的关系就更易于得到提升。例如,如果你思考使用玉兰油(它让消费者感到自己优雅、成熟、神秘,从而提升自我概念)与使用凡士林有什么不同,会发现后者没有提供自我表达价值。

情感价值与自我表达价值的关系有时非常密切,比如穿着李维斯牛仔裤产生的有力量的感觉,与通过它们来表达自己健康、强壮的一面仅有细微的差别,但是两种角度的差别非常重要。又如通过驾驶林肯轿车来证明成功是有意义的,而感觉自己很重要的这一情感过于微弱,不值一提。因此,单独考虑自我表达价值很有必要。

总体来看,相对于情感价值,自我表达价值应将重点放在以下几个方面。

(1) 自我而非情感。公共背景和产品(如葡萄酒与轿车)而非私人背景或产品(如书籍和电视片);抱负与未来而非对过去的回忆;持久的(与个人性格相关的事物)而非短暂的。

(2) 使用产品的行为本身(穿着围裙强调自己是一名优秀的厨师)而非使用产品的结果(展示精心准备的大餐时感到骄傲和满足)。

瑞幸咖啡的数字化品牌营销特别积极——消费者在哪儿,瑞幸咖啡就在哪儿。瑞幸咖啡归根结底是用户思维的进化,是需求端本身对效率和信用的认知变革使然。人是被社交网络域定、被手机等智能设备赋能、被芯片植入和异化的人——我们存在于微信朋友圈,也存在于微博;存在于知乎,也存在于抖音;存在于淘宝,也存在于拼多多——新的个体在崛起,每个个体都是社群。超级个体正是社群的本质。而企业对待用户的方式,决定了企业与品牌的生命力和未来。

无论是数字化技术创新还是饮品设计,最终都要归结到用户心智的争夺。全面数字化带来的不仅是零售新物种,更是新的生活习惯与生活意识。数字化的更新能力在于润物细无声,进化和迭代悄悄发生——习惯在瑞幸 APP 下单一杯 30 分钟必达的咖啡,习惯在盒马鲜生上购买半小时三千米配送的生鲜净菜，习惯使用无人货架以规避社交恐惧症带来的紧张，习惯在抖音、bilibili 等网站上找到气味相投的社群，飞速扩张的数字世界既颠覆生活，也贡献宅与效率，输出智能与亚文化。

短短的一年间，围绕用户体验，瑞幸不仅对自身存量用户，基于年龄、性别、所在城市级别、兴趣爱好、品牌流转等细分维度进行深度画像与分析，进行朋友圈、分众的精准投放，还在用户体验端设计了更多优化方案。自提与外卖的结合，提前下单无现金的方便性，组合套餐优惠力度，社交裂变的分享机制，IP 联名的参与感……瑞幸充分融通线上线下，以全时、多触点地连接用户，并满足用户个性化的场景需求和全时购买行为。借助"数据模型、流量池、体验场景"三大策略，挖掘咖啡人群全渠道全生命周期价值，实现对用户的"无限场景"触达、多元化互动，打造个性化体验。从用户识别到消费行为的数据打通，用户与咖啡(轻食)真正匹配，4000 多家门店和员工管理智能化，以用户价值为依归，与用户为友，瑞幸的体验法则为浓墨重彩的新零售逻辑画上了最值得重视的数字化点睛之笔。

在品牌塑造过程中，重要的不是品牌有什么样的核心价值，而是消费者认为品牌有什么样的核心价值。

8.5 识别：四轮驱动筑品牌

品牌识别为品牌提供了发展方向、目标和存在的意义，是品牌战略远景的核心内容，而且驱动着品牌联想，品牌联想是品牌资产的 4 个主要维度之一。雀巢使用"品牌宪法"(brand constitution)一词显示品牌识别的重要性和对品牌的尊崇。

品牌识别是品牌战略制定者渴望创造并保持的一系列独特联想，这些联想意味着品牌代表的事物，表达了组织成员对消费者的承诺。

品牌识别由 4 个方面、12 个因素组成，分别是作为产品的品牌(产品范围、产品属性、质量或价值、用途、使用者、来源国)、作为组织的品牌(组织属性、本地还是全球)、作为个体的品牌(品牌个性、品牌与顾客的关系)，以及作为符号的品牌(视觉形象或符号、品牌传统)。

品牌识别结构包括核心形象和延伸形象。核心形象处于品牌中心，是永恒不变的精髓，品牌进入新市场，推出新产品，其核心形象仍会保持不变。延伸形象包括品牌识别元素，它们组成互相联系、富有意义的集合，体现为一定的特征，实现一定的竞争力。

为了确保品牌识别有内涵、有深度，企业应当从 4 个视角考虑品牌：产品、组织、个人、符号。每个视角都大不相同，它们的目标是帮助战略制定者思考不同的品牌元素和模式，从而使品牌识别清晰、品牌内涵丰富并具有独特性。并不是每个品牌识别的形成都需要应用所有视角或其中的部分视角，对有些品牌而言，只有一个视角是可行或合适的。但每个品牌都应该考虑到所有视角，并将那些有助于在消费者心目中清楚表达品牌识别的视角应用于实际。

8.5.1 作为产品的品牌

尽管战略制定者应该避开产品属性固有"陷阱",但是与产品相关的联想却几乎总是品牌识别的一个重要部分,因为这些联想与品牌选择决策和使用体验有着直接联系。与产品相关的联想包括:①与产品类别相关的联想;②产品的相关属性;③质量或价值;④使用场景的联想;⑤使用者联想;⑥与国家或地区相关的联想等。

8.5.2 作为组织的品牌

从组织的视角来看待,品牌应更多地聚焦组织的属性,而不是产品或者服务的属性。例如,创新、对质量的追求、对环境的关注等组织属性是由雇员、文化、价值观和企业计划创造的。土星汽车品牌就是此类形象的绝佳例子,它把土星价值观(建造世界一流的经济型轿车)、规划(包括零售商体系)和雇员(很明显认同该价值观的群体)有机地结合在一起。

在一些情况下,品牌的某些方面可以被看作产品属性,而在其他情况下又可以被看作组织属性。例如,质量或创新如果是基于某一特定产品的设计或者特点,就是与产品相关的属性;如果是基于组织文化、价值观和规划(并因此超越了特定产品模型的语境),那就是与组织相关的属性。在某些情况下,两种视角兼而有之。

与产品属性相比,组织属性更持久,对竞争性宣言的抵抗力更强。第一,仿制一个产品要比复制一个具有独特雇员、价值观和规划的组织容易得多;第二,组织属性可以应用于一系列的产品类别,而来自单一产品类别的竞争者很难与之抗衡;第三,组织的创新能力等属性很难评价和传播,竞争者也很难证明他们已经跨越了任何一个感知的沟壑。例如,要表明自己的打印机的打印速度比竞争者的打印速度快相对容易,而表明自己的组织更有创新能力比较困难。

组织属性有助于价值主张。以消费者为中心、关注环境、追求技术或本土化等联想能够引发钦佩、尊重或是喜欢,继而形成情感或者自我表达的利益。它们可以为子品牌的产品宣言增加可信度,正如3M的创新形象毫无疑问地促进了3M易事贴产品的销售。

8.5.3 作为个体的品牌

从人的视角看待品牌,它比建立在产品属性之上的品牌识别更丰富、更有趣。一个品牌就像一个人,可以被认为是高层次的、有能力的、令人印象深刻的、值得信赖的、有趣的、积极的、幽默的、休闲的、正式的、年轻的或是聪明的。

品牌个性可以通过多种途径使得品牌更具知名度。

(1) 它有助于创造自我表达价值,为顾客提供表达个性的工具。以华为为例,其用户可能会视自己为追求高效、崇尚科技自主、不失生活品质的人群。他们选择华为,不仅是因为其卓越的性能和创新能力,更因为它代表了对国产技术的自豪与支持,以及对个性化和独特生活态度的彰显。这样的品牌成为了他们表达自我、区别于传统保守、追求与众不同生活方式的工具。

通过这样的例子，我们可以看到国产品牌如何在满足消费者基本需求的同时，也促进了用户的自我认同和个性表达。

(2) 正如人的个性会影响人际关系，品牌个性也奠定了顾客与品牌之间关系的基础。例如，土星汽车公司与顾客的友好关系促进了其品牌识别和规划的执行；戴尔电脑可能是帮助解决棘手问题的专家；李维斯是健康的户外同伴；梅赛德斯-奔驰是高层次、受人敬仰的人；完美文书是能力十足、拥有爱心的专家；贺曼是一位热情的、情绪化的亲人。

(3) 品牌个性还有助于传递产品属性，从而有助于表达功能价值。例如，米其林品牌塑造出工人坚强、精干的形象，暗示着米其林轮胎很牢固、弹力十足。

8.5.4 作为符号的品牌

一个强有力的符号可以帮助品牌识别获得凝聚力，并使品牌更容易得到认可和回忆。符号的出现是品牌发展的关键因素，而它的缺位将是一个巨大的障碍。将符号提升到品牌识别的地位，就反映了其潜在的能量。

任何代表品牌的事物都可以成为符号，包括麦当劳的金色拱门、土星汽车不讨价还价的定价策略。

与视觉形象相关的符号容易记忆、力量强大，例如泛美的金字塔、麦当劳的金色拱门、柯达的黄色、可口可乐的经典易拉罐或瓶子、梅赛德斯-奔驰的标志以及桂格的燕麦人。以上每个具有强大视觉冲击力的视觉形象都能体现各自品牌识别的实质，因为该符号与品牌识别元素之间的联系由来已久，只需一瞥，品牌就会进入脑海。

如果符号设计中使用了比喻，其中的符号或符号特征能够代表某种功能、情感或自我表达价值，它们将更加富有意义。例如，英国保诚集团的岩石象征力量；好事达的"善良之手"标志象征可靠、贴心的服务；品食乐小面团柔软的肚皮代表新鲜；迈克尔·乔丹的弹跳能力代表耐克的性能；劲量的兔宝宝形象代表电池的长寿命。

品牌识别由核心识别和延伸识别组成，而且识别元素通常围绕核心识别元素形成持久的价值体现。因此，理解核心识别、延伸识别及价值体现非常重要。

盒马鲜生的整个门店完全按全渠道经营的理念来设计，实现了线上和线下的全渠道整合，不到半年，每天的线上订单数就达到 4000 张，已经超过线下订单。盒马鲜生的每件商品都有电子标签，顾客可通过 App 扫码获取商品信息并在线上下单，无须设计传统门店中复杂的动线。

盒马鲜生的物流仓储作业前置到门店，和门店共享库存和物流基础设施，店内部署了自动化物流设备进行自动分拣，效率很高，基本能达到 5 公里内 29 分半钟送达的及时配送承诺。

体验为王，盒马鲜生门店内设餐厅，同时顾客在店内选购了海鲜等食材之后还可以即买即烹，门店会提供厨房给消费者使用。这种经营模式深受消费者欢迎，提升了到店客流的转化率和线下体验，也带动了整个客流的高速增长。

为了能让顾客更快、更准确地识别品牌，企业需要确立自己的表达与传播方式。

8.6　表达：传情播爱话传播

互联网技术的全面应用深深影响着人们的工作和生活，带来了生产协同、渠道融合、产品社交化、服务实时化、场景在线化、用户个性化、数据智能化、品牌数字化……

传统企业的经营者不能成功建立数字化品牌的原因之一是自己的偏见，他们往往倾向于低估网上商机的价值，相当多的传统企业只是把互联网视为一个用于销售或促进销售传统产品的渠道，而没有意识到互联网是一个具有独特性能和需求的新媒体——超级影响者，这种传统观念导致决策者们低估了传播为数字化品牌带来的商机。

传播是品牌的表达方式。所谓传播，就是传情播爱。如果传递的真情、热情能抵达受众的心里，那么，信任与爱的种子就会在受众的心田生根发芽，开花结果。

传播内容要走心、入心，形式要让人耳目一新，这样才能直指人心。传播方式要借势、借力，充分利用现代互联网、物联网等各种工具。

"登高而招，臂非加长也，而见者远；顺风而呼，声非加疾也，而闻者彰。"社会经济与科学技术的发展带来市场竞争环境的变化，产品、价格已远不是市场竞争的全部。品牌作为企业的无形资产已逐渐成为一股新兴力量，不仅占据市场，而且占据消费者心智，从而形成"溢价"能力，成为一种突出的市场竞争力。

品牌传播是指将某种产品或者服务的形象通过一系列特定手段刻入消费者心中。

目标消费者对产品会有一定的需求，在此需求的基础上，企业通过各种传播策略来展现产品的独特价值，从较高层面提升企业的形象与知名度，从而促进消费者对企业的品牌价值形成良好认知。其中的关键在于为品牌找到具有独特差异性且能打动消费者的核心价值，让消费者对品牌的个性和利益点有明确的认知，这是打造品牌竞争力的主要方法。

品牌传播是在塑造品牌个性的基础上，构建完整的全媒体多平台传播生态，基于目标用户建立一系列媒体策略、广告与公关活动等，打造品牌良好的口碑形象，并在消费者心中建立个性鲜明的品牌联想，从而不断推动品牌资产的增值。

例如，宝马的品牌传播策略始终坚持突出宝马汽车优秀的操控性能、客户出色的操控体验，以及愉悦的驾乘情感体验。

宝马的品牌传播主题包含但不限于下列内容：可驾驭的动力、驾驭脱缰野马般的激情和优越感、完美融合的感受、充满内在力量和激情的轿车等。

宝马汽车宣传文稿范例：

- 宝马是超级驾驶机器。充满男子汉气概，没有丝毫的笨重和古板，驾驶宝马赋予驾驶者以控制感和力量感。
- 宝马的内涵是秩序与和谐。它是精密、准确的汽车，它光亮的车身下蕴藏着无限动力，待命而发。
- 能够拥有宝马是对车主成功地位的肯定，因为并非人人都可以享受这份荣耀。这一点从来不会公开宣扬，但宝马车主都知道这一点。

以太网发明人罗伯特·梅特卡夫总结了梅特卡夫定律，即在一对一传播的情况下，一个有 n 名成员的网络，其效用为 n^2。但是这条定律低估了成员关系为一对多或多对多时产生的网络效用，换句话说，就是低估了消费者同时与多个消费者进行对话时的影响力。幸好，里德定律对此进行了修正，在多对多传播的情况下，一个有 n 名成员的网络，其效用为 2^n，该定律经常用来说明数字化媒体中的一些现象。这样一来，在网络成员数量大于 5 的情况下，多对多传播所产生的网络效用永远大于一对一传播。这道简单的数学题清晰地揭示了消费者增权这一重要概念。

传播是一种互动，即与他人发生关联，这也是数字营销传播的特征体现。基于数字技术的进步，绝大部分数字媒体都具有互动的功能，使消费者能够拥有双向或多向的信息传播渠道。在这里，"互动"与传统传播模式中的"反馈"有一定的差别，它是存在于信息传播者与受众之间的一种信息传播特性，传播者通过媒介完成信息的传达后，受众不仅用信息反馈的方式做出回应，更是在此基础上完成与传播者之间的信息交流。

传播模式由直线模式转变为循环互动模式，使创意、营销与传播协同一体化。消费者在拥有更多权利的情况下，可以完成从信息的搜集、参与互动到购买、反馈的一系列行为。武汉大学新闻与传播学院姚曦教授将数字营销的互动形式分为三种：人际互动，即数字媒介作为界面两端人与人之间的交流中介；人机互动，即消费者与日益智能化的电脑、手机等媒介进行信息交换；人与信息互动，即消费者与数字终端的内容进行互动，进行信息的生产与传播活动。

企业需要利用客户的好奇心，随时准备好客户所需的内容，让这些内容可搜索、易分享。谷歌提出"即刻知道真相"（ZMOT），指客户搜索并加工信息，为购买做准备。ZMOT 领先于品牌第一次接触的"真相第一刻"。谷歌的研究揭示了 ZMOT 的两大来源分别是"线上搜索"和"对话亲友"。

小米公司的成功之道就在于"米粉"的力量。"相信米粉、依靠米粉，从米粉中来，到米粉中去"，雷军对于小米商业模式的解读即用户与企业、品牌的共创，推动用户参与小米产品的完善和品牌建设，与用户共同创造一个软硬件与互联网合力共赢的公司。

作为白酒行业黑马的江小白，在品牌营销传播过程中有一个很重要的特征：品牌众筹，将由企业来完成的品牌事务交给用户完成。以江小白语录瓶为例，江小白将其命名为表达瓶，以"我有一瓶酒，有话对你说"作为宣传口号，鼓励用户创作文案。用户可以通过扫描瓶身二维码或者在江小白微博、微信公众号、官网上点击链接、上传照片和选择背景，撰写文案，被选中的文案可以作为江小白的正式语录，批量生产并在全国同步上市，由此实现真正的私人定制。此时，用户已经从一个单纯的消费者转换成了生产者，并且随着文案的产生，大部分用户都会在社交媒体进行转发和传播，在某种程度上降低了企业的营销成本。而将用户的产出产品化也在某种程度上实现了用户和品牌的互动，同时又让产品变成一种流量入口，吸引更多用户的关注。

品牌表达旨在彰显品牌价值，并得到顾客确认。

8.7 确认：升级品牌资产

跳出创意和战术级传播思维，真正建立品牌战略思维，关注深度品牌资产的建立，提升品牌溢价，解决企业痛点，这是品牌的核心价值所在。

品牌是一项战略资产，对长期业绩起着关键作用，因此需要进行长期管理，品牌资产结构包括4个维度：品牌知名度、感知质量、品牌忠诚和联想。

数字时代，品牌不是曝光，不是点击，不是分享，而是长久以来在人心中积累的形象和联想。只有回归对品牌最本质和最基础的理解，才能够参透企业所在行业的深远意义，才能够明白"品牌资产"不是"一日说，一时做"，而是"说是一句话，做是万般心"。

8.7.1 使命：世界一流的产品

2020年5月，阿里巴巴集团天猫品牌营销中心联合波士顿咨询公司共同发布《数字营销3.0 DeEP品牌心智增长方法论》，首推品牌资产评估体系——DeEP模型。该模型充分结合了波士顿咨询公司的行业经验和阿里巴巴的生态资源，为品牌提供一套实时、快速、"品""效"结合、可跨触点衡量品牌效果的评估体系，为品牌占据用户心智提供全面的数字化解决方案，建立数字化品牌资产。

阿里巴巴集团表示："我们发布DeEP品牌资产体系是为了让品牌更加清晰地看到数字运营过程中的方向、程度、效果和潜力。这个体系强调消费者和品牌的关系深度，可以提供数字化的品牌诊断，匹配驱动品牌资产增长的人、货、场策略，让品牌的数字化运营做得更加科学、透明。"

让我们看看土星汽车是怎么做的。1985年1月7日，通用汽车董事长罗杰·史密斯宣布成立土星公司，他将此举称为"通用汽车作为国内生产商拥有长期竞争力、生存和成功的关键一步"。土星项目诞生之日，正好是美国制造商缺乏世界一流汽车生产能力的时候，而通用汽车本身也有过几次无果的尝试。

从一开始，土星背后的动力就是制造一款世界一流、能够与当时的日本进口汽车(如本田思域和丰田花冠)相媲美甚至更胜一筹的小型轿车。这种汽车需要在可靠性、安全性、感觉、外观和整体优势等方面满足用户对顶尖进口汽车的期望，这一质量使命正是土星企业文化和品牌形象的一个决定性因素。

人们通常会错误地认为，品牌的建立可以单纯地通过广告来实现，而无须提供承载产品质量和价值的产品或服务，简而言之，品牌形象仅仅是个广告问题。但事实上，产品本身才是品牌形象的决定因素。

说起土星对质量的重视，有一个众所周知的例子，就是土星公司保证退款的承诺。在购车后的30天内，或里程在2400公里以内，无论是哪种情况，购车者均可以无条件全额退款，或更换汽车，这一规定使顾客可以放心地购车。同时，土星公司做出了对劣质轿车巨额经济赔偿的承诺，这也说明土星品牌对产品质量的自信。

8.7.2 团队精神：一家与众不同的公司

通用汽车有一个基本假设：在通用汽车公司现有的组织结构框架内，根本生产不出世界级水准的小型轿车，也无法创建一个牢不可破的质量理念。因此，一个新的公司成立了，它有权生产一种全新的产品，而且可以创建一种全新的组织结构，而无须受到全美汽车工人联合会(UAW)合同的种种限制，也完全摆脱了通用汽车管理层与劳工之间由来已久的对立关系，没有当前品牌家族带来的种种局限，也无须承袭现有的经营方式。土星汽车的员工打破了他们与通用汽车的原有关系，在田纳西州的斯普林西尔镇建立了一个"绿地"生产基地。

共同的团队目标渗透整个公司内部，目标与奖励也都建立在团队和组织目标的基础上，使整个企业具有强大的力量。例如，将负责制造的员工20%的薪酬与工厂的生产能力和产品质量挂钩。

8.7.3 通过推销公司而非产品建立感知

仅仅靠生产世界一流的汽车还不足以建立强大的品牌，顾客感知才是建立品牌的决定性因素。

以汽车为例，最显而易见的方法，基本上也是所有汽车制造商都使用的方法，就是直接告诉消费者这款轿车为什么这么好，可以使用"对完美品质的不懈追求"或"上至车顶、下至引擎盖，都做过良好的调整"之类的广告词，还可以着眼于细节：安全功能、外部设计和抛光、省油、加速表现、舒适度、汽车杂志的认可、灵活快捷的操作等。如果将焦点集中在汽车本身，辅以连续不断的逻辑和令人目不暇接的事实来加强劝说购买的力度，那么土星可以描述的细节无疑更多。但是，那种以产品为导向的逻辑性说服方法几乎注定要失败，因为其他品牌已经采用过。多年来，福特的口号一直是"质量是第一要务"，本田似乎拥有不错的顾客满意度指数。土星遵循这些方法制作出来的广告肯定会给人一种雷同之感，因而难以引起人们的注意，更不能取得人们的信任。而且，由于质量诉求的类似性，顾客对汽车特性的关注将导致价格成为购买与否的决定因素。

要解决这一难题，就要推广这个公司，包括公司的价值观、企业文化、公司员工及顾客，而不是推广公司生产的汽车。

在土星汽车早期的广告中，土星的员工是有着不同个性的人，他们对产品质量和团队协作有着深厚的感情。例如，某些广告中，工人描述了汽车在他们孩童时代的意义；另一则广告则反映了转向新领域和创建新公司需要做出的牺牲与承担的风险；有的广告则描绘了工人看到第一辆土星汽车下线时的自豪感。

在早期的广告中，土星向未来用户表明：土星及其员工绝不会设计、制造或出售非世界一流的轿车，原因很简单——土星品牌是出类拔萃的。毋庸置疑，广告的可信度转化成了隐含的产品诉求。相反，大多数产品导向类汽车广告的主要问题就是由于自相矛盾的吹嘘带来的信任鸿沟，因为这些吹嘘根本不是事实。因此，顾客必然会认为一些广告是虚假的，至少是夸大事实的，这种看法对所有广告都产生了负面影响。但是，土星品牌选择了一条与众不同的途径，这种做法使之轻松地从众多的汽车广告中脱颖而出。

8.7.4 建立与顾客的关系

在建立品牌识别时，大多数品牌特别是轿车品牌都将重点放在安全性、经济性、操作方便和驾驶舒适度等属性上，这种定位策略通常都比较容易被模仿和超越，因此难以打造较高的品牌忠诚度。强势品牌通常能够超越产品属性，将品牌识别建立在品牌个性和客户关系上。

除质量至上和团队导向外，客户关系模式也是公司文化的决定因素和根本特点。

海尔兄弟作为海尔集团的品牌形象，展现了品牌人格化的成功。海尔兄弟以两个可爱的卡通形象出现，他们聪明、勇敢、善良，充满了正义感和冒险精神。通过海尔兄弟的形象和故事，海尔集团向消费者传递了其品牌的核心价值和理念，如创新、品质、服务等。这种人格化的品牌形象不仅让海尔集团在消费者心中树立了良好的品牌形象，还增强了消费者对品牌的信任和忠诚度。将海尔比作两兄弟的做法，有助于更深刻、更清晰地理解该品牌与顾客的关系。

8.7.5 零售商战略

汽车用户已经习惯了进入展厅后就立即被迎面而来的销售员包围，销售员会不厌其烦地劝顾客现场试驾，试驾还没结束，就又迫不及待地要求顾客购车。最典型的说辞是："如果我只收你××××元，你今天会买吗？"访谈小组、经销商团队以及简单的思维逻辑明确无误地表明，顾客非常反感这样的销售模式。

因此，土星决定选择一种全新的销售模式。当顾客进入汽车展厅以后，不会有销售员簇拥而来。在土星的汽车展厅内，那些有固定薪水的销售顾问只是在大厅内自由走动，随时为前来参观的顾客提供答疑服务。这些销售顾问经过良好的培训，不仅能回答顾客的问题，还能详尽地解释轿车和公司的设计理念，并对产品的特色了如指掌。更为重要的是，讨价还价的行为是绝对禁止的。零售价格能让零售商获得一个理想的利润率，无论顾客是否购买，零售价格都不会有任何浮动。土星的月薪制销售顾问的低压力工作系统是基于整个组织的。销售系统的主要构成要素包括来自非汽车行业的销售顾问、根据客户满意度而非个人销售业绩而定的薪酬激励机制、以尊重和关怀客户为核心的企业文化，以及与其他部门之间的结构性联系。相反，在福特、雪佛兰和丰田，整个组织的目标就是通过销售系统来销售汽车。一个企业如果仅仅是单纯地模仿土星销售系统，而不对组织结构进行改进，肯定难以成功，改变组织结构是一个企业最难实现的事情。

在支持土星品牌形象方面，土星零售商担任品牌建设者，为品牌建设发挥了关键作用。他们不仅使消费者获得了身心愉悦的购物体验，避免了以往那种紧张、有压力、有胁迫感的购车体验，同时还明显地传递了土星公司不只是汽车生产商和销售商的事实。

8.7.6 与众不同的公司

品牌标语(又称品牌口号或广告语)可以表达一个品牌的精髓，成为品牌资产的重要组成部分。如果一个品牌具有多重内涵，那么广告语就像一条漂亮的丝带，能为品牌增添特别的色彩。好的品牌标语能清晰地确立品牌在竞争中的定位，并体现品牌战略的活力，它既是对员工的激励，也是对顾客的宣传，不仅明确了公司的价值观和企业文化，而且还为组织和传递特定的品牌特征与品牌活力提供了有力支撑，否则，这些特征和活动只能是支离破碎、面目全非的片段。"与众不同的公司，与众不同的汽车"这个标语具备同样的功能，成为土星品牌资产的重要组成部分，它表明土星汽车与其他汽车品牌的不同。在美国，土星汽车是能与进口日本汽车相媲美的世界一流产品。"与众不同的公司"的定位体现了土星在公司经营和客户关系方面的独特方式。然而，汽车的与众不同是与独特的公司密不可分的，前一句标语为后一句标语提供了依据。如果土星直接宣称自己的汽车是世界一流的汽车，那么它很可能难以实现预期的顾客感知。

经过一系列的经营创新、顾客确认，土星作为通用汽车挑战本田、丰田和日产等品牌的有力武器，取得了空前的成功。调查结果显示，70%以上的土星用户原本不打算购买通用汽车，超过一半的土星用户原本是日本汽车的用户。

土星的成功来自多方面，但大道至简，诚如其首席执行官理查德•斯基普•勒夫所言："土星不只是一辆汽车，它是一种理念，是一种全新的做事方式，与顾客、与别人合作的方式。它不只是一场产品的革命，还是一场文化的革命。"

以上以土星为例阐述了品牌价值的形成策略，不同的企业往往有不同的品牌策略。

8.8 策略：千里走单骑，还是抱团打天下

品牌策略主要包括单一品牌策略、多品牌策略、复合品牌策略、副品牌策略、品牌延伸策略等。

8.8.1 单一品牌策略

单一品牌策略是指企业生产或经营的所有产品都使用同一个品牌的战略。单一品牌策略多是企业实施品牌延伸策略的结果，即企业以某一产品或服务为载体创造出品牌后，再将既有的品牌延伸到开发、生产或收购、兼并的其他产品上。许多企业实施单一品牌战略都获得了成功。

(1) 实施单一品牌策略的条件。①企业的各种产品要有密切的关联性；②企业的各种产品要有大致相同的水平；③企业的各种产品应有大致相同的目标顾客群。

(2) 实施单一品牌策略的优点。①有助于减少企业开支；②有助于新产品打开销路；③集中力量于一个品牌，有助于企业集聚优势资源。

(3) 实施单一品牌策略的缺点。①企业的产品如果有一个出现了问题，就会毁坏整个品牌

的声誉和形象；②不能很好地满足不同购买者的需要，从而影响商品的销量。

娃哈哈原本是营养液品牌，待娃哈哈成名后，企业又将该品牌延伸到了乳酸菌饮料、碳酸饮料、八宝粥、矿泉水等产品上，最终形成了企业的单一品牌策略。

8.8.2 多品牌策略

多品牌策略是指企业对于其生产或经营的产品使用两个或两个以上品牌的战略。可口可乐家族除可口可乐、雪碧等外国品牌外，还有醒目、天与地两个土生土长的中国品牌。

(1) 采用多品牌策略的原因。①多占货架面积；②给品牌忠诚的消费者提供更多的选择；③降低企业风险；④鼓励内部合理竞争、激扬士气；⑤各品牌具有不同的个性和利益点，能吸引不同的消费者。

(2) 实施多品牌策略的特点。①不同的品牌针对不同的目标市场。飘柔强调使"头发更飘、更柔"；潘婷则突出"拥有健康，当然亮泽"；海飞丝则是"头屑去无踪，秀发更出众"。②品牌的经营具有相对的独立性。在宝洁内部，飘柔、潘婷和海飞丝分属于不同的品牌经理管辖，它们之间相互独立、相互竞争。

(3) 多品牌策略的局限性。①成本高，需要足够的高质量的品牌管理人才；②要有完善的跨部门管理协调体制；③要有一定规模的品牌建设资源。从这个角度来说，多品牌战略只适用于那些具有一定实力的企业。

8.8.3 复合品牌策略

复合品牌策略是指对同一种产品赋予两个或两个以上的品牌，分为注释品牌策略和合作品牌策略两类。

1. 注释品牌策略

注释品牌策略是一种最基本的复合品牌战略，是指在一种产品中同时出现两个或两个以上的品牌，其中一个是注释品牌，另一个是产品的主导品牌。主导品牌通常是产品品牌，说明产品的功能、价值和购买对象。注释品牌则通常是企业品牌，为主导品牌提供支持和信用。

实施注释品牌策略的优点：把具体的产品和企业组织联系在一起，可以增强顾客的购买信心。例如，吉列公司生产的一种刀片品牌为"Gilletle，Sensor"，其中 Gilletle 是注释品牌，表明是吉列公司生产的，为该刀片提供了吉列公司的支持和信用；而 Sensor 是主导品牌，说明该刀片的特点。有关统计资料表明，在全世界位列前 20 名的日用品牌中，有 52%的产品实施的是注释品牌策略。

2. 合作品牌策略

合作品牌策略是指两个企业的品牌同时出现在一个产品上，体现了企业间的相互合作。

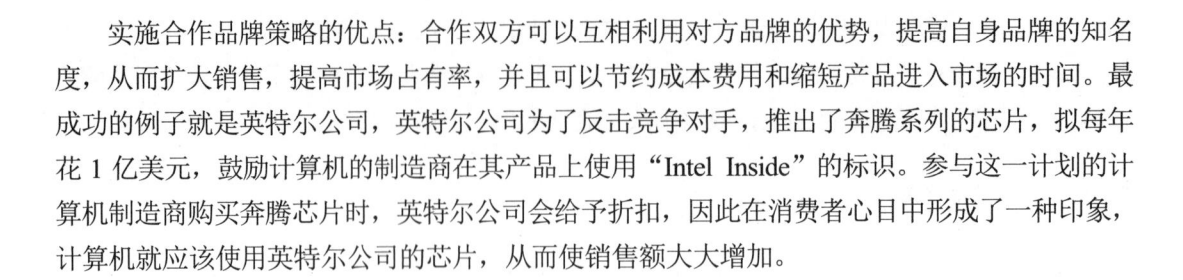

实施合作品牌策略的优点：合作双方可以互相利用对方品牌的优势，提高自身品牌的知名度，从而扩大销售，提高市场占有率，并且可以节约成本费用和缩短产品进入市场的时间。最成功的例子就是英特尔公司，英特尔公司为了反击竞争对手，推出了奔腾系列的芯片，拟每年花1亿美元，鼓励计算机的制造商在其产品上使用"Intel Inside"的标识。参与这一计划的计算机制造商购买奔腾芯片时，英特尔公司会给予折扣，因此在消费者心目中形成了一种印象，计算机就应该使用英特尔公司的芯片，从而使销售额大大增加。

8.8.4 副品牌策略

副品牌策略是指企业在生产多种产品的情况下，给其所有产品冠以统一品牌的同时，再根据每种产品的不同特征为其取一个恰如其分的名称。

副品牌的深层作用是以较低的成本吸引眼球并提升品牌知名度，强化品牌核心价值，活化主品牌，赋予主品牌年轻感、成长感，提升主品牌的各项美誉度指标，如亲和力、技术感、高档感、现代感、时尚感等。

(1) 实施副品牌策略的优点。①副品牌能起到"同中求异"之效；②副品牌可使产品更富个性之美；③副品牌为新产品留下空间；④副品牌兼具促销之用；⑤副品牌可壮大企业之势。

(2) 实施副品牌策略的特点。①广告主宣传的重心是主品牌，副品牌处于从属地位；②直观、形象地表达产品优点和个性形象，例如松下彩电的副品牌"画王"传神、逼真、自然地表达了画面；③副品牌口语化、通俗化，能起到生动、形象地表达产品特点的作用，而且传播快捷广泛，易于较快地打响，海尔"帅王子"、TCL"巡洋舰"等均具有这一特点；④副品牌较主品牌内涵丰富，适用面窄，例如"小厨娘"用于电饭煲等厨房用品十分贴切，能产生很强的市场促销力，但用于电动剃须刀、电脑则会力不从心。

8.8.5 品牌延伸策略

品牌延伸策略是指将品牌要素完全或部分延伸至其相关的新产品，甚至不相关的行业、领域。实施品牌延伸策略可以利用品牌优势快速切入新市场，并节省市场进入的成本以拓展活动半径，强化品牌升值，增强企业活力、生命力，达到提高企业整体利润的目的。

品牌延伸策略有4大取向：①是否跨行业，包括同行业延伸、跨行业延伸；②垂直延伸还是水平延伸；③内涵是否变化，包括内涵不变延伸、内涵渐变延伸；④命名是否改变，包括直接冠名、间接冠名、副品牌式延伸。

华为在智能手机领域取得巨大成功后，利用这一品牌声誉推出了多款新产品，如平板电脑、笔记本电脑、智能穿戴设备等。这些新产品在设计和功能上均继承了华为品牌的创新基因，并借助华为的品牌影响力迅速获得了市场的认可。企业利用成功品牌的声誉来推出改良产品或新产品的策略就是品牌延伸策略。

海尔在冰箱、洗衣机等传统家电领域取得成功后，开始将品牌延伸至其他家电产品，如空调、热水器、厨房电器等。同时，海尔还推出了智能家居系统，将品牌进一步延伸至智能家居领域。这些新产品在保持海尔品牌一贯的高品质和创新性的同时，也满足了消费者对智能家居生活的需求。娃哈哈最初以儿童营养液起家，随后逐步将品牌延伸至果奶、八宝粥、纯净水等多个产品线。这些新产品在保持娃哈哈品牌一贯的健康、营养理念的同时，也满足了不同年龄段和消费群体的需求。

【拓展阅读8-1】
飞鹤奶粉：数字化之旅

本章要领梳理

基于网络营销和移动营销的快速发展，入口无处不在，企业想要构建优势品牌，必须重视自有数字化营销平台的建设，重新审视品牌。

越来越多的企业致力于创建强势品牌，虽然行业、地域、规模等不一样，但创建模型基本大同小异，各有侧重，5V模型为其中的有效途径之一。5V即信念、构想、表达、价值、确认。

大多数强势品牌都有一个"灵魂"——品牌的基本价值观，这给品牌赋予了生命、个性和意义。

为了让消费者买到产品，企业通常有两种方式：一是将产品放到渠道的货架上；二是让品牌占据消费者的心智。前者属于渠道建设，后者属于品牌建设；前者影响力短暂，后者影响力持久。

数字品牌的核心价值包括3个层次：功能价值、情感价值、自我表达价值。

品牌识别为品牌提供了发展方向、目标和存在的意义，是品牌战略远景的核心内容，而且驱动着品牌联想，品牌联想是品牌资产的主要维度之一。

为了确保品牌识别有内涵、有深度，企业应当从4个视角考虑品牌：产品、组织、个人、符号。

跳出创意和战术级传播思维，真正建立品牌战略思维，关注深度品牌资产的建立，提升品牌溢价，解决企业低端的痛点，这是品牌的核心价值所在。

品牌策略主要包括单一品牌策略、多品牌策略、复合品牌策略、副品牌策略、品牌延伸策略。

教练作业

1. 为什么说数字品牌创造多维价值？
2. 什么是品牌的灵魂？
3. 如何精准地进行数字品牌定位？
4. 如何理解传播是品牌的表达方式？
5. 品牌资产结构的四个维度是什么？

第9章 市场营销产品的数字化

> 大数据发展日新月异，我们应该审时度势、精心谋划、超前布局、力争主动，深入了解大数据发展现状和趋势及其对经济社会发展的影响，分析我国大数据发展取得的成绩和存在的问题，推动实施国家大数据战略，加快完善数字基础设施，推进数据资源整合和开放共享，保障数据安全，加快建设数字中国，更好服务我国经济社会发展和人民生活改善。
> ——《实施国家大数据战略，加快建设数字中国》(2017年12月8日)，习近平《论科技自立自强》，中央文献出版社2023年版，第178页

在如何打造产品方面，数字时代与传统时代有本质差别。移动互联网的发展使同质化产品基本没有盈利空间。产品作为企业的用户终端触点，是整个企业价值创造的核心。企业打造畅销产品占领市场，依靠的是企业社群生态链平台对市场把握的系统优势。从产品的定义、设计、研发、供应链整合，到产品传播、推广，再到销售通路、售后物流，企业通过社群生态链平台与用户互动。创造中国甚至全世界最好的智能社群生态链平台，专注做产品是企业最重要的核心竞争力之一。

数字时代的畅销产品必须是"极致的产品"。根据过去的市场细分理论，企业不断地把市场做细分，以不同类型和有差别的产品满足市场的需求，这样做大大分散了企业本就不多的资源。企业只有摒弃一切多余的元素，把产品打造得既简洁、实用，效能又强，且具亲和力，才能占领市场。1款100分的产品要好于100款80分的产品，把所有的资源集中在一个点上，当消费者对企业的产品有了极度热爱的时候，所带来的巨大销量会助推企业进一步聚焦以及进一

步做更好的研发，从而形成企业的整体良性互动。

打造产品有几个方面的要求：第一是合理性，产品由内而外的每一个部分，每一个结构，甚至外观的每一个表现，都应该有它存在的道理，有它存在的内在原因。第二是可制造性，是指产品在企业可控成本条件下的可实现性。一个产品如果在生产过程中成本过高、时间过久，就不可能成为受市场欢迎的优秀产品。可制造性还包括产品的一致性。精致、美观的苹果手机设计十分复杂，但它的标准化、模块化设计使得其可制造性极佳。这也是苹果手机在极短时间内占领全球市场的原因之一。第三是规模化。规模化的目的是最大限度地降低产品成本，使消费者认可产品成本和企业利润的合理性。不是让女工享有更多的丝袜，而是让女工买得起丝袜，这是数字时代消费市场的发展趋势。只有产品的生产规模化，企业才能真正获得规模化发展。规模、效益、成本、市场，这四者最终将成为一个完整的整体，它会产生巨大的推动力，推动整个社会向前发展。第四是产品应该有温情和感染力，让消费者有心动的感觉。这样的产品才能成为真正的爆款，才能真正打动消费者。只有具有高品质、高性能且价格合适的产品才可以占领市场。

数字时代，企业的产品开发团队一定是对市场充分理解和热爱的精英团队，他们在技术上有很强的积累，对事业有充分的热爱，有极好的产品发展视野和审美品位，能够做出极佳的市场判断，可以把握行业和产品发展的技术制高点。数字时代，企业的产品开发的管理模式和组织设计是活跃的、弹性的、充满激情的，可以用一种高度灵活的方式搭建和运行。

9.1 产品整体和产品数字化

产品是企业市场营销组合中的一个重要因素。产品管理直接决定着其他市场营销组合因素的管理，对企业市场营销的成败影响重大。

9.1.1 产品整体

产品是指能提供给市场，用于满足人们某种欲望和需要的任何事物，包括实物、服务、场所、组织、思想、主意等。产品的概念已经远远超越了传统的有形实物的范围，思想、策划、主意也是产品的重要形式，所以，凡是能满足消费者的有形产品及服务均为产品。现代市场营销理论认为，产品整体的概念包含核心产品、有形产品和附加产品3个层次，如图9-1所示。

图9-1　产品整体概念的3个层次

核心产品是指消费者购买某种产品时所追求的利益，是顾客真正要买的东西，因而在产品整体的概念中也是最基本、最主要的部分。消费者购买某种产品，并不是为了占有或获得产品本身，而是为了获得能满足某种需要的效用或利益。

有形产品也称形式产品，是核心产品借以实现的形式，即向市场提供的实体和服务的形式。如果有形产品是实体物品，则它在市场上通常表现为产品质量水平、外观特色、式样、品牌名称和包装等。产品的基本效用必须通过某些具体的形式才能得以实现。市场营销者应首先着眼于顾客购买产品时所追求的利益，以求更完美地满足顾客需要，从这一点出发再去寻求利益得以实现的形式，进行产品设计。

附加产品是顾客购买有形产品时所获得的全部附加服务和利益，包括提供信贷、免费送货、安装、售后服务等。附加产品的概念来源于对市场需要的深入认识。因为顾客购买产品的目的是满足某种需要，因而他们希望得到与满足该项需要有关的一切。美国学者西奥多·莱维特曾经指出："新的竞争不是发生在各个公司的工厂生产什么产品方面，而是发生在其产品能提供何种附加利益(如包装、服务、广告、顾客咨询、融资、送货、仓储及具有其他价值的形式)方面。"

产品整体的概念以消费者的基本利益为核心，它指导整个市场营销管理活动，是企业贯彻市场营销观念的基础。只有通过产品整体概念的 3 个层次的最佳组合才能确立产品的市场地位。营销人员要把对消费者提供的各种服务看作产品实体的统一体。对于营销者来说，产品越能以一种消费者易觉察的形式来体现消费者购物选择时所关心的因素，越能获得好的产品形象，越能确立有利的市场地位。产品差异是构成企业特色的主体，企业要在激烈的市场竞争中取胜，就必须致力于打造自身产品的特色。这种差异或表现在功能上；或表现为设计风格、品牌、包装的独到之处，甚至表现在与之相联系的文化因素上；或表现在产品的附加利益上，如各种不同的服务，可使产品各具特色。总之，在产品整体概念的 3 个层次的任一层次上，企业都可以形成自己的特色，而与竞争产品区别开来。

9.1.2 产品数字化

产品数字化的本质是使企业的产品符合数字时代的要求，使产品在消费或使用过程中具备智能化，并能实现企业与客户的互动。产品数字化包括产品生命周期全过程的用户获取、用户活跃、用户留存、付费转化、口碑传播的闭环流程数字化。数字化产品则是为满足产品数字化要求而匹配的使用形态，数字化产品可以在产品整体概念的 3 个层次的任一层次上打造。产品数字化需要跨越两个鸿沟。

1. 用户鸿沟

产品数字化需要跨越的第一个鸿沟是用户鸿沟，即需要理解用户。解决用户的痛点是产品数字化的最基本需求。企业需要大数据+大情感，需要跨越用户鸿沟，需要打造大产品。数字时代强调大产品、大社交，强调服务。打造大产品必须基于大数据——产品的信息数据、服务数据，构建产品的全体性。例如百度筷搜，这是一款智能产品，拥有智能检测地沟油等功能，检测数据可传到互联网上，百度根据数据发布一个地沟油餐厅榜单，客户就不会再去这些餐厅就餐了，餐厅也就不敢再用地沟油了。

现在的数据是情感数据，是社交数据。企业打造产品需要创新的思维，产品需要情感化。2013年，洛可可设计了一款分离式移动电源，做成巧克力的样子，如果有人手机没电了，可以掰一块分享式电源给他，如分享巧克力一般。这就是产品数字化设计，让设计充满情感，让用户分享情感。

数字时代是一个充满想象力的时代，是一个人人都是设计师的时代，未来的产品使用过程是一个客户自我实现的过程。

2. 服务鸿沟

产品数字化需要跨越的第二个鸿沟就是服务鸿沟，即打造大服务和大社交。第一，产品打造要有社群化思维。几百个人一起研发、几千个人一起制作、几万个人一起营销，是数字时代全新的方式。人类需要找到自己的社群：吃货找到吃货社群，爱美的人找到爱美的社群，喜欢运动的人找到喜欢运动的社群。第二，产品打造要有共享思维。数字时代让商业变得民主化就是共享，当人们智力共享的时候，就实现了价值垂直共享。第三，产品打造要有动态"尖叫"思维。产品最重要的是使用户"尖叫"。"尖叫"本身是一种用户情不自禁的自我表达，意味着二度传播，是一种自营销概念，塑造"尖叫"KPI服务是一种流量的变现。

未来的企业组织没有部门构架，生产流程包括研发、设计、生产、营销以及话题、社区、活动、服务。企业要做的创新产品设计流程是懂用户、找话题、建社区、用户参与体验、挖痛点、用户参与研发、用户参与设计、用户参与推广、用户参与测试、用户参与传播。

9.2 产品开发与生产的数字化

传统产品的开发与生产是从市场出发的，数字化产品的开发和生产也是从市场出发，但强调的是更广泛地与客户互动，甚至直接让使用者参与到产品概念提出、产品功能设计和产品体验中来。例如江小白的表达瓶即让消费者参与概念的提出过程。小米手机的成功真谛之一，也是让网友、"粉丝"一起参与产品内容的创造。从"粉丝"出发，共同提炼用户需求，企业才能创造出适合市场需求的、有生命力的产品。

9.2.1 产品数字化的要求

产品数字化需求源自消费者在市场活动中属性和行为的数字化表现与要求，以此对产品的关键指标进行分析、设计和系统组合。产品数字化的关键问题在于：哪些数据是应该关注的？数据具体应该如何处理？应该从哪些角度分析这些数据，并且使分析结果真正有助于产品或运营的优化？怎样既美观、清晰又有条理地向他人呈现分析结果？流程中每一个节点其实都是对用户行为的激发，以完成每一个阶段的目标。产品所获取的数据也都是用户使用产品时生产的数据，所以数据化运营的本质就是通过用户行为分析指导产品成长。客户行为分析中最常用的模型就是漏斗分析模型，即用户在完成某一项特定任务时要经过多个步骤，在每一个步骤中都会产生用户流失，为了保证更多用户顺利完成任务，通过漏斗分析模型发现问题所在，优化关键步骤的用户体验，达成最终目标。

企业为客户提供的不是产品，而是产品能够满足客户需求的功能，所以企业营销的核心永远是客户：为你的客户创造产品，为你的客户提供服务。在产品研发和生产时，换位思考是最重要的思维方式，不能站在业内人士的角度考虑问题，要站在客户的角度思考，如一个视力有问题的人、一个老人、一个小孩，在使用这个产品时会怎么样？客户思维不是迁就客户，而是从客户出发引领客户，让客户产生惊喜。产品研发要学会断舍离。现在，跟消费者直接沟通的渠道有很多，微博、QQ 空间、微信，任何自媒体都可以，客户也可以给企业产品提意见。数字时代主张的是互动参与，鼓励客户对产品提意见，但是让客户参与产品开发时，就会发现难点在于客户需求的不一致，客户在谈到产品的时候，各有各的要求和建议，如果都采纳，最后的结果就是谁的要求都不能满足。所以无论做软件也好，做硬件也好，客户参与互动没问题，但是取舍权要在企业自身。

做产品，视野开阔很重要，一个人见识不够，连什么是好产品都没有见过，怎么可能做出好产品呢？设计师要有情怀，不能只看数据，只看商业构架，一个设计师要去做能影响很多人的事，帮助社会。产品数字化开发不能急躁，要回归事物的本质，产品设计要保持匠心。匠心是打造产品完美细节的核心。数字时代，极致的产品才有生命力，好的产品才能避免信息耗散和扭曲，才能打通层层障碍，把情感传递给用户，才能感动客户。价格也是一个因素，但是价格不能主导传播力。传播力一定要建立在用户对产品的喜爱的基础上，只有真正喜爱，用户才会自发地传播。好产品是这个时代最好的传播力。产品最重要的是客户体验，是性价比，是客户价值创造。

9.2.2　产品开发的用户需求分析

企业所做的任何一件事情都是为了满足用户需求。如何满足用户需求是一个非常大的话题。所有的人都是用户，有着无数的需求，满足每一个用户的需求非常难。不同的用户有不同的需求，不同的需求导向不同的产品。确定目标用户是企业首先要解决的问题。任何业务的背后都要有商业运作，纯免费的模式永远不会长久，商业的逻辑是有人买单，如果找不到买单的人，商业模式不可能长久。即便流量为王，企业也一定要实现价值。只有确定目标用户，企业才能更好地了解这个群体以及能为这个群体带来什么价值。

企业最容易犯的一个错误就是从创业者自身资源出发来做自己的产品，用户需求才应是产品设计的最强驱动力。只有牢牢抓住用户需求，解决用户的问题，才能把产品做好。企业一定要回到用户的原点，致力于满足用户需求。要满足用户需求，首先要做 3 方面的工作：第一，用户需求采集，发现用户需求；第二，用户需求分析；第三，用户需求描述。

用户需求分析，首先是确定客户是谁。不管什么产品，先把用户群往低年龄段的用户群上面去定义。即使是做老年产品，也要定义老年人群体里面相对年轻的群体。定义客户还要找到高频客户，这些用户爱传播、爱分享。

用户需求的采集可以采用 4 种方法：用户访谈、调查问卷、可用性测试和数据分析。

(1) 用户访谈。例如一个企业的产品页面做出来后，这个产品页面到底好不好？可以发给 30 个人，问他们能不能看懂这个页面，很多人反馈看懂了或者没看懂，这就是用户访谈。这是从用户端来了解产品的需求。用户访谈的时候需要注意，要有一个基本的提纲和宽松的环境，问题应该是开放性的，听听用户认为怎么样，好不好，建议是什么。要注意，用户有时候表达的内容与他的内心需求是不一致的。

(2) 调查问卷。调查问卷也是常用的用户需求采集和分析的方法。注意：第一，问卷的设计是最重要的。问题不要太多，太多了用户会厌烦；问卷应该采用封闭式的问题，答案应该明确，否则不利于分析和应用。第二，样本量要大，把数据都统计出来，以便进一步进行需求分析。

(3) 可用性测试。可用性测试是指不给用户提示，让用户自己去体验企业产品。企业可以根据客户反应或根据客户体验的视觉轨迹判断企业产品状态。

(4) 数据分析。数据分析最常见的方法就是植入代码，要通过一些测试了解用户实际的使用行为到底是什么。

这 4 种需求采集方法各有偏重。用户访谈更多地用于发现需求；调查问卷和数据分析用于量化用户需求；可用性测试用于验证需求。企业要分析、验证需求的真实性并将需求量化，如量化需求客户的年龄分布、用户最关心的需求比例等。

表面需求靠反馈，本质需求靠挖掘。企业开发产品和服务是帮助客户解决问题，企业要知道客户有什么问题，客户有什么需求。用户需要什么往往只是表面需求，表面需求是用户自己说得出的需求，用户真正的痛点才是本质需求，只有解决用户的痛点，客户才有留存，才有依赖感。完成需求的分析以后，需要进行需求提炼。需求提炼是需求排序、用户分级、确定真实需求和"粉丝"用户的过程。第一是需求的过滤。把错误数据剔除，把没有应用场景的需求剔除，把不该有的东西剔除。第二是进行需求的排序。确定用户选择产品的原因，这就是客户的真实需求。对用户需求排序后，就能清楚知道最关键的、最应该把握的用户需求是什么。

需求排序之后是做产品决策：第一，判断需求的大小；第二，进行需求全过程的分析；第三，进行价值统一性的判断。现在数字化技术通过数据库和客户画像，可以更好地分析用户需求。

9.2.3 企业产品决策

用户需求包括功能需求和心理需求。如果用一个字总结用户真正的需求，这个字就是"更"字。更什么？更便宜，便宜到免费；更好玩；更快；更多。这就是数字时代用户的真正需求。

所有的初始需求首先是来自自己，好的设想一定是自己有一些感受。自己思考以后，再去问朋友，去问身边的人，了解这个需求到底是什么，如果很多朋友抱怨相同的问题，那么这很可能就是一个真实的痛点。知道哪些人有哪些相对刚性的需求之后，就要了解能不能利用互联网新技术、新模式做一个产品，更好地满足这个需求。

企业做产品决策要考虑需求大小。什么是大需求？普遍用户和目标用户的高频需求一定是大需求，一些小众客户、铁杆"粉丝"群的需求也是大需求。普通用户的大需求是最重要的需求，"粉丝"用户的小需求也是大需求，产品的竞争力来自是否满足大需求。企业首先要满足普遍用户和目标用户的大需求，再来满足"粉丝"用户的大需求，当普遍用户的大需求满足得很好了，就要不断地去满足"粉丝"用户的大需求，从而让产品的竞争力越来越强。产品的竞争力来自更多地满足大需求。

9.2.4 产品功能设计和体验设计

1. 产品功能设计

产品功能包括基础功能和核心功能。产品功能设计是产品的立身之本，尤其是核心功能。基础功能是指满足用户的基本需求和满足需求实现过程的功能，比如注册、登录、支付、展示等。用户对基础功能已经形成了固定的使用习惯，基础功能的创新属于微创新。核心功能是在基础功能的基础上，更好地满足用户需求的功能，是满足用户真实需求的功能。

核心功能的确定首先来自产品定位和用户需求，通过定位和需求分析，进入功能分解流程，找到两个关键因素：第一，满足用户需求的关键性因素，即用户痛点；第二，满足用户需求的重点功能。用户在产品消费过程中对哪个功能最重视，就可以认为这是他需要满足的最重要的需求。找到这两点，还是要回到产品定位，分解用户需求来确定产品的关键性因素。产品的核心功能既可能是产品功能的关键因素，也可能是产品消费心理的关键性因素。这些是打动用户，让用户购买和使用产品的关键理由。

2. 产品体验设计

注重用户体验就是要让用户用得舒服、满意。数字化产品的竞争不仅体现在功能方面，更多地体现在体验方面。产品同质化严重过剩，企业必须重新塑造产品体验，让消费者在体验的过程中获得感动，企业不能放过任何一个细节体验，要把每一个体验都做到极致，都要做出意义，品牌就在体验的过程中形成。用户体验设计的原则：第一，不要强迫用户；第二，不要让用户思考，不要让用户去想下一步该做什么；第三，易操作；第四，不要破坏用户的习惯；第五，超出用户预期。

3. 产品功能设计和体验设计的关键问题

产品设计需要做的几项工作：首先要了解驱动力是什么，即用户为什么买产品；其次还需要了解什么阻止了用户不能很顺畅地购买和使用产品；最后需要了解产品或者服务里面，哪个功能对用户来说是抓手。在产品服务驱动过程中，必然会遇到一些壁垒，这些壁垒严重的就会让客户产生怒点，找到怒点非常重要，无论产品设计得多完美，执行过程中一定有不如意的东西，企业可以通过数据找到这些。

讲怒点之前必须要讲一个概念，即营销漏斗：用户如何一步一步转化成注册用户，注册用户如何变成付费用户。营销漏斗设置完以后，企业需要知道每一个步骤之间的衰减值。营销漏斗有两个很重要的作用：第一，能让企业通过对用户属性的拆解，找到用户之间的差异。男生和女生的转化率不一样，北京和上海的转化率也不一样，找到原因就可以采取措施把转化率提高。第二，能帮助企业找到可测试的指标，比如要打一个广告，分别有一个长文案和一个短的卡通文案，采用营销漏斗就可以测试哪个文案的效果更好。

怒点是产品使用过程中阻碍用户变成忠诚用户、付费用户的主要原因，但是怒点很难找，企业很难找到自己的产品有什么缺陷，因为如果企业知道产品有缺陷的话，马上就会去改正。产生怒点的核心原因是没有真正理解客户。产品服务里面一定有这种怒点，所以企业需要找到一些不能转化的用户群，针对这个用户群去做整个用户行为的回放，通过对用户行为的观察，就能找到很多超过产品设计范畴的使用行为。所以不要只看留存用户，还需要找到用户留存的核心原因，产品的核心价值往往都是通过一两个功能来实现的，在此基础上找到最忠诚的用户，不断拓展和开发市场。

9.3 产品创新及其形式

数字时代的市场竞争已经不仅仅是同行业的竞争，还包括跨界的竞争。数字时代，产品迭代的窗口期以周来计算，企业创新是企业的核心竞争力。

9.3.1 产品创新

中国移动和中国联通的竞争正值白热化时，微信横空出世，在功能上足以替代这两个巨头的电话和短信功能，通信公司恍然大悟，真正的竞争对手不是彼此，而是跨界的腾讯。世界500强企业之一柯达领先世界同行10年，但在2012年轰然倒塌，毁灭它的不是富士、尼康，而是和柯达的业务毫无关联的跨界竞争者——手机；康师傅方便面的销量急剧下滑，对手却不是白象、今麦郎。水饺企业的竞争者有可能不是同行，而是电商平台饿了么、美团。未来，酒吧只能喝酒吗？就医取药还需要去医院吗？衣服还会有其他功能吗？人们还用手机通信吗？酒店只会用来睡觉吗？餐厅只会用来吃饭吗？银行等待办理业务的区域可不可以变成书店？飞机机舱可不可能变成国际化的社交平台？大家有时间去机场看看，一些机场已经转变为卖场。一切都充满未知，一切都变得新奇。一旦消费者的生活方式发生根本性的变化，竞争者将不会来自专业领域，而可能来自跨界领域。

9.3.2 产品创新形式

跨界的两个模式：一个是跨行业组合模式，把两个完全不同的行业整合在一起，比如科技与时尚。例如苹果，一直不断强调对高科技的极致追求，还不断强调其产品代表时尚。另一个是降维攻击模式，用高维文明的思维方式重新定义低维思维的商业模式。比如互联网思维就是指用高效的互联网运营模式来改造传统行业低效的运营环节。企业不主动跨界整合资源，或许明天就有人跨界打劫，瞬间，企业便毫无还手之力。未来十年是一个跨界竞争的年代，竞争已经不再是线性的，而会在全方位、全时空、多维度展开。

1. 跨界创新的需求关注

数字时代，企业需要把千千万万消费者的差异化需求抽象为统一需求，并将这种抽象需求聚焦到可实现的具体产品和服务上，这种聚焦体现在市场的供需关系中。网络约车平台设计产品时，需求是抽象的：司机可以载客，乘客有驾照可以代驾，一个人是乘客还是司机都有可能。网络约车平台需要的是最终把供需双方整合在一起，通过设定规则达成一笔笔交易。做互联网产品，设计抽象需求非常重要。产品设计的抽象程度决定了产品的基础架构有多牢固，决定了解决的问题有多深刻，也决定了以后的市场有多大。互联网平台、App、网站、移动端、PC 端基本上都是用一个产品服务所有人。抽象需求是大多数人的需求，要用抽象功能或抽象产品来满足。

精益创新是实现抽象需求的工具。精益创新是一种工具、一种方法论，它的核心有三点：用最小可用品去试错，看看市场的反馈，判断能不能继续做下去，这样的投入成本最低；收集用户反馈；快速迭代。

2. 数据驱动：不断创新与连续创新

互联网最大的特点是企业即便没有实际产品也可以开始销售，即便产品还有很多问题，但只要能满足用户的基本需求，能解决一些问题，就会有人买，目前存活下来的那些用户活跃度很高的 App 基本上都是这样发展起来的。最早的版本一定是解决了用户某个核心诉求，用户才会使用它，有了用户以后就有了动力，就可以去融资、组织资源，把这个事情越做越好。在互联网领域，很多产品的预售、众筹就是在产品出现以前，由用户提前付费购买。

数字时代，创新增长是由数据驱动的：用最小的成本、最快的时间，把创意变成产品或者服务，然后利用数据来验证假设是否得到了认同，产品好的话，进入下一个决策周期；产品差的话，迅速调整。产品小幅度的迅速迭代、数据验证、迅速改进是精益分析的核心原则，这就要求每个岗位的人都要有一套非常庞大的思维体系。比如以前的产品经理只需要写产品的需求文档，但是今天产品经理必须要具备全局的思维，包括用户的获取和对核心用户的转化，然后要专注变现，没有变现的公司很难在未来的市场里获得成功。产品的好和坏最终要根据数据来判断。所有的产品经理遇到的最大问题是，有太多的需求要处理，但是到底帮助用户解决什么问题是有优先级的。不同的销售人员反馈回来的用户需求都不一样，经常会有几十个甚至上百个需求，该如何选择呢？最终要通过量化来决定。

数字化产品的打造不是优化而是颠覆，业务优化不过是从 1 到 100，这不能带来格局的变化，只有颠覆式创新才能满足用户的本质需求。满足用户需求比较容易，但是如果要满足用户的本质需求，就要进行颠覆式创新。企业要去思考企业服务的客户群的核心诉求是什么，能不能换一种方式满足他的核心需求。一个业务要有大的突破，颠覆式创新是必须要做的。如果不能做颠覆式创新，只做业务的优化，不可能带来一个大的格局的变动。

数据和量化有百分之百的关联，量化和增长又有百分之百的关联。德鲁克说过，"如果你不能量化，那么你就不能有效增长"。如果想增长就需要能够衡量它，没有一个标准，很难判断是否有增长。

【拓展阅读 9-1】
天眼查：挖掘数据背后的"金矿"

本章要领梳理

企业市场营销策略是产品策略、价格策略、促销策略和渠道策略的组合。

产品是企业市场营销组合中的一个重要因素。产品管理直接决定着其他市场营销组合因素的管理，对企业市场营销的成败影响重大。产品是指能提供给市场，用于满足人们某种欲望和需要的任何事物，包括实物、服务、场所、组织、思想、主意等。产品整体的概念包含核心产品、有形产品和附加产品 3 个层次。

产品和服务是企业市场营销成功的基础，产品必须能为用户提供独一无二的价值，否则，吸引和说服用户购买是不可能实现的。

如何打造产品，数字时代与传统时代有本质差别。数字时代的产品必须是"极致的产品"，所打造的产品要满足几个方面的要求：第一，合理性；第二，可制造性；第三，规模化；第四，产品应该有温情和感染力。

数字时代是日新月异的时代。未来，所有企业都可能遭遇跨界竞争。跨界的两个模式：一个是跨行业组合模式，另一个是降维攻击模式。数字时代，企业需要把千千万万消费者的差异化需求抽象为统一需求，并将这种抽象需求聚焦到可实现的具体产品和服务上。

教练作业

1. 数字时代，市场营销策略组合的重要意义是什么？
2. 数字时代，产品和产品整体的概念是什么？
3. 如何打造企业数字化产品？
4. 如何理解跨界、迭代与创新？

第10章 市场营销价格的数字化

> 世界经济加速向以网络信息技术产业为重要内容的经济活动转变。我们要把握这一历史契机，以信息化培育新动能，用新动能推动新发展。要加大投入，加强信息基础设施建设，推动互联网和实体经济深度融合，加快传统产业数字化、智能化，做大做强数字经济，拓展经济发展新空间。
>
> ——《加速推进网络信息技术自主创新》(2016年10月9日)，习近平《论科技自立自强》，中央文献出版社2023年版，第170页

意大利著名经济学家帕累托考察了资源的最优配置和产品的最优分配问题，提出通过改变资源的配置方法来实现最优供需配置状态，即帕累托最优状态。要实现帕累托最优状态，需要同时满足 3 个条件，即生产的最优条件、交换的最优条件和生产与交换的最优条件。

(1) 生产的最优条件是在生产要素存量一定的情况下，使产出达到最大，即在不考虑需求弹性或认为需求无止境时，从生产者的角度出发，力求达到产出和利润最大化。随着移动互联网引发的管理革命的发生和由物联网支撑的产业联盟体系的建立，生产者已经能够极大地提升效率，降低成本，不断地逼近生产的最优条件。

(2) 交换的最优条件是使交换双方得到最大满足和最高效率。与生产的最优条件相反，交换的最优条件是不考虑供应弹性或认为供应无止境时，从需求者的角度出发，力求达到支出不变而效果最佳。移动互联网使交换的最优条件得以快速建立，例如，基于移动互联网，企业可以加速生产工具和原材料市场的资源采购；移动互联网促使需求呈现多样化、推动市场容量激

增、引发消费特征变迁，并导致替代品数量增多。

(3) 生产与交换的最优条件，即社会生产结构与需求结构相一致，生产出来的产品都是社会需要的，不存在滞销和积压，移动互联网使得任何生产者都有能力快速应对需求的变化。在工业经济时代，需求方特别是消费者，由于信息不对称，并受市场空间和时间的限制，不得不处于一种被动地位。买方由于对价格信息所知甚少，所以在讨价还价中总是处于不利地位。互联网的出现使收集信息的成本大大降低，网络技术的发展使市场资源配置朝着最优方向发展。

数字时代，随着网络信息的透明和市场竞争的激烈，需求方地位提升。数字经济是以消费者需求为主导的经济形式，与传统经济相比，数字经济具有独特的市场特征。在网络经济条件下，信息产品尤其是数字化产品的提供商要在竞争中取得成功和获得收益，不仅要求其技术本身的先进程度，还要紧紧抓住网络经济下的市场特征，顺应网络经济的规则要求，以消费者为中心。定价策略是企业营销策略中关键的一环，产品在各个价值链中所增加的价值最终在价格上得到实现，商家越来越多地把价格决策作为自己战略决策的一部分。数字化产品是信息技术发展的产物，网络经济环境下的数字化产品具有与传统产品截然不同的特性，包括非破坏性、可改变性和可复制性。数字化产品特殊的经济特征，尤其是高固定成本、低边际成本的成本结构，导致供求曲线与传统供求曲线完全不同。信息技术的不断发展颠覆了传统的商业模式，企业定价方式也随之发生改变。除传统的价格大于零的定价方式外，还出现了价格等于零的免费经济定价方式以及价格小于零的定价方式。其中，价格大于零的定价方式的一个新变化是虚拟经济中以心理为支撑的定价方式在整个经济系统中所占比例越来越高，并以压倒实体经济的成本加成定价而占据主导地位；价格等于零的免费经济定价方式的出现原因在于虚拟经济借助移动互联网获得了长足发展，企业平台商业模式的构建使得平台生态圈中存在大量的免费经济；价格小于零的定价方式是平台为了吸引用户并最终黏住用户的一种手段。大数据时代，基于互联网技术和多业态整合的零售企业多边平台式商业模式已成为未来零售业发展的趋势，现代零售企业多边平台模式通过搭建零售企业价值链信息共享平台，整合零售企业实体和虚拟资源网络，构建价值链协同与利益均衡机制，重塑商业生态圈与平台战略，逐步实现共创、共生、共享、共赢。

10.1 产品定价

企业盈利是企业定价的核心。在设计定价机制时，企业经常采用价格区分原则，即卖方根据买方的不同价值以不同的价格出售产品和服务。特别是在移动互联网环境中，买方数量众多的情况下，为了满足这一原则，通常需要采用一定的计算方法来确定卖方资源的最佳分配方式(出售给谁)和买方支付的最佳价格(售价多少)。目前，大量买卖行为通过互联网完成，近乎实时的交互更直接地展示了买方的需求和卖方产品的信息，大量的交互数据需要更强大、更有效的处理方法，以便卖方能够更精准地对不同的买方进行建模。

10.1.1 产品智能定价

数字时代，企业要利用大数据为产品智能定价。

(1) 定价是一项系统的工程，不仅与商品本身的属性及销售表现有关，也与所属门店的竞争格局、客群构成，以及所属品类的战略定位息息相关。大数据和算法模型应用于从战略、战术到执行、评估的每一个层级，最终实现改善价格形象、提升销售额和毛利额的目标。

(2) 要对定价店群进行分类。在战略层面，以定价店群分类为例，通过POS数据、商圈数据、价格调研数据等内外部数据分析每一家门店的客群和竞争属性，利用聚类模型进行店群分类，然后为不同类型的店群根据各自特征分别制定相应的定价策略和目标。针对竞争激烈、客群价格敏感度高的门店，需要加大价格投资的力度，提高对价格的关注度；而针对竞争少、客群价格敏感度低的门店，则可以适当减少价格投资力度。

(3) 了解产品的价格弹性。价格弹性是衡量价格变动引起的市场需求量变化的敏感程度，具体来说是某一种产品销量发生变化的百分比与其价格变化百分比之间的比率。影响商品销量的因素有很多，价格、促销、陈列、门店客流、竞品价格、商品本身的季节性乃至天气都会影响商品的销售。为了更准确地计算价格弹性，企业需要控制除价格外其他因素的影响，因此可以为每个商品都建立一个多变量计量经济学模型，除价格因素外，还加入了前述其他影响销量的因素，利用大数据分布式计算平台和2～3年的全量商品的历史销售数据，分别计算每一个商品的价格弹性因子。通常，一个商品的价格从高位逐步下降，它的销量会逐渐上升，而销售额、毛利额也会相应提升，直到价格下降到某个点，商品的毛利额或销售额才开始下滑，这种情况就是通常所称的过度降价。而商品的价格弹性因子决定了价格变化时商品销量、销售额、毛利额的相应变化，通过数学模型，可以计算得到每一个商品销售额最大和毛利额最大时分别对应的理论最优价格，作为定价的基准。

(4) 进行商品定价角色定位。通过大数据计算得到每个商品的价格弹性因子后，可以结合商品重要性的维度(综合考量商品的引流能力、销售贡献、毛利贡献、所处生命周期等因素)，在品类内为每一个商品制定相应的定价策略。例如，对于价格弹性和重要性都高的重点商品，需要保证有竞争力的日常定价，结合低价促销策略，树立品类价格形象，为品类引流和维护大盘销售；反之，价格弹性和重要性都比较低的商品则可以适当提高商品毛利率，促进品类的毛利平衡。

10.1.2 产品定价分类

产品定价是指企业按照价值规律和供求规律，根据国家的价格政策和规定的作价原则、办法以及市场供求变化情况，制定和调整企业生产经营的产品或服务价格。价格策略是市场营销组合中非常重要并且独具特色的组成部分。价格通常是影响商品交易成败的关键因素，同时又是市场营销组合中最难以确定的因素，产品定价是为了促进销售、获取利润，这就要求企业既要考虑成本的补偿，又要考虑消费者对价格的接受能力，从而使价格策略具有买卖双方双向决策的特征。产品价格的确定要以成本费用为基础，以消费需求为前提，以竞争价格为参照。产品定价的目的一般有生存、获取当前最高利润、获取当前最高收入、获取销售额增长最大量、获取最大市场占有率和彰显企业品质。产品定价的目标一般与企业的战略目标、市场定位和产品特性相关。企业在制定产品价格时，主要依据产品的生产成本，这是从企业局部来考虑的。产品价格的制定更主要的是从市场整体来考虑的，它取决于需求方的需求强弱程度和价值接受程度，以及来自替代性产品(也可以是同类产品)的竞争压力程度；需求方接受价格的依据则是商品的使用价值和商品的稀缺程度，以及可替代品的机会成本。

战略性定价是为了在公众心目中树立企业形象；而战术性定价则涉及价格决策过程的日常管理。作为战略性定价，预先制定规划是企业取得成功、占有主动权的关键，它可以避免由于竞争的压力而被迫做出仓促反应。作为战术性定价，其关键则在于精通有关市场的各种知识，并能把握实现企业目标的各种可能途径。要获得市场营销的成功，就必须把对战术性市场营销技巧的运用与对战略性市场营销原则的精通有机地结合起来。从资产经营的角度来看，要顺势而为，保值增值。这个"势"是指企业的高势能，包括高品牌、高定位、高品位，只有高势能才能转化为对市场形成较大冲击力的动能。具体到单独的企业而言，就是要全力以赴提高产能利用率，因此获取足够多的订单是必需的。从企业经营的角度来看，要锁定利润，保持流动性。管理大师彼得·德鲁克讲过："风险是商业的本质，追逐和承担风险就是企业的最基本职能。"许多企业不是死在缺少利润上，而是死在缺少流动性上。流动资金管理是财务管理的核心，一时的亏盈不重要，重要的是要有持续的流动性。从安全生产的角度来看，要慢涨快降，保持稳定性。在市场不景气的时候，许多企业不愿意降价，这不仅给竞争对手提供了机会，也给上下游客户提供了虚假的信号。生产企业不同于贸易公司，它必须保证生产的连续性与稳定性，因此，快速、大幅度降价给用户提供"定心丸"，客户才会在日后继续与企业合作。降价肯定会带来损失，但它却带来了流动性，在特殊时期，只要边际贡献大于边际成本就要接单。当然，企业应该对这个特殊时期进行市场及财务方面的量化分析。从行业均衡经营的角度来看，要预估上下，保持连续性。企业对未来市场的预估都是建立在现有价格基础上的，这样就有可能对上下游企业的产能利用率以及上下游企业可接受的成本造成误判，这种误判会带来暂时性的繁荣，有可能会遭到上游或者下游企业低利润的报复，导致行业经营波动性过大、交易成本过高。

10.1.3　产品定价目标

定价策略由定价目标、达到此目标的具体措施和贯彻这些措施的具体行动计划所组成。产品定价目标大致有以下几种，如图10-1所示。

(1) 追求盈利最大化。追求盈利最大化即企业追求一定时期内可能获得的最高盈利额。盈利最大化取决于合理价格所推动的销售规模，因而追求盈利最大化的定价目标并不意味着企业要制定最高单价。在此目标下，企业为产品定价时主要考虑按何种价格出售可以获得最大的利润。

产品定价目标：
- 追求盈利最大化
- 提高市场占有率
- 实现预期的投资回收率
- 实现销售增长率
- 适应价格竞争
- 保持营业
- 稳定价格，维护企业形象

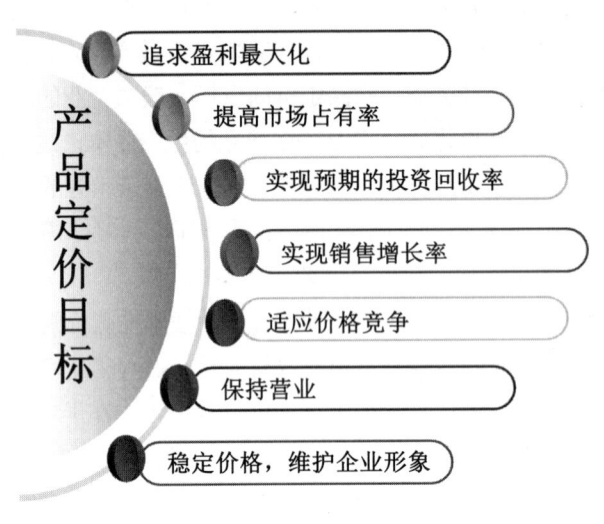

图10-1　产品定价目标

(2) 提高市场占有率。市场占有率是企业经营状况和产品竞争力状况的综合反映。较高的市场占有率可以保证企业产品的销路，便于企业掌握消费需求变化情况，易于打造企业长期控制市场和价格的垄断能力，并为提高盈利率提供可靠保证。

(3) 实现预期的投资回收率。投资回收率反映企业的投资效益。企业期望所投入的资金在预期时间内分批收回，为此，定价时一般在总成本费用的基础上增加一定比例的预期盈利。在产品成本费用不变的条件下，价格高低取决于企业确定的投资回收率的大小。

(4) 实现销售增长率。在其他条件不变的情况下，销售增长率的提高与市场份额的扩大是一致的。因此，追求一定的销售增长率也是企业的重要目标之一，特别是在新产品进入市场以后的一段时期内。

(5) 适应价格竞争。价格竞争是市场竞争的重要方面。因此，处在激烈市场竞争环境中的企业经常以适应价格竞争作为定价目标。

(6) 保持营业。以保持企业能够继续营业为定价目标，通常是企业处于不利环境中实行的一种缓兵之计。当企业受到原材料价格上涨、供应不足、新产品加速替代等方面的猛烈冲击时，产品难以按正常价格出售，此时企业往往以保持营业为目标进行产品定价。

(7) 稳定价格，维护企业形象。良好的企业形象是企业无形的资源与财富，是企业成功运用市场营销组合取得消费者信赖的体现，是企业长期累积的结果。

企业进行市场营销的首要目标是占领市场求得生存发展机会，然后才是追求企业的利润。数字时代，产品一般都是低价甚至是免费，以求在迅猛发展的网络虚拟市场中立足。网络市场分为两大市场：一个是消费者大众市场，另一个是工业组织市场。前者属于成长市场，企业面对这个市场时必须采用相对低价的定价策略来占领市场。对于后者，购买者一般是商业机构和组织机构，购买行为比较理智，企业在这个市场上的定价可以采用双赢的定价策略，即通过互联网技术来降低企业、组织的采购成本，并共同享受成本降低带来的双方价值的增值。

10.2 企业活动的特征与成本

数字化不仅极大地拓宽了客户的市场选择能力，也极大地扩展了企业的市场领域。所以，企业在资源、成本、创新和客户需求满足等方面都需要进行新的思考并做出新的应对。

10.2.1 企业活动的特征

1. 全球性

数字时代，企业面对的是开放的和全球化的市场，用户可以通过网站直接购买商品，而不用考虑网站属于哪一个国家或者地区。目标市场从过去受地理位置限制的局部市场，一下拓展到范围广泛的全球性市场，使得产品定价时必须考虑目标市场范围的变化所带来的影响。如果产品的来源地和销售目的地与传统市场渠道类似，则可以依据原定价方法进行定价。如果产品的来源地和销售目的地与传统市场渠道差距非常大，定价时就必须考虑这种地理位置差异带来的影响。例如，亚马逊网上商店的产品如果来自美国，购买者也是美国消费者，那么产品定价可以按照原定价方法进行折扣定价，定价也比较简单。如果购买者是中国或者其他国家的消费者，那么采用针对美国本土消费者的定价方法就很难面对全球化的市场，会影响网络市场全球性作用的发挥。为解决这些问题，可采用本地化方法，在不同市场建立地区性网站，以适应地区市场消费者需求的变化。因此，企业虽然面对的是全球性市场，但不能以统一市场策略来面对差异性极大的全球性市场，必须采用全球化和本地化相结合的原则进行产品定价。

2. 低价位定价

互联网使用者的主导观念是网上的信息产品应是免费的、开放的、自由的，在早期互联网开展商业应用时，许多网站想采用收费方式获得盈利，结果被证明是失败的。雅虎公司通过为网上用户提供免费的检索站点起步，逐步拓展为门户站点，再拓展到电子商务领域，一步一步获得成功，其成功的主要原因是遵循了互联网的免费原则和间接收益原则。一般来说，网上产品的定价比传统渠道产品的定价要低，因此，如果网上产品的定价过高或者产品降价空间有限，则现阶段最好不要在消费者市场上销售。如果产品面对的是工业市场、组织市场，或者高新技术产品，网上顾客对产品的价格不太敏感，主要考虑方便、新潮，这类产品就不一定采用低价定价的策略了。

3. 顾客主导定价

所谓顾客主导定价，是指为满足顾客的需求，顾客可以利用充分的市场信息来选择购买或者定制生产自己满意的产品或服务，同时以最小代价(产品价格、购买费用等)获得这些产品或服务。简单地说，就是顾客以最小成本获得最大收益。顾客主导定价的策略主要有顾客定制生产定价和拍卖市场定价。根据调查分析，产品由顾客主导定价并不一定比企业主导定价获取的

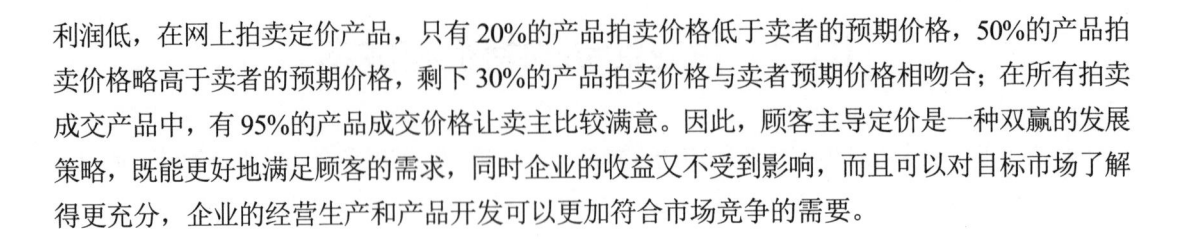

利润低，在网上拍卖定价产品，只有20%的产品拍卖价格低于卖者的预期价格，50%的产品拍卖价格略高于卖者的预期价格，剩下30%的产品拍卖价格与卖者预期价格相吻合；在所有拍卖成交产品中，有95%的产品成交价格让卖主比较满意。因此，顾客主导定价是一种双赢的发展策略，既能更好地满足顾客的需求，同时企业的收益又不受到影响，而且可以对目标市场了解得更充分，企业的经营生产和产品开发可以更加符合市场竞争的需要。

10.2.2 企业成本

数字时代，企业活动的特征完全不同于传统时代企业的活动特征，使得企业成本费用大大降低。

1. 降低采购成本费用

采购过程中之所以经常出现问题，是因为存在过多的人为因素和信息闭塞造成的，互联网可以减少人为因素和信息不畅通的问题，最大限度地降低采购成本。

(1) 利用互联网可以将采购信息进行整合和处理，统一从供应商处订货，以求获得最大的批量折扣。

(2) 利用互联网可以实现库存、订购管理的自动化和科学化，最大限度减少人为因素的干预，同时能以较高效率进行采购，可以节省大量人力和避免人为造成不必要的损失。

(3) 通过互联网可以与供应商进行信息共享，可以帮助供应商按照企业生产的需要进行供应，既不影响生产，又不增加库存产品。

2. 降低库存成本费用

利用互联网将生产系统、库存系统和采购系统关联在一起，可以实现实时订购，企业可以根据需要订购，最大限度降低库存，实现"零库存"管理，这样不仅可以减少资金占用和减少仓储成本，还可以避免价格波动对产品的影响。正确管理存货能为客户提供更好的服务并为公司降低经营成本，加快库存核查频率会减少与存货相关的利息支出和存储成本。减少库存量意味着现有的加工能力可以更有效地得到发挥，更高效率的生产可以减少或消除企业在设备方面的额外投资。

3. 降低生产成本费用

利用互联网可以节省大量生产成本，首先，企业可以实现远程虚拟生产，在全球范围内寻求最合适的生产厂家生产产品；其次，可以大大节省生产周期，提高生产效率。通过互联网与供货商、客户建立联系能够比从前大大缩短收发订单、发票和运输通知单的时间。有些部门通过增值网(VAN)共享产品规格和图纸，以提高产品设计和开发的速度。互联网的发展和应用将进一步减少产品生产时间，企业可以通过与不同研究小组和公司进行项目合作来实现。

10.3　企业的成本费用与利润

成本是企业定价的基础，利润是企业经营的目的。企业在市场定价过程中必须根据企业市场营销的目的、客户接受程度和市场竞争状态来确定价格。

10.3.1　企业的成本费用

正常情况下，定价必须首先使总成本得到补偿。对定价产生影响的成本费用可以分为以下几种。

(1) 固定成本费用，指在既定生产经营规模范围内，不随产品种类及数量的变化而变动的成本费用，如折旧、照明空调、产品设计、市场调研、管理人员工资等支出。

(2) 变动成本费用，指随产品种类及数量的变化而相应变动的成本费用，主要包括原材料、燃料、运输、存储等方面的支出，以及生产工人工资、部分市场营销费用等。

(3) 总成本费用，即全部固定成本费用与变动成本费用之和，当产量为零时，总成本费用等于未开工时发生的固定成本费用。

(4) 平均固定成本费用，指单位产品所包含的固定成本费用的平均分摊额，即固定成本费用与总产量之比，它随产量的增加而减少。

(5) 平均变动成本费用，指单位产品所包含的变动成本费用平均分摊额，即总变动成本费用与总产量之比。它在生产初期水平较高，其后随产量增加呈递减趋势，但达到某一限度后，会由于报酬递减率的作用转而上升。

(6) 平均成本费用，指总成本费用与总产量之比，即单位产品的平均成本费用。使总成本得到补偿的定价意味着价格至少不能低于平均成本，如果要取得盈利，则价格必须高于平均成本。

10.3.2　企业的利润

1. 销售数量与利润

就单个商品而言，如果成本费用不变，则价格越高，盈利越大。但是企业盈利总额并不是单位商品盈利之和，单位商品包含的盈利水平高并不意味着企业总盈利水平必然就高。计算公式如下：

企业盈利=全部销售收入－全部成本费用
　　　　=商品销售数量×(单位商品价格－单位商品成本费用或平均成本费用)

由上式可见，企业盈利是单位商品实现的盈利与销售数量两者的乘积，但这两个因素是相关的。由于价格对需求存在反向作用，价格过高可能导致需求量及销售量的缩减，进而减少企业收入及盈利水平。因此，其他条件既定时，企业盈利状况最终取决于价格与销售数量之间的不同组合。

利用边际收入与边际成本的关系寻求价格与销售数量之间的最佳组合状态，是实现最大盈利的有效方法。

边际收入是指销售量每变动(增加或减少)一个单位所发生的收入变动额。边际成本指销售量每变动一个单位所发生的成本变动额。

2. 真实成本和利润

在确定产品盈利界线和基价水平时，可以使用完全吸收生产成本定价法。所谓完全吸收成本，就是在不考虑直接成本或间接成本的情况下，由生产中实际分摊的固定成本和可变成本加总而得。这与另外一种定价法——边际贡献定价法形成明显对比。在边际贡献定价法中，直接成本与间接成本的区别是十分明确的。

所谓边际贡献，是指销售收入减去在生产、销售、管理等过程中消耗的变动成本所得的数额。由此可明确了解利润的构成，以便在实现相应的市场占有率或规模的大前提下，决定哪些产品的价格需要上涨或下落。使用边际贡献定价法可能会获益匪浅，特别是在利润率变动范围较小的情况下。在一个特定时期，企业基于不同的销售水平，通过核算可变成本(现金支付或边际成本)、固定成本和仔细分析收益、成本和利润的状况，就会十分准确地了解相对于会计报表的账面成本和利润，实际经济成本和利润是多少，以及如何确定成本和收益才能与整个规划过程相一致。

3. 资金周转

资金周转速度影响企业年利润水平，一般来说，高价会带来高盈利水平，却因此延缓了资金周转速度；降价促销可加速资金周转，但又会丧失一部分可得盈利。因此，企业应趋利避害，通过选择较低的机会成本来确定定价方案。

机会成本是指利用一定的资源获得某种收入时所放弃的另一种收入。机会成本低意味着放弃的收入低于获取的收入。当企业面临高价取厚利还是低价促周转两种选择时，比较机会成本定价会给企业带来更多盈利。例如，假设降价出售可能造成一定的损失，但由此带来资金周转速度加快，以至于下一生产经营周期可望增加的盈利大于这个损失，则表明降价的机会成本低于维持原价的机会成本，显然企业此时应制定较低水平的价格。以此类推，凡出现与定价有关的多因素权衡抉择时，都可通过比较机会成本来确定恰当的价格水平。

10.4 用户需求弹性

客户在不同环境和需求状态下，对产品价格接受的心理和行为是不同的，企业需要根据这些不同来确定产品的市场价格策略。

10.4.1 需求价格弹性

需求价格弹性简称需求弹性,是指因价格变动而引起的需求的变动率,反映需求变动对价格变动的敏感程度,用 E_p 表示:

$$E_p=需求量变动的百分比/价格变动的百分比$$

为比较需求价格弹性的大小,这里仅考虑 E_p 的绝对值。事实上,需求与价格的变动有方向问题,因而 E_p 有正、负之分,并且大多数产品的正常需求价格弹性 $E_p<0$。定价时考虑需求价格弹性的意义在于不同产品具有不同的需求价格弹性,弹性的强弱决定企业的价格决策。

1. 需求价格弹性的类型

需求价格弹性主要分为以下 3 种类型。

(1) $E_p=1$,反映需求量与价格等比例变化。对于这类商品,价格的上升(下降)会引起需求量等比例的减少(增加),因此,价格变化对销售收入影响不大。定价时,可根据预期盈利率进行定价或选择通行的市场价格,同时将其他市场营销措施作为提高盈利率的主要手段。

(2) $E_p>1$,反映需求量变动的百分比大于价格变动的百分比。对于这类商品,价格的上升(下降)会引起需求量较大幅度的减少(增加)。定价时,应通过降低价格、薄利多销来达到增加盈利的目的。反之,提价时务必谨慎以防需求量锐减,影响企业收入。

(3) $E_p<1$,反映需求量变化的百分比小于价格变化的百分比。对于这类商品,价格的上升(下降)仅会引起需求量较小程度的减少(增加)。定价时,较高水平的价格往往会增加盈利,低价对需求量的刺激效果不明显,薄利并不能多销,反而会降低收入水平。

2. 影响需求价格弹性的因素

需求价格弹性的强弱主要取决于以下影响因素。

(1) 商品的需要程度。需求价格弹性与商品需要程度成反比,生活必需品的需要程度高于一般商品,因而价格变化对其需求数量的影响小;反之,一般商品需求量与价格的相关程度则较大。

(2) 商品的替代性。需求价格弹性与商品替代性成正比。一种商品可替代性强,其价格增高会引起消费需求向其他替代商品转移;反之亦然。这种需求转移加大了价格变动对该种商品需求量的影响。一种商品难以替代,消费者只能提高对价格变动的承受能力,使需求量对价格的敏感程度下降。

(3) 商品供求状况。需求价格弹性与商品供求状况的关系比较复杂。供不应求的商品,价格在一定限度内上升时,对其需求量影响不大,但当价格上升到一定限度后,会对需求产生较强的抑制作用,这时,这类商品的需求弹性会随价格的继续上升呈现由弱到强的变化;供大于求的商品,价格降低可吸引较低消费层次的需求,从而大幅度增加销售量。但如果供大于求是由于产品老化,或其使用性能不能达到标准消费要求所致,则必须大幅度降价才能带动需求量的增加，此时，仅就降价所产生的影响程度而言，需求弹性较弱。

10.4.2 需求收入弹性

需求收入弹性简称收入弹性，指因收入变动而引起的需求量的相应变动率，反映需求量的变动对收入变动的敏感程度，用 E_y 表示：

$$E_y=需求量变动百分比/收入变动百分比$$

收入弹性亦有强弱之分，主要有 4 种类型：$E_y>1$、$E_y=1$、$E_y<1$、$E_y<0$。需求量与收入一般呈正比关系。前 3 种类型分别表示随收入变化，需求量呈较大幅度变化、等比例变化或较小幅度变化的情况。第 4 种类型是即将淘汰的商品或低档商品的需求特征，即随收入增加，需求量减少，两者呈反向变化趋势。不同的商品有不同的收入弹性，其强弱程度主要取决于各项商品支出在既定收入水平中的重要性及其构成。支出结构可分为 3 类：①固定支出，指消费者维持正常生理需要的开支；②可支配支出，指消费者用于改善日常生活的经常性开支；③可自由支配支出，指消费者用于享受或满足更高层次消费需要的计划开支。从重要性角度来看，三类支出的重要性依次递减。重要性越强，则收入弹性越弱；反之，则收入弹性越强。定价时考虑商品的需求收入弹性有着重要的意义：一方面，对于需求量随收入变化而相应发生变化的商品，企业应选择不同水平的价格，力求使价格变化与收入变化对需求量的影响相适应，达到销售量随收入增加而提高的目的；另一方面，企业利用价格对实际收入的反向影响，适时调整价格，刺激高收入弹性商品的需求，实现更多的盈利。在收入水平既定的条件下，降低高收入弹性商品的价格，意味着消费者用于这类商品的实际收入增加，需求量大幅度增长，企业可薄利多销。而当收入水平增长较快时，用于高收入弹性商品的支出必定会大大增加，此时适当提高这类商品的价格对需求量并无影响，企业可实现厚利与多销双收。

10.4.3 需求交叉弹性

需求交叉弹性简称交叉弹性，指因一种商品价格变动引起其他相关商品需求量的相应变动率，用 EBPA 表示，反映 A 商品价格变动使 B 商品需求量相应变动的比率，即

$$EBPA=B商品需求量变动百分比/A商品价格变动百分比$$

交叉弹性可以是正值也可以是负值。如为正值，则此两项产品为替代品，表明一旦产品 A 的价格上涨，则产品 B 的消费量必然增加；相反，如果交叉弹性为负值，则此两项产品为互补品，也就是说，当产品 A 的价格上涨时，产品 B 的消费量会下降。许多商品在使用价值上相互关联，一种情况是互替相关，称为互替商品；另一种情况是互补相关，称为互补商品。

10.4.4 用户需求的替补

替代性需求关系是指在购买者实际收入不变的情况下，某项产品价格的小幅度变动将会使

其关联性产品的销售量出现大幅度的变动。

互替商品是消费中使用价值可以相互替代的商品,如毛料服装与化纤服装。比价关系既定,不同的消费水平、偏好和习惯决定了对这些商品的不同需求量。当其中一种商品价格变化(如毛料服装价格上升)时,一部分消费者会限于收入水平转而消费另一种商品(如化纤服装),从而导致毛料服装需求下降,化纤服装需求上升。这种伴随一种商品价格变化,另一种商品需求量呈同方向变化的规律,使互替商品的交叉弹性为正值。

当企业所推出的产品大类中各项产品的目标市场极为接近时,往往会存在替代性需求关系。如果产品大类中各项产品的质量或性能有所差异,那么在价格上也应保持一定的差异,以反映产品的价值水平。需要注意的是,价格的差异程度必须能够反映产品相对价值的不同。通常这种价格差异程度应是相对的,不一定是绝对的。一旦提高产品价格,不同产品项目之间的价格差距也应有明显的调整。企业应设法找出能表现产品不同价值水平的最小价格差距,然后以这种差距比率为依据来调整价格。

互补性需求关系,是指某项产品的降价会使其关联性产品的销售量增加。出现这种互补性需求关系的主要原因如下。

1. 关联性价值

每当两项产品或服务能相互搭配使用时,就往往存在这种关系。例如,西服与领带、电脑与打印机之间的关系就是如此。

2. 强化价值

强化价值指某项产品或服务可以强化另一项产品或服务的性能或效用。例如,各式各样的照相机特殊镜头可使照相机有更多的艺术表现。

3. 提高质量

一些被设计用来作为换修、维护或促进经营的产品项目,通常都能提高主要产品的性能效用。例如,电子产品的服务合同就常常会随着产品销售量的提高而增加。

4. 方便购买

尽管有些商品的相关性不高,但由于可以在同一家商店购买到,省去在多家商店选购的麻烦,也可以使其他搭配商品受益。例如,顾客在选购降价特惠品时,可能顺便购买店中的其他商品,而使这些未降价的商品同时受益。

互补商品的交叉需求弹性通常不易分析,对于这种商品可采取如下两种定价策略。

(1) 高边际利润定价策略,即在确知某项商品具有互补性需求时,给其互补商品定高价。这种策略只有在垄断供应来源的情况下才能发挥最大效用,否则顾客在购买主要商品之后,有可能向其他厂商购买互补商品来搭配。

(2) 成组销售定价策略,即将主要商品及其辅助商品成组一并出售。这种定价方式被广泛应用于工业品市场营销策略中。要使成组销售定价策略发挥促销作用，产品之间必须确实存在互补关系，两者相辅相成。

不同商品的交叉弹性各异。定价时，企业不仅要考虑价格对需求量的影响，也要考虑市场上相关商品的价格对其产品需求的影响。这些商品价格的变化对企业产品需求在客观上起着增强或抑制的作用，特别是企业本身的产品线多，且相关程度高时，定价更要重视交叉弹性的影响，区别对待。

互替商品的定价要同时兼顾各品种间需求量的影响，选择恰当的比价；互补商品的定价则应错落有致，高低分明，力求以一种商品的需求带动另一种商品需求的增加，从而兼获销售量增长与盈利水平不减之利。一些厂家廉价供应罐装生产线、高价供应浓缩液，低价销售汽车、高价供应零配件等均是采取此类定价策略的体现。

10.5 企业市场定价

企业市场定价是指企业根据市场供求、竞争状况和客户接受程度来确定自己产品的市场价格。

10.5.1 企业市场定价方式

企业制定定价策略的首要目标是获得利润，其次是增加市场份额。基于这两个目标，大部分零售企业比较偏好采取消费者导向定价策略、企业成本导向定价策略和竞争导向定价策略。企业应根据不同市场的情况进行定价。

1. 消费者导向定价策略

消费者导向定价策略是通过对市场需求及消费者感知进行综合判断而制定的产品定价策略。在"互联网+"背景下，零售企业应该时刻掌握市场需求情况，要全面把握市场需求信息，根据市场的需求选择企业的定价策略。

(1) 差别定价策略。零售企业可以根据消费者对产品的价值认知不同、需求不同等情况，确定不同的细分市场及其产品定价策略。对同一种产品，不同消费者的购买意愿和数量都会有一定的差异，所以零售企业应针对不同消费群体购买需求的差异性，采用不同的价格策略，既能满足消费者的各种需求，又可以帮助企业获得利润与效益，因此企业采用差别定价策略具有重大的意义。

(2) 消费者心理定价策略。零售企业进行产品定价时一定要考虑消费者的购买心理变化情况，要思考消费者对产品价格的敏感程度。在互联网环境中，以消费者为中心的现代化销售方式对企业有着重大的影响，零售企业要通过消费者的心理反应来刺激消费。例如，将产品的价格定为10元不如定为8.8元更吸引消费者，因为8.8元会给消费者带来一种更便宜、更实惠的感觉,这样的定价不但不会给企业造成损失,而且还能提高产品的销售量,有助于树立更好的企业形象等。

2. 企业成本导向定价策略

企业成本导向定价策略是指以产品从生产到销售的成本作为定价的基础,首先计算产品从生产到销售的全部成本,最后把这些成本与企业期望获得的利润相加,即得出每个产品的基本价格。企业成本导向定价策略的优点是企业在补偿产品成本的同时,还可以获取一定的利润,但也存在一定的缺点,如它不能代表市场的需求价格,对市场反应缺乏弹性。

企业成本导向定价策略包括:

(1) 产品线定价策略。随着"互联网+"的发展,产品市场已被细分为不同的垂直市场,大多数互联网零售企业同时提供多种不同的产品或服务,这为零售企业的产品定价带来一定的难度,但也给企业的扩张和发展带来了新的机会。比如,在两种产品互补的情况下,零售企业可以通过对产品线进行调整与修改,牺牲主产品的价格利益以增加互补产品的需求,从而帮助企业的互补产品获得更高的利润。

(2) 产品组合定价策略。在互联网环境下,一个拥有许多产品的零售企业,不仅要进行单一定价,还要针对产品进行组合定价,使企业获得更多的获利机会。

3. 竞争导向定价策略

竞争导向定价策略是指零售企业根据参与市场竞争的同类商品的价格作为企业产品的定价。数字时代,价格信息越来越透明,使得企业更多地关注竞争导向定价。竞争导向定价策略包括:

(1) 主动竞争定价策略。"互联网+"环境下,零售企业在决策产品的定价目标时,了解和分析竞争环境是很重要的。零售企业要广泛采集竞争企业的战略目标与价格策略,考虑企业自身产品的参数、成本、质量等,与竞争者的产品做详细的对比,选择适合企业稳定成长与发展的定价策略。

(2) 被动竞争定价策略。在互联网时代,大部分零售企业提供的商品或服务是一样的,而对于同一类商品或服务,零售企业可以根据竞争者提供的商品或服务的弱点、档次等进行定价。

4. 企业定价策略

企业定价策略是企业市场竞争的重要手段,事关企业是否可以获得市场和效益,是否可以生存和发展。当前,消费者可以利用网络直接了解和比较所需产品的价格、规格等信息,因此有些问题需要企业注意:

(1) 谨慎提价与降价。企业的提价行为,消费者是不喜欢的或者拒绝的,而且产品涨价后有滞销的危险。但如果企业在提价方面有一定的技巧,那么就不会给企业带来困扰。企业可以采用明提和暗提两种提价方法,明提就是直接提高商品价格,暗提就是保持商品原售价不变而改变商品参数。

(2) 增强定价竞争力。在互联网时代，企业的定价一定要考虑消费者对价格的心理反应和敏感程度，科学运用消费者心理学，无论企业最终在企业战略决策时选择哪种定价策略，一定要以消费者为中心，运用各种技术对消费者的消费行为进行研究与分析，才能取得更好的效益。

10.5.2 企业市场定价方法

1. 撇脂定价

撇脂定价是指在产品或服务刚刚进入市场时定以高价，从而在市场上撇取厚利润这层"奶油"。一般在以下情况下采用此定价法：

(1) 短期内几乎没有竞争的危险(因为专利权保护、高市场进入障碍或新技术不易模仿等)。

(2) 由于产品具有独特性，价格需求缺乏弹性。

(3) 不同的顾客有不同的价格弹性，企业有足够的时间，尽量先让价格弹性小的顾客充分购买，然后再向价格弹性大的顾客推销。

(4) 在大规模生产之前，对产品需求的满足极为有限。

(5) 较小产量的产品的单位成本不致高到抵消从交易中得到的利益。

(6) 企业政策要求尽快收回投入成本。

(7) 高价能给人这种产品是高级产品、质量很好的印象。当企业采用撇脂定价法时，一定要考虑到企业的最终用户是否接受此产品或服务，是否愿意支付高昂的价格。

2. 渐降定价

采用撇脂定价法一段时间以后，将价格下调，即为渐降定价。此定价法经常在撇脂定价法之后采用，此时产品或服务已受到更多的潜在顾客的喜爱，分阶段降低价格可以使产品渗透到更多的市场，并能阻碍竞争者的进入。

3. 渗透定价

渗透定价是指在产品或服务刚刚进入市场时定以低价，从而比较容易进入市场或提高市场占有率。在下述情况下企业可考虑采用此定价法：

(1) 想要确立产品在市场上的基本地位。

(2) 阻止新的竞争者进入市场。

(3) 确认竞争者不会以牙还牙展开价格大战，可借此坐收低价扩大市场的好处。

(4) 以扩大市场占有率与投资收益率为目的。

(5) 市场需求对价格极为敏感，低价会刺激市场需求的迅速增加。

(6) 企业的生产和分销单位成本会随着产量的增加而下降。

4. 需求弹性定价

需求弹性定价是指利用已知的或已感觉到的顾客或细分市场对价格的敏感度，来确定价格的高低。在以下两种情况下可采用此定价法：

(1) 产品销售量较大，产品在市场上可能表现为较低的价格。

(2) 产品销售量较小或销量锐减，产品在市场上可能表现为较高的价格，如果对产品或服务做大量的促销工作，顾客可能会乐意对这种产品或服务支付高价。

5. 跟随定价

跟随定价就是跟随行业的价格领导者来为产品定价。在以下情况下企业可考虑采用此定价法：

(1) 本企业较小，而本行业又由少数享有较高市场占有率的竞争者所控制。

(2) 行业领导者要对不正常的高价或低价采取严厉的报复行动。

(3) 本企业的产品或服务与其他企业没有太大差别。

6. 细分市场定价

细分市场定价是指在不同的细分市场上，对同一产品定以不同的价格。在顾客能够接受根据产品或服务的细微差别而制定的不同价格的时候，这种定价法就显得尤为重要。在以下情况下企业可考虑采用此定价法：

(1) 产品在不同细分市场上具有不同程度的价值。

(2) 产品或服务可略做改变，以适应细分市场的不同需要。

(3) 不同的细分市场之间不存在竞争。

7. 成本加成定价

成本加成定价是指成本加目标利润形成价格。此定价法对以市场为导向的经营者来说不太灵活，通常被应用于以下情况：

(1) 产品或服务在政府市场上销售。

(2) 总成本无法明确地分摊提列。

(3) 新产品首次进行试销。

8. 机动定价

机动定价是指为了适应竞争或市场的变化，对产品或服务做出相应的机动性定价。在以下情况下企业可考虑采用此定价法：

(1) 存在严峻的竞争性挑战。

(2) 竞争者以渗透价格发起进攻。

(3) 产品或服务需求水平正在变化。

9. 先发制人定价

先发制人定价是指为了阻止竞争者进入而采用的一种定价方法。它作为企业的一种早期防御办法，可以保护本企业产品的优势地位。在以下情况下企业可考虑采用此定价法：

(1) 想要确立本企业强大的市场地位，并阻止竞争者的进入。
(2) 通过价格、产品或服务、促销来满足市场需求，从而赢得品牌信誉。

10. 淘汰定价

淘汰定价是指当产品或服务已不时兴，将要被淘汰的时候，对它们定以高价，此时，继续保持产品的可用性，通过高价保持销售利润，以榨出此产品或服务的最后一滴"油水"。在以下情况下企业可考虑采用此定价法：

(1) 产品或服务目前还在使用，但从长期来看，需求将下降。
(2) 顾客能比较容易地得到类似产品或服务。
(3) 必须对产品或服务的产量进行削减，以加强管理。

11. 亏本销售定价

亏本销售定价是指使某种产品或服务的价格低于成本，其目的是吸引顾客购买本企业的其他产品。在以下情况下企业可考虑采用此定价法：

(1) 企业希望能造成抢购风潮。
(2) 与亏本销售产品相配套的产品可高价售出，以赚取利润。

12. 整数定价

整数定价是指采用舍零凑整的方法制定整数价格，例如将价格定为 10 元，而不是 9.9 元。整数定价法可以将价格提升到较高一级的档次，借以满足消费者的高消费心理。顾客会感到消费这种商品与其地位、身份、家庭条件等协调一致，从而迅速做出购买决定。

13. 尾数定价

尾数定价是指保留价格尾数，采用零头标价，例如将价格定为 9.98 元，而不是 10 元，将价格保持在较低一级的档次。尾数定价不仅可以给人以便宜感，还会因标价精确而给人以信赖感。尾数定价用于满足消费者求实的消费心理，使之感到商品物美价廉。对于需求价格弹性较强的商品，采用尾数定价法往往会使需求量大幅度增加。

14. 声望定价

声望定价是指针对消费者"价高质必优"的心理，对在消费者心目中享有声望，具有信誉的产品制定较高价格。价格档次时常被当作商品质量最直观的反映，特别是在消费者识别名优产品时，"价高质必优"的心理意识尤为强烈。因此，高价与性能优良、独具特色的名牌产品配合，更易显示产品特色，增强产品吸引力，能够产生扩大销量的积极效果。

15. 习惯定价

习惯定价是指按照消费者习惯价格进行定价。日常消费品的价格通常已在消费者心目中形成一种习惯性标准，符合其标准的价格被顺利接受，偏离其标准的价格则易引起疑虑。高于习惯价格常被消费者认为是不合理的涨价；若低于习惯价格又使消费者怀疑是否货真价实。因此，这类商品价格要力求稳定，避免价格波动带来不必要的损失。必须变price时，应同时采取改换包装或品牌等措施，避开消费者对新价格的抵触心理，引导消费者逐步接受新的价格。

16. 系列定价

系列定价是指针对消费者喜欢比较价格的心理，将同类产品的价格有意识地分档拉开，形成价格系列，使消费者在比较价格时能迅速找到各自习惯的档次，得到满足感。

17. 组合定价

组合定价是指对相关商品按一定的综合毛利率联合定价。对于互替商品，适当提高畅销品价格，降低滞销品价格，以扩大后者的销量，使两者的销售相得益彰，增加企业总盈利。对互补商品，有意识地降低购买频率低而需求价格弹性高的商品价格，同时提高购买频率高而需求价格弹性低的商品价格，会达到各种商品的销量同时提高的良好效果。

18. 折扣定价

价格有基本价格(也称样本价格)与成交价格之分，前者指价目表中标明的价格，后者则是根据不同交易方式、数量、时间及条件，在前者基础上给予适当折扣而形成的实际售价。灵活运用折扣定价技巧，是企业争取顾客、提高销售量的重要方法。

(1) 现金折扣。现金折扣即对按约定日期付款或提前付款的顾客给予一定的价格折扣，目的是鼓励顾客按期或提前支付欠款，减少企业的利率风险，加速资金周转。折扣的大小一般根据付款期间的利息和风险成本等因素确定。

(2) 数量折扣。数量折扣即根据购买数量或金额的差异给予不同的价格折扣，分为非累计数量折扣与累计数量折扣两种形式。前者是对一次性购买超过规定数量或金额的订单给予的价格优惠，目的在于鼓励买方增大每份订单的购买量，便于卖方企业组织大批量产销。后者是对一定时期内累计购买超过规定数量或金额的客户给予的价格优惠，目的在于鼓励客户建立长期、固定的关系，减少卖方企业的经营风险。数量折扣的关键在于合理确定给予折扣的起点、折扣档次及每个档次的折扣率。

(3) 交易折扣。交易折扣又称功能性折扣，即厂商依据各类中间商在市场营销中担负的不同职能，给予不同的价格折扣，目的在于利用价格折扣刺激各类中间商更充分地发挥各自组织市场营销活动的功能。

(4) 季节折扣。季节折扣指对在非消费旺季购买产品的客户提供的价格优惠，目的在于鼓励客户在淡季购买，减少厂商的仓储费用，以利于产品均衡生产，均衡上市。

(5) 促销让价。促销让价指厂商对中间商为产品推广所进行的各种促销活动，如刊登广告、橱窗展示等，给予一定让价作为报酬。此方法尤其适用于新产品的导入期。

(6) 地理折扣。地理折扣即产品运费包含在价格中，包括 FOB 定价、统一交货定价、区域定价及弹性定价等。

① FOB 定价，指将运费加上产品基本售价来决定产品的交货价格。

② 统一交货定价，指企业对于卖给不同地区的顾客的某种产品都按照相同的出厂价加相同的运费定价，实行全国一个价，即不论顾客所在地区远近，一律采取相同的交货价格。这种定价方法比较适用于运费占售价比例不高的产品。全国性广告标示统一价格的厂商采取的就是这种定价方式。

③ 区域定价，对于运费占售价比例偏高的产品，可以考虑采取这种定价方式。它类似于统一交货定价，也就是说同一地区的交货价格相同，但不同地区的价格则略有差异，这种方法可兼顾价格竞争力与获利能力。

④ 弹性定价，这种定价方法适用于竞争者挑起价格战的情况。定价决策人员可根据顾客特性与实际竞争状况，决定应向哪些人适当收取运费，应免去哪些人的运费，以维持市场占有率。但是，弹性定价只有在增加产品销售量的收益足以弥补运费损失的情况下才可以实施。

(7) 客户折扣。客户折扣指根据客户的来源给予不同的折扣。在数字时代，这一折扣会越来越适用，如 KOL 折扣、网红折扣、带货折扣、TOP 折扣等。

10.6　企业定价策略

数字时代，企业的市场定价有着更多的不确定性，信息传播速度的加快和信息透明度的提高也使得企业定价难度增加，尤其是线上和线下同时开展业务的企业，企业定价的难度和灵活性都非常大。

10.6.1　低价定价策略

借助互联网进行销售，比传统销售渠道的费用低廉，因此网上销售价格一般来说比传统的市场价格要低。网上的信息是公开和易于搜索比较的，因此网上的价格信息对消费者的购买有着重要影响。根据研究，消费者选择网上购物，一方面是因为网上购物比较方便，另一方面是因为从网上可以获取更多的产品信息，从而能够以最优惠的价格购买商品。由于产品定价时大多采用成本加一定利润，有的甚至是零利润，因此采用低价定价策略进行定价在公开价格时就比同类产品要低。制造业企业在网上进行直销时一般采用低价定价策略，另外一种低价定价策略是折扣策略，它是根据原价的一定折扣来定价的，可以让顾客直接了解产品的降价幅度以促进顾客的购买。这类价格策略主要用于一些网上商店，它一般按照市面上的流行价格进行折扣定价。例如京东的图书价格一般都采用折扣策略。

如果企业要拓展网上市场，但产品价格又不具有竞争优势时，则可以采用网上促销定价策略。由于网上的消费者范围很广而且具有很大的购买能力，许多企业为打开网上销售局面和推广新产品，会采用临时促销定价策略。促销定价除前面提到的折扣策略外，比较常用的是有奖销售和附带赠品销售。

采用低价定价策略时要注意以下几点。

(1) 由于互联网是从免费共享资源发展而来的，用户一般认为网上商品比从一般渠道购买商品要便宜，不宜在网上销售那些顾客对价格敏感而企业又难以降价的产品。

(2) 在网上发布价格时要注意区分消费对象，一般要区分一般消费者、零售商、批发商、合作伙伴，分别提供不同的价格信息发布渠道，否则可能因低价策略混乱导致营销渠道混乱。

(3) 在网上发布价格时要注意比较同类站点发布的价格，因为消费者通过搜索可以很容易地在网上找到最便宜的商品。

10.6.2 定制生产定价策略

在数字时代，对营销服务策略中个性化服务的特点进行了分析。作为个性化服务的重要组成部分，按照顾客需求进行定制生产是满足顾客个性化需求的基本形式。定制生产根据顾客对象的不同可以分为两类。

一类定制生产是面向工业组织市场的定制生产，这类属于工业组织市场的定制生产主要通过产业价值链完成，下游企业向上游企业提出需求和成本控制要求，上游企业通过与下游企业协作设计、开发并生产满足下游企业需要的零配件产品。由于消费者的个性化需求差异较大，加上消费者的需求量又少，因此企业实行定制生产必须在管理、供应、生产和配送各个环节上适应这种小批量、多式样、多规格和多品种的生产和销售变化。为适应这种变化，现代企业在管理上采用 ERP(enterprise resource planning，企业资源计划系统)来实现自动化、数字化管理，在生产上采用 CIMS(computer integrated manufacturing system，计算机集成制造系统)，在供应和配送上采用 SCM(supply chain management，供应链管理)。

另一类定制生产是面向消费者的定制生产，是在企业能实行定制生产的基础上，利用网络技术和辅助设计软件，帮助消费者选择配置或者自行设计能满足自己需求的个性化产品，同时承担自己愿意付出的价格成本。例如，电脑生产商的用户可以通过其网页了解各型号产品的基本配置和基本功能，根据实际需要和能承担的价格，配置出自己最满意的产品，使消费者能够一次性买到自己中意的产品。目前这种允许消费者定制生产的尝试还只是处于初步阶段，消费者只能在有限的范围内进行挑选，消费者所有的个性化需求还不能得到完全满足。

10.6.3 使用定价策略

在传统交易关系中，产品买卖是完全产权式的，顾客购买产品后即拥有对产品的完全产权。随着经济的发展，人民生活水平不断提高，人们对产品的需求越来越多，而且产品的使用周期也越来越短，许多产品购买后使用几次就不再使用，造成极大浪费，这种浪费现象制约了许多顾客对这些产品的需求。为改变这种情况，可以采用类似租赁的按使用次数定价的方式。

使用定价策略就是顾客通过互联网注册后可以直接使用某公司的产品，顾客只需要根据使用次数进行付费，而不需要将产品完全购买下来。这不仅减少了企业为完全出售产品而进行的不必要的生产和包装浪费，同时还可以吸引过去那些有顾虑的顾客使用产品，扩大市场份额。顾客只需要根据使用次数付款，节省了购买产品、安装产品、处置产品的麻烦，还可以节省不必要的开销。例如微软公司曾在2000年将其产品Office 2000放置到网站，用户通过互联网注册使用，按使用次数付费。企业采用按使用次数定价，一般要考虑产品是否适合通过互联网传输，是否可以实现远程调用。目前，比较适合使用定价策略的产品有软件、音乐、电影等。例如我国的用友软件公司推出网络财务软件，用户在网上注册后可在网上直接处理账务，而无须购买软件和担心软件的升级、维护等非常麻烦的事情；对于音乐产品，也可以通过网上下载或使用专用软件播放；对于电影产品，则可以通过视频点播系统VOD来实现远程点播，无须购买光盘等。另外，使用定价策略对互联网的带宽提出了很高的要求，因为许多信息都要通过互联网进行传输，如果互联网带宽不够将影响数据传输，势必会影响顾客的使用和观看。

10.6.4　拍卖竞价策略

网上拍卖是目前发展比较快的业务。经济学者认为，市场要想形成最合理的价格，拍卖竞价是最合理的方式。网上拍卖由消费者通过互联网轮流公开竞价，在规定时间内价高者成交。根据供需关系，网上拍卖竞价方式有下面几种。

(1) 竞价拍卖，竞价拍卖涉及的商品包括二手货、收藏品，也可以将普通商品以拍卖方式进行出售。例如HP公司曾将公司的一些库存积压产品放到网上拍卖。

(2) 竞价拍买，是竞价拍卖的反向过程，即消费者提出一个价格范围求购某一商品，由商家出价，出价可以是公开的或隐蔽的，消费者将与出价最低或最接近的商家成交。

(3) 集体议价，在互联网出现以前，这一种方式在国外主要是由多个零售商联合起来，向批发商(或生产商)以数量换价格。互联网出现后，普通的消费者也能采用这种方式购买商品。集合竞价模式是一种由消费者集体议价的交易方式，这在目前的国内网络竞价市场中还是一种全新的交易方式。提出这一模式的是美国著名的Priceline公司。在国内，雅宝已经率先将这一全新的模式引入自己的网站。

就价格而言，拍卖竞价策略理论上有两种价格模式：浮动价格模式和固定价格模式。浮动价格模式包括竞价拍卖、竞价拍买和集体议价等竞价模式；固定价格模式包括供方定价直销、需方定价求购等定价模式。在拍卖交易关系中，根据交易双方的关系，可以将交易关系形式化为交易模式X∶Y，X∶Y的含义为达成交易时供需者数量的对比，具体又分为以下4种模式：第一种，1∶1(1对1)的交易模式。大部分的个人交易、企业以拍卖方式出售商品，传统拍卖企业进行的对单个购买者的拍卖交易均为这种模式。第二种，1∶N(1对多)的交易模式。多数企业对个人的交易均为这种模式。这一模式中价格的形成既可采用供方主导的正向定价法，也可采用通过集体议价由需求方主导的逆向定价法。第三种，M∶1(多对1)的交易模式。当任何一个供应方无法满足需求方的批量要求时，将由多个商家提供商品或服务，这将导致出现M∶1交易模式。第四种，M∶N(多对多)的交易模式。当集体议价模式盛行，同时参与集体议价的需求方数量又超过了单一供应方的供给能力时，M∶N 交易模式将会出现。这些拍卖竞价方法是一种最市场化的方法，随着互联网市场的拓展，将有越来越多的产品通过互联网拍卖竞价。目前拍卖竞价针对的购买群体主要是消费者，个体消费者是目前拍卖市场的主体。因此，采用拍卖竞价并不是企业目前首要选择的定价方法，因为拍卖竞价可能会破坏企业原有的营销渠道和价格策略。采用网上拍卖竞价的产品可以是企业的一些库存积压产品，也可以是企业的一些新产品，将产品以低廉价格在网上拍卖，通过拍卖展示起到促销效果，以吸引消费者的关注。

10.6.5　时效产品定价策略

有时效性的产品越接近其可以发挥效用的最后期限，它的使用价值就越小直到为零。面对即将到期的产品，生产厂商往往会采用打折的方式出售，否则就无法实现其价值。企业服务作为一种特殊的产品，由于其自身的不可储存性，经常面临价值无法实现的情况。酒店客房和飞机、火车的座位一旦空置，就意味着其价值完全没有实现，在一定程度上造成了资源的浪费。如果公开打折促销，一方面会造成已购买客户的不满，另一方面也有损自身的品牌和声誉。此时，就需要中间商在供需双方之间发挥信息沟通、交流的桥梁作用，促成交易的实现。交易一旦实现，不仅让服务提供者获得了经济利益，也让客户以相对较低的价格满足了需求。

【拓展阅读10-1】
去哪儿网：数字赋能提升用户经济价值

本章要领梳理

数字经济是以消费者需求为主导的经济形式，随着网络信息的透明和市场竞争的激烈，需求方地位提升。企业定价除传统的价格大于零的定价方式外，还出现了价格等于零的免费定价方式以及价格小于零的定价方式。大数据时代，基于互联网技术和多业态整合的零售企业多边平台式商业模式已成为未来零售业发展的趋势。现代零售企业多边平台模式通过搭建零售企业价值链信息共享平台，整合零售企业实体和虚拟资源网络，构建价值链协同与利益均衡机制，重塑商业生态圈与平台战略，逐步实现共创、共生、共享、共赢。

数字时代，企业要利用大数据为产品智能定价。定价是一项系统的工程，不仅与商品本身的属性及销售表现有关，也与所属门店的竞争格局、客群构成有关，并与所属品类的战略定位息息相关。价格弹性是衡量价格变动引起的市场需求量变化的敏感程度，具体来说，是某一种产品销量发生变化的百分比与其价格变化百分比之间的比率。利用大数据计算得到每一个商品的价格弹性后，企业可以结合商品重要性的维度(综合考量商品的引流能力、销售贡献、毛利贡献、所处生命周期等因素)，在品类内为每一个商品制定相应的定价策略。

产品定价是指企业按照价值规律和供求规律，根据国家的价格政策和规定的作价原则、办法以及市场供求变化情况，制定和调整由企业生产经营的产品或服务的价格。定价策略由企业定价目标、达到此目标的具体措施和贯彻这些措施的具体行动计划所组成。

教练作业

1. 数字时代，产品定价有哪些重要变化？
2. 产品定价的原则和目的有哪些？
3. 产品价格的内涵是什么？
4. 简述数字时代产品价格的确定方法。

市场传播与营销的数字化

第 11 章

> 要强化科技应用开发,紧紧围绕经济社会发展需求,充分发挥我国海量数据和巨大市场应用规模优势,坚持需求导向、市场倒逼的科技发展路径,积极培育人工智能创新产品和服务,推进人工智能技术产业化,形成科技创新和产业应用互相促进的良好发展局面。
> ——《推动我国新一代人工智能健康发展》(2018年10月31日),习近平《论科技自立自强》,中央文献出版社2023年版,第213页

数字时代是信息的时代,是传播的时代,是沟通的时代。移动互联网和自媒体使得企业的传播和推广能力成为事关企业生死存亡的能力。市场营销是指企业将本企业及产品的信息通过各种方式传递给消费者和用户,促进其了解、信赖并购买本企业产品的过程。市场营销的实质是营销者与购买者之间的信息沟通。沟通要解决谁说什么、用什么渠道、向谁说、想达到什么效果等问题。

企业要用一个有效的信息引起人们注意,产生兴趣,勾起欲望,然后变为行动。一个有效的信息应能回答四个问题:说什么(信息内容)、怎样顺理成章地说(信息结构)、怎样用符号来说(信息组织)、将由谁来说(信息源)。一个信息的有效性不仅取决于内容,还取决于结构形式。信息结构可分为得出结论、一对二争论及描述顺序三种形式。得出结论信息结构,是指企业是应该为群众得出一个确定的结构,还是应该将此留给群众自己总结。在下列情况下,得出结论就很难生效:如果企业被认为不可信赖,那么群众会对企业企图造成的影响感到不满;如果问题很显而易见或群众的知识水平很高,企业可能会对企图解释这些很显然的事情感到厌烦;如果

问题主要针对个人，群众会对企业企图得出的结论感到愤怒，得出一个过于鲜明的结论会使群众对这种产品的认可受到限制。一对二争论信息结构，是指企业只宣扬某产品的各种好处，还是同时提醒注意它的某些缺陷。有人认为只宣传产品的好处能产生最好的效果，这种方法在展销会、政治竞选和儿童的教育培养等方面都被充分采用，顾客在对信息传播者的地位有某种喜欢的倾向时，单向信息说明作用最佳。而双向信息说明又能对那些持反对意见的顾客起到良好的作用，双向信息看起来对于受过良好教育的顾客效果更为显著，对于那些容易受到反面信息影响的顾客更有效。描述顺序信息结构，是指引出问题后，企业应把最关键的论点放在开始还是放在最后。在单向信息说明的情况下，一开始就提出关键的论点，对于引起人们的注意和兴趣大有好处，这对于顾客并不注意完整信息的传播媒介来说是非常重要的，这也意味着这是一种调子渐低的表述方法。而对于已引起注意的顾客，采取调子渐高的表述方法可能会更有成效。在双向信息说明的情况下，问题就变为是首先提出肯定的论点(首要效果)还是最后再提(最新效果)。如果顾客起初是持否定态度的，那么企业从否定的论点出发就会消除顾客的戒备，从而允许企业提出其最关键的论点。

11.1 市场传播的数字化

市场传播有两个沟通的参与者，即发送者和接收者；有两个沟通工具，即信息和载体；有五个沟通职能，即编码、译码、反应、反馈和干扰。

企业市场传播必须清楚要面对何种目标顾客，并且期待他们做何反应，要考虑目标顾客对于信息有什么样的解译，发送者对信息进行编码，将信息通过有效的媒介载体传送给目标顾客，通过反馈了解顾客对于信息的反应。

11.1.1 数字营销的客户推荐算法

UBCF(user-based collaborative filtering)即基于用户的协同过滤推荐算法，它的核心思想是利用用户之间的相似度来推荐物品。UBCF 算法假设用户之间的兴趣相似度是固定不变的，即如果两个用户在之前有相同的评分行为，那么他们在将来也会有相同的评分行为。因此，UBCF 算法首先会计算用户之间的相似度，然后根据相似度来推荐物品。

IBCF(item-based collaborative filtering)即基于物品的协同过滤推荐算法，它的核心思想是利用物品之间的相似度来推荐物品。IBCF 算法认为，如果一个用户喜欢一个物品，那么他也有可能会喜欢与之相似的物品。因此，IBCF 算法首先会计算物品之间的相似度，然后根据相似度来推荐物品。

总之，UBCF 算法关注的是用户之间的相似度，而 IBCF 算法关注的是物品之间的相似度。

内容过滤推荐算法(content-based filtering，CBF)是一种基于物品特征的推荐算法。它的核心思想是根据用户过去的行为和偏好，推荐与用户已喜欢的物品相似的其他物品。

CBF 算法首先对物品进行特征提取，比如对于电影推荐，可以提取电影的导演、演员、类型、时长、评分等特征。然后，CBF 算法会根据用户喜欢的物品的特征，来推荐具有相似特征的其他物品。

与协同过滤算法不同，CBF 算法不需要考虑其他用户的行为和偏好，因此可以避免协同过滤算法存在的冷启动问题和数据稀疏性问题。但是，CBF 算法的推荐结果可能会受到物品特征的影响，如果物品特征无法反映用户的真实兴趣，那么推荐结果可能会出现偏差。

CBF 算法是一种基于物品特征的推荐算法，可以根据用户已喜欢的物品的特征来推荐相似的其他物品。

11.1.2 跨界："不务正业"做传播

据报道，优衣库开始"不务正业"，在网站上教消费者如何做菜。优衣库美国官网有一个特别的单元页，上面是这样说的：这是"延伸我们品牌哲学的网络工具"，所以在这个单元里，全都是一些看似与服饰没有直接关系，却都能丰富消费者生活的内容。优衣库找了 6 位新锐大厨，利用简单的食材、一般的烹饪技巧，受 LifeWear 系列服饰的启发，创作了 24 道食谱，一步一步地教消费者做菜，并且把这些内容整合在一个 iPad 版的免费 App UNIQLO RECIPE 里。我们认为，iPad 版 App 里的内容才是优衣库想要消费者完整体验的，网站里的内容反而是配角。在 UNIQLO RECIPE 里，消费者可以选择感兴趣的食谱，根据图片及文字的描述就可以做出一道视觉与美味兼具的佳肴。食谱旁展示着精美的衣服，并且链接到官网，可以直接购买。优衣库很巧妙地把产品列表变成了食谱，把食谱又变成了列表。它思索的是让使用者在什么时机下看到产品。

相信在优衣库的目标对象中，有一群人是喜爱烹饪的，与其推出一个精美的产品列表，只服务对品牌感兴趣的消费者，不如推出一个实用的工具，把可能下载这个 App 的对象扩大为品牌爱好者或对烹饪感兴趣的人。找出消费者的生活形态，为其提供实用的工具，只有这个工具使消费者愿意保留 App，才能增加产品被看到的机会。App 被保留下来，是因为它实用；它实用，是因为生活中有机会用到它。找到这样的模式，是不是开启了各种品牌与消费者贴近的可能？只要找到符合消费者生活形态的服务，就可以考虑。

11.1.3 网红：自媒体模式做传播

网红商业模式是新兴的媒体商业模式。数字时代，在内容传播日益分众化的趋势下，人们习惯在价值观趋近的社群中寻找存在感和认同感，网红在每一个细分领域中充当了关键意见领袖。网红向受众传播的不仅仅是简单的产品或者内容，也包含个性化的价值观、生活理念、消费方式及人格魅力。

1. 网红传播基本模式

网红们通过发布照片、短视频和直播吸引"粉丝"，进而通过"粉丝"买单、商家投放广告获得收益，形成网红经济。随着"粉丝"量的不断增加，网红通过定向营销会获得可观的销售量和回购率，进一步促进网红经济的发展。

网红的基本商业模式主要包括广告、电商及内容打赏等。网红商业模式的成功，主要因为网红电商、网红广告独具的特质。网红把用户需要(或不需要)的产品以娱乐的方式组织起来，使视频内容容易被接受，而不是像传统广告一样把一些信息强加给用户，这就给用户带来了非常好的体验。网红商业模式主要有以下几种运营方式：微电商模式，即卖货模式，采用这种模式变现有一定难度，需要通过对"粉丝"的引导来实现；广告让利，这是网红变现的重要方式，也是网红商业运营中首先选择的盈利方式；卖会员和"粉丝"打赏，网红通过制造热点话题，吸引"粉丝"参与，当关注某个话题的"粉丝"足够多或链接、视频浏览量足够高时，会员资格就可以出售，"粉丝"的打赏也会是一笔可观的收入；商业合作、品牌策划与话题炒作，网红有强大的传播优势；做企业或产品的形象代言人，代言品牌的选择非常重要，要考虑"粉丝"群体的类型和自身作为网红的风格，结合这两点确定匹配的代言品牌。

2. 网红传播的要求

(1) 网红传播要结合社会热点，才能爆发巨大的传播势能。网红传播的爆点往往就是全民的痛点，背后掩藏着巨大的、迫切的市场需求，一旦引爆，将引发狂潮般的市场回应。

(2) 网红传播的核心永远是人，微博、微信永远是工具，真正激活这些工具的是人。

(3) 网红传播中，好产品是关键。好产品不一定能创造立竿见影的奇迹，但好产品一定是品牌奇迹的基石。

(4) 网红传播中，产品由消费者决定。传统企业营销是闭门造产品，将产品硬推给消费者，而互联网时代，消费者参与制造产品。小米手机的成功真谛之一就是让"粉丝"一起参与创造产品内容，而不是企业一厢情愿地制造产品。只有网友创造的，才是有生命力的，是不花钱的广告。

(5) 网红传播中，体验是第一。在产品同质化严重过剩的年代，传统企业必须重新塑造产品体验，让消费者在体验的过程中获得感动，品牌就在体验的过程中形成。

(6) 网红传播要做出持续热点链，这些虽然都不是人为安排的，但企业应创造机会让事件持续发酵，最后才能把品牌推向高潮。

(7) 网红传播鼓励全民娱乐化创作。娱乐化是网友们支持的动力，娱乐化的前提是有创作题材，企业做网红传播一定要善于制造大题材，不能仅从企业本身利益出发，而应从全体网民的重大关切出发。

(8) 网红传播要有故事。故事往往是价值的代名词，一个讲不出好故事的品牌是没有张力的。品牌故事的展开过程就是品牌文化的传播过程。

(9) 网红传播要鼓励多角色参与。网红传播最忌讳情节单一和参与性弱，这种事件的传播是孤立的，是没有效果的。

(10) 网红传播要快速释放价值。

11.2 微信传播与营销

微信是腾讯公司于 2011 年推出的一款快速发送文字和照片、支持多人语音对讲的手机聊天软件。微信具有跨平台、移动即时通信等功能，同时，可以实时显示对方打字状态，以实时掌握对方的响应情况。微信提供公众平台、朋友圈、消息推送等功能，用户可通过摇一摇、搜索号码、附近的人、扫二维码等方式添加好友和关注微信公众平台，同时微信用户可以把内容分享给好友，以及把看到的精彩内容分享到微信朋友圈。

11.2.1 微信营销的特点

1. 精准营销

微信拥有庞大的用户群，借助移动终端、天然的社交和位置定位等优势，每个信息都可以精准推送，每个个体都有机会接收到这个信息，继而可以帮助商家实现点对点精准营销。

2. 形式灵活多样

(1) 信息推送。用户可以一对一地把信息推送给用户。

(2) 建群。用户可以按某一目的组群，推送信息和讨论。

(3) 朋友圈。用户可以把信息发给自己所有好友。

(4) 漂流瓶。用户可以发布语音或者文字，然后投入"大海"中，如果有其他用户"捞"到，则可以开展对话。

(5) 位置签名。商家可以利用"用户签名档"这个免费的广告位为自己做宣传，附近的微信用户就能看到商家的信息。

(6) 二维码。用户可以通过扫描二维码来添加朋友、关注企业账号，企业则可以设定自己品牌的二维码，用折扣和优惠来吸引用户关注，开拓 O2O 的营销模式。

(7) 开放平台。通过微信开放平台，应用开发者可以接入第三方应用，还可以将应用的 logo 放入微信附件栏，使用户可以方便地在会话中调用第三方应用进行内容选择与分享。

(8) 公众平台。在微信公众平台上，每个人都可以打造自己的微信公众账号，并实现和特定群体的文字、图片、语音的全方位沟通与互动。

3. 强关系的机遇

微信的点对点产品形态注定了其能够通过互动的形式将普通关系发展成强关系，从而产生更大的价值。通过互动的形式与用户建立联系，进而让企业与消费者形成朋友的关系，你不会相信陌生人，但是会信任你的"朋友"。

微信营销运作也必须满足客户需求。微信作为一种营销手段，企业必须提供良好的产品和服务，完善产品的设计和服务的提供流程，使顾客有更多的机会和途径体验产品与服务。有了良好的体验，顾客才会认可和信赖产品与服务，也才会主动地将企业信息推荐给别人。微信营销有其他营销方式无可比拟的优势，但成功企业的营销活动一定是线上和线下的有机结合、相互配合，从而保证消费者对企业品牌不同来源认知的一致性，使企业自身对品牌的认知信息和向消费者传播的信息不会产生偏差。此外，将微信营销和传统营销方式相结合，发挥各自的优势，拓宽用户体验的途径，使用户对企业产品和服务有更加全面的了解，有助于抓住顾客、留住顾客。无论企业采用哪一种营销方式，都需要站在消费者的角度，想他们所想，急他们所急，微信营销也不例外。微信营销作为新型的、更加私人化的营销方式，应该重视与用户之间的沟通、交流与互动，让用户觉得不被打扰，甚至让用户愿意去了解和接受企业品牌和产品信息。这就需要商家多组织形式多样的用户体验活动，注重与用户之间的情感交流，让用户真正喜欢企业品牌。

11.2.2 微信营销的模式

微信营销的模式如图11-1所示。

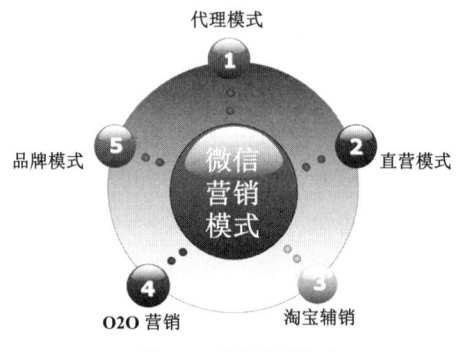

图11-1 微信营销模式

1. 代理模式

代理模式是目前流水量最高的微信营销模式，也是化妆品尤其是面膜品类产品的主要营销模式，当然，这也是被外界诟病最多的营销模式，很多人认为朋友圈营销就是找代理，实际上，朋友圈代理模式只是线下代理模式的一个延伸。目前，从化妆品的利润率来看，大概只能做到三级代理，不会无限发展。代理模式是集中管理的模式，也是非常高效的模式。

朋友圈营销的最大问题是品牌性和管理性比较差，往往新人学会之后就自己单干了，人员流失的情况会比较明显。所以很多品牌目前还在致力于品牌建设，希望可以更好地解决这个问题。因为有品牌之后，在产品推广和客户利益保障上会有比较好的效果，团队稳定性也会比较有保障。

需要注意的是，朋友圈营销的客户其实并不是熟人、朋友，主要成交对象是中间关系，即朋友圈的朋友，或者同事的朋友等不太熟又有基础信任的人。

2. 直营模式

直营模式就是由商户直接到客户，不会有中间代理，也很难发展中间代理，因为没有足够的利润支撑。

这样的模式怎么赚钱呢？答案是批发客户。例如大熊会的各种案例中，卖荔枝的龙眼妹妹、卖瓷器的雨灵等都是通过直营模式赚钱。因为他们的荔枝和瓷器等产品质量确实不错，在经过短期的推广和销售之后，都产生了一些批发客户，这些批发客户发展为常年的采购客户，还有外地的水果商包揽了荔枝妹妹的产品在外地的经销权，一下子拓展了外地的市场。

有人问，一开始的客户是从哪里来的呢？这就体现了平台的重要性。一开始的客户除自己本身的好友之外，还有平台的很多朋友支持。把产品送给这些朋友品尝后，大家觉得不错就都分享到自己的朋友圈，这样就获得了很多基础客户，然后客户再分享，慢慢做出了自己的品牌，拥有了客户群。

如果没有类似的平台，也可以尝试在自己的社交群里找一些志同道合的朋友帮忙去做类似的事情，只要产品好，愿意尝试，就一定会有效果。

3. 淘宝辅销

很多人会把淘宝和朋友圈营销对立起来，其实并不是这样的。做淘宝的人开始做朋友圈营销之后，效果往往会非常惊人。因为淘宝最大的特点是可以通过各种方法来获取客流，而朋友圈营销则擅长留住客流，增加复购。

4. O2O营销

微信朋友圈不仅能做产品销售，还可以很好地做 O2O，其方法是线下提供服务，而产品和技术宣传基本都通过朋友圈来实现，而朋友圈也是很多活动的落脚点，尤其是预约打折的效果特别好。

5. 品牌模式

很多公众平台会员的内容传播都是通过朋友圈来实现的，还有很多人通过朋友圈进行众筹等商业合作。品牌同样是一个商品，而且溢价和增值非常高。

朋友圈营销其实并不复杂，只要做好产品，通过微信做好客户服务，或快或慢都会取得一定的成绩，这里并没有什么成规需要遵守。产品品类覆盖也非常广泛，只要能做好产品，找到客户所在的地方，然后通过传播的手段去影响他，用微信来成交和管理，最终都会有很好的效果。

11.2.3 微信营销的手段

1. "病毒式"传播

病毒式传播是指通过朋友的不断转发和助力，实现快速传播和全民关注。助力活动通常的方式是，技术公司在制作活动微网页时，添加"助力"一栏。用户参加活动时，在活动页面上输入姓名、手机号码等信息后，点击"报名参与"，即可进入具体活动页面。用户如想赢取奖品，就要转发至朋友圈并邀请好友助力，获得的好友助力越多，获奖的概率也就越大。为发挥助力者的积极性，也可以让参加助力的好友参与抽奖。这样，通过报名者与其众多好友的关注和转发，就达到了广泛传播的目的。通过助力活动，企业不但可以在后台清晰地掌握报名者的基本数据和信息，如名字、性别和手机号码等，也最大限度地发掘了他的朋友圈资源，让更多的人关注甚至参与此项活动。这种经济学上的乘数效应使活动消息得以成倍扩散，使企业品牌得以迅速传播。

企业通常利用奖品吸引用户参与活动，用户邀请一个或多个好友关注后可获得奖品。这是目前公众号吸引"粉丝"用得最多的一种方法。因为任务规定必须要拉够固定人数，所以活动成本可控。这种活动曝光的人群越多，渠道曝光效果越好；奖品吸引力越大，活动参与度越高。当然假定奖品不变，任务规定邀请人数越多越好，但门槛过高，完成度就会下降。这种活动可以通过公众号、社群等入口发布活动海报，新人使用进群宝工具完成进群动作，群内机器人自动提醒新人完成操作，后续机器人审核资格并赠送资料。

2. 抢红包，精准传播

抢红包营销是指为用户提供一些具有实际价值的红包，通过让用户抢的方式吸引社会积极参与，引起强烈关注，找到潜在客户，并实施针对性营销。抢红包营销方式比较适合电商企业，客户得到红包后即可在网店中消费，这样一来，既起到了品牌推广作用，又促进了商品的销售。抢红包营销一般由商家提供一笔总体金额，由此分散出多个不同金额的红包。想要参与的用户首先需要关注并填写注册信息，成为某商家的会员，然后到活动页面领取红包，并在指定时间内抵扣消费。很多商家已习惯在店庆或节庆时推出抢红包游戏，商家看似发了红包，让了利，但实际上得到了自己的目标消费者，有力地推动了商品销售。因此，抢红包营销对于电商来说，是一个十分有效的营销手段，既在短时间内取得了良好的经济效益，又获得了不错的社会效益。

企业经常把打卡类活动和抢红包结合起来开展。让用户每天完成指定任务，生成海报或链接，然后分享到朋友圈完成打卡，用关卡或奖励激励用户每天打卡，企业也能因此得到多次曝光。这一活动的重点在于激励用户完成打卡，其最常用的3种激励措施：设置打卡解锁新的内容；抢红包或先交定金，完成打卡任务可得到返现；降低门槛，设置阶梯奖励，完成3天、7天、15天得相应奖励。

3. 痛点营销，快速传播

互联网时代，流量为王，网站如果没有流量，就是无源之水，无本之木，抓住消费者的痛点，也就抓住了营销的根本。企业有时会把客户痛点设计为分销活动，支持用户生成专属的链接，好友通过链接购买产品，用户可获得佣金，这种营销方式在知识付费类产品中最为常见。例如，网上培训课程中，求职类课程比运营类课程更好卖，因为覆盖人群更广；一个好的老师会自带流量，用户也更愿意信服，付费的概率更高；好的文案不仅能打动人，也能让人主动掏钱；单次课程 9.9 元、19.9 元、29.9 元等价格最为常见，系列课多为 99 元、199 元、299 元；渠道越多，曝光量越大，最终卖出去的课就越多。很多课程在分销时，会选择与意见领袖合作推广，如果卖课的目的是拉新的话，佣金比例可以设置得高一些。

4. 兴奋点营销，蝴蝶效应

兴奋点营销是指通过游戏的转发传播来推广某个品牌。微信小游戏的主要特点是设计新颖，而且呆萌，规则简单却不单调，可以在短短几分钟内吸引大量用户。微信小游戏因为简单、好玩，而且有比拼智力的成分，抓住了用户的兴奋点，吸引用户不断转发。游戏可以用带有比对性的语言，激发用户的攀比心理，抓住人爱玩游戏的天性，从而引发巨大的蝴蝶效应。

5. 节庆活动传播品牌

逢年过节，互致问候是中国人的良好传统。在经历了书信、电话和短信祝贺后，微信祝贺逐渐流行，一段语音、几句文字、一个视频，简单却能带给人温暖。利用节假日人们相互送祝福的机会，在微信文字或视频中植入品牌形象，可以恰到好处地进行品牌传播。例如情人节、七夕节、春节等节假日，企业可以事先制作一个祝福短视频，提前在朋友圈中向大家致以节日的问候，做朋友圈营销。一个简单的祝福，传递的是关爱，传播的却是企业品牌。企业也可以实施用户完成某项任务即可获得一张卡片，集齐所有卡片即可参与抽奖的集卡活动。春节期间的集卡活动较多，比如支付宝的集福，百度、头条等平台及一些短视频平台也都做过这类活动。这类活动的关键点是奖励足够吸引人。奖品确定后，成本基本确定，最大限度地曝光活动可降低单人成本。这种营销方式适合线下产品售卖、大型节日品牌曝光、老产品导流新产品、大公司高知名度传播等。

6. 设置大奖提高转发率

奖与赏是很多人难以拒绝的诱惑。借用互联网的说法，设奖促销，是搔到了用户的痒点。在微信营销中，设置抽奖甚至设置大奖是媒体和企业用得最多的招数，实力雄厚的企业，用房子或车子作为大奖；实力稍弱的企业，也常常用年轻人最爱的手机、电脑、门票、电影票和旅游券等作为奖品，而且效果良好。可以说，大奖营销瞄准的是消费者的痒点，只要有奖，就会有人参与、有人转发；只要有大奖，就会有很多人参与并转发。而企业和品牌就在用户的广泛参与下得到了有力的传播与推广。企业还可以通过朋友圈的转发找到目标客户群，并根据后台数据进行针对性营销。

企业常用让用户分享海报、文章至朋友圈，集齐赞数获取奖品的活动。这是微信公众号最常用、最简单也是最有效的一种玩法，不需要开发新功能。用户转发海报或者文章至朋友圈，集赞后发至微信公众号后台，人工审核后即可获得奖品。奖品多以电子资料为主，如果是实物，可以使用第三方工具，让用户提交截图和地址信息，审核后邮寄即可。这种活动从传播角度考虑，海报要比文章的效果好；从内容丰富性角度考虑，文章要比海报的效果强。据统计，目前平均 50 个赞可吸引 6～7 个新用户关注。

7. 众筹聚沙

众筹是指用团购或预购的形式，向用户募集项目资金。与传统的融资方式相比，采用众筹的方式进行融资更为开放，更为灵活。对圈子的精准把握是用微信进行众筹最核心的竞争力。筹资开店，这只是其中一个简单的案例，微信众筹更多地用于产品的售卖。无论是从发起者还是从投资者的角度来考量，众筹都是一种投资效率较高的方式。对于发起者来说，筹资的方式更灵活；而对于投资者来说，可以在较短的时间内获得较好的收益。因此，微信众筹营销也是一个较好的微信营销方式，传播速度快，扩散范围广，产生效益大。

众筹活动可变形为投票活动、砍价活动和拼团活动。投票活动是指以奖品吸引用户参与活动，拉好友为自己投票，赢取奖品的活动。投票活动的关键点：要重点加大对活动的曝光力度，因为活动成本已经确定，尽可能拉更多的用户参与；加入实时排行榜，让用户看到自己的名次，刺激用户不断拉人；限制每人每天点赞次数，刺激用户拉新人。采用这种营销方式时，要注意国家法律的规定和微信平台的具体规定。砍价活动是指让用户邀请其他用户给自己砍价，最终免费获取商品的活动，这是拼多多开发的爆款玩法。砍价活动的关键点：控制需要砍价的人数和最终的价格(0元或者用户可以接受的低价)；一开始砍价力度最好要大，让用户觉得很快就可以搞定，后续再减缓砍价力度；产品质量要过关，及时发货，提高用户满意度。砍价活动适合产品拉新、新产品试用。拼团活动是指让用户邀请好友与自己拼团，最终以低价购买商品的活动。拼团的价格优惠较大，能刺激用户参与拼团，如果团长有特殊优惠，更有利于拼团的传播。拼团活动的关键点在于拼团力度设置。一般来说，参加拼团活动的用户对价格比较敏感，拼团商品的认知度越高越好。拼团活动适合电商行业、知识付费类产品等。

8. 在贴近客户生活的信息中植入广告

把人们所关心的日常生活知识发布到微信平台上，这些信息的转发可以起到良好的传播作用。人们对生活质量的要求越来越高，对生活知识的需求也越来越大，有关生活类的知识在网络上的转发率相当高，凡是与生活、旅游、美食、教育等相关的信息，都会引起人们的关注。这些信息不但适合转发，而且适合收藏，适合多次传播。在生活类信息中植入产品图片、文字或者做链接进行传播是非常好的营销方式。传播的信息必须是公众关注度高、实用性强的信息，在这样的信息中推广活动或企业品牌，可以起到润物细无声的效果。所推广活动的关键点在于要让普通用户都能操作，从而最大限度地覆盖所有人群，引入好友PK的机制更有利于传播。

9. 借助热点新闻进行营销

借助突发性新闻或关注度较大的新闻、热点和奇人奇事进行营销，也可有较好的效果。移动互联网时代，新闻的传播速度已经可以用秒计算，地球上任何一个地方发生的重大新闻，都能在瞬间传递到地球的每个角落，而这种新闻在微信圈的阅读量往往是以十万甚至百万计。在转发率如此高的新闻中植入广告，其传播影响力是不可估量的。

10. 设置测试吸引关注

设置测试吸引关注是指通过一些小测试，如智商测试、情商测试、心理测试等来对一些品牌进行传播，例如用户输入自己的姓名，可以生成关于自己的测试报告，可以与好友分享。这种活动的关键点在于需要借助热点事件或节日，操作尽量简单，内容尽量有趣，能彰显个性，能转发和分享，能满足炫耀心理，有利于传播。

11.3 短视频传播与营销

视频是最受互联网使用人群喜爱的内容形式之一。与纯文字文本相比，视频更加生动、形象，包含的信息量更大，收看视频所花费的注意力更少。短视频是一种视频长度以秒计数，主要依托移动智能终端实现快速拍摄与美化编辑，可在社交媒体平台上实时分享和播放的新型视频形式。国内已有快手、抖音、微视、秒拍、啪啪奇、美拍、微信短视频等平台做出了短视频营销的探索。

11.3.1 短视频传播的特点

短视频传播的特点是视频长度短，一般控制在 30 秒以内；制作门槛低，无须专业拍摄设备；社交属性强，其传播渠道主要为社交媒体平台。短视频是对社交媒体现有主要内容(文字、图片)的一种有益补充，优质的短视频内容亦可借助社交媒体的渠道优势实现病毒式传播。短视频营销是指企业和品牌主借助短视频这种媒介形式进行社会化营销。短视频营销是内容营销的一种，短视频营销主要借助短视频，通过选择目标受众人群，并向他们传播有价值的内容，吸引用户了解企业品牌产品和服务，最终形成交易。做短视频营销最重要的就是找到目标受众人群和创造有价值的内容。

中国短视频用户规模持续增长，且占整体网民比例逐年提高，显示出短视频已经成为中国网民日常娱乐和信息获取的重要方式。我国短视频用户规模占比最大的是第一梯队的抖音、快手、视频号；第二梯队是微博、小红书、西瓜视频、B 站等；第三梯队是其他短视频平台。未来，我国短视频行业将朝着内容专业化与精品化、技术与智能化、电商融合深化发展。

作为内容平台，优秀的内容创作者不仅可以吸引到更多用户，还有可能带跑用户。所以，未来短视频平台的竞争将是创作者和内容版权的竞争。以直播平台为例，一个平台创造或者签下一个顶级主播，往往会让一个平台风光无限，不仅能吸引"粉丝"，更能因此带来一大批更为优秀的内容创作者。虽然签下他们花费不菲，但对平台来说绝对是正向循环的利好更多，这决定了如何留住头部流量，以及如何创造顶级流量。深入来看，短视频平台的竞争更是市场的竞争，是营销的竞争，是用户习惯的竞争，自主选择和滑屏播放决定了两者的未来，谁能进一步优化交互，使其更适合内容展现和用户获取，谁就将赢得先手。

网络上将短视频客户定位为下沉市场人群:

(1) 学历较低。下沉市场人群主要来自三线以下城市、县镇与农村地区。这个群体中,本科及以上学历占比不到10%。

(2) 可支配时间比一线城市人群长。下沉市场用户上班路途短,睡眠时间晚,可支配时间较长,而且超七成用户有手机依赖症。腾讯企鹅智库数据显示,下沉市场人群偏好短视频和段子超过综艺和游戏。在短视频平台上,85.7%的用户偏好幽默、搞笑内容。值得注意的是,有67%的用户愿意在消耗流量的情况下观看短视频。

(3) 偏爱现场感,愿意参与创作。这些用户喜欢带烟火气、有现场感的视频。很多用户除作为一个内容消费者以外,也喜欢成为内容贡献者。

11.3.2 短视频传播方法

1. 短视频营销号的运营策略

(1) 选择内容来源。内容来源简单地说无非两种:外搬和原创。内容来源的选择主要根据企业的定位,如果是一家专业的公司,有清晰的愿景,则大部分短视频内容应该原创。短视频官方平台也是鼓励原创的。短视频可以考虑的内容主题有舞蹈、段子、模仿、励志、风景、恶搞、颜值、炫技能、榜单分享等,这些内容主题都是短视频的热门标签。有时一些特别的标签也有不一样的效果,但并不一定适合所有人。

(2) 完善账号信息。第一,头像和昵称必须优化,符合自己内容定位的头像和昵称非常重要,切忌爆粉以后中途更换用户名。第二,账号简介等信息都要配置。第三,需要有观看别人的视频、收藏、点赞、互动等行为。第四,发布的视频数量多了之后,可以把一些评价、点赞、观看少的视频删除或者隐藏,以增加整个账号的精品度。

(3) 内容策略。短视频内容一般仅有15秒的时间,一定要把能优化的细节尽量优化到位。注意:第一,发布内容不得含有违规不良词语、图像等。第二,新号内容被审核的概率比较高。第三,视频要有配音,没有配音就要有配乐,总之要添加与内容匹配的声音。第四,视频应无黑边,尽量竖屏,横屏的内容用户一般是跳过不看的。第五,视频的标题、引导语都很重要,发布内容引导语的时候不要太夸张。第六,可适当考虑热门挑战,短视频挑战的本质是多用户围绕同一个话题进行创作,官方平台每天都会发布挑战活动,基本上中午和晚上各发布一条,少数时段会发布多条挑战活动。

2. 短视频推广流程

(1) 先在平台上注册一个短视频号,达到条件后平台会开通橱窗功能。

(2) 开了橱窗后就可以发布视频,可以在视频里挂上想卖的产品链接。

(3) 平台会通过它的推荐算法对视频进行推荐和分发(Dou+,又叫豆荚,即投入钱买流量,功能类似淘宝直通车)。

(4) 感兴趣的用户看了视频后可以付费购买产品。

(5) 产品由商家发货，每一笔订单可以从中获得不同比例的佣金，平台也会抽取一定的佣金。也就是说，短视频发布者不用负责售后、物流，只需要让视频能持续地出单，不断地获得佣金就行了。

3. 短视频营销号运营

(1) 精准定位。找准自己的核心价值。根据 USP 理论，独特的销售主张往往会让人印象深刻，从而更好地使客户认知品牌和产品。爆款视频有 3 个特点：有人性、有个性、有共性。

(2) 建立人设。建立人设的目的是以人格化的视频来聚集用户群体和增加"粉丝"黏性。要想在平台上获得持续的火爆，打造人设是最重要的一个步骤。具体操作流程：首先分析用户人群的需求并据此设置账号定位，确定账号人设和内容主线；之后通过制作优质的视频内容来吸引用户；最后通过品牌账号优质内容的影响，持续吸引目标用户，从而搭建自有的"粉丝"流量池。

(3) 注重视频文案。短视频能发挥文案作用的地方有标题、评论和字幕三处。标题、评论和字幕的作用都是更好地服务于内容，让用户直观地理解作者思路，这样才能触发他们互动的欲望。标题在提高视频播放完成度和互动率上起着关键作用，视频标题不够吸引人，就不会有人播放视频，自然也就没有用户行为。对于有些视频来说，字幕也很重要，通常需要在关键步骤上添加字幕以帮助用户理解内容。

(4) 内容为王。如果说故事是一个短视频营销号的骨骼的话，那么剪辑、特效就是它的外衣，创意则是它的血液。分析每一个爆款视频，无非就是故事性好、创意新、剪辑特效做得棒，这样的短视频如果能够紧追热点，更是能够为其锦上添花。因为短视频的推荐算法几乎杜绝了刷赞和刷评论的可能性，所以优质的内容才是让一个短视频号持续火爆的主要原因。

(5) 制造传播热点。短视频的用户互动性特别高，这一特点也非常适合营销活动的传播和扩散。

(6) 运营维护。运营维护"粉丝"群是让一个短视频号永葆生命活力的法宝，因为"粉丝"带来的不仅是人气流量，还有商业变现的可能。目前短视频互动的最主要阵地在评论区，有时候用户评论内容的价值甚至会超过内容本身，而短视频评论区独特的社区氛围也很容易让用户有归属感，所以回复评论和私信，呼应"粉丝"需求，注重评论区的运营，都应该是号主需要做的。运营维护可以让老"粉丝"对短视频号产生黏性，产生一定的需求，并通过老"粉丝"的口碑宣传和转发评论吸引更多的新"粉丝"，为短视频号增添更多的人气。

4. 短视频营销模式

(1) 挑战赛内容营销，包括品牌挑战赛、超级挑战赛、美妆挑战赛、区域挑战赛等。品牌挑战赛是经典的挑战赛互动玩法，具有较高的合作性价比。超级挑战赛中，品牌借助明星影响力引发更多人参与，与海量"粉丝"共创品牌内容。红包挑战赛旨在引导用户发放品牌红包，并通过海量红包视频传播为活动引流。美妆挑战赛为品牌定制专属妆容，打造极致试妆体验。

区域挑战赛中，聚焦区域定向资源，传播更加精准、高效。

(2) 音乐共创内容营销。这种营销以品牌+音乐创作行为为主，共创热点进行发酵传播。

(3) DOU+营销。DOU+内容营销平台可以高效提升视频播放率，有助于与用户互动。DOU+是短视频内容营销工具，客户购买后，将短视频内容推荐给更多用户，达到提升短视频播放量以及"粉丝"获取的目标，帮助企业在短视频平台进行内容运营和品牌建设。

(4) LINK 营销。LINK 营销是将短视频原生内容与客户营销诉求进行合理匹配的营销方式，有两种模式：一种是常规 LINK，基于短视频原生视频流量与品牌营销诉求的合理匹配，触达目标人群；另一种是功能 LINK，基于品牌营销偏好，为自有视频内容(达人视频、明星视频等)添加组件，驱动转化。

5. 短视频常见表现类型

(1) 演员实拍型。通过故事情节植入广告，适用于大部分行业。

(2) 产品展示型。直接展示产品广告，适用于机械、车辆、房产、服务行业。

(3) 定格动画型。用定格动画构思形式展示，适用于教育、服务行业。

(4) 特效包装型。通过后期添加特效包装呈现，适用于无实物产品的招商、商服等虚拟产品。

(5) 资料编列包装型。对现有资料进行二次编辑，适用于房产、金融、服务行业。不能连续发布多个短视频，最少要隔一个小时才能发布第二个短视频。

6. 短视频自身的推广方式

首先，要明确短视频用户的定位，不同年龄层次的年轻人，也有着各自不同的特点与喜好，所以营销的方式、方法也要适当调整；其次，短视频营销需要内容型社交，即内容要具有扩展性，制造流行性的话题，打造"双箭头"的社交行为；最后，不能缺少音乐。音乐是短视频必不可缺的一个元素。短视频营销创意"三动法则"，即心理共鸣的心动、生理愉悦的律动和沟通引导的互动。

短视频要易于模仿和转发，通过高流量、低成本和新模式提高用户的转化率，达到精确传播的目的。短视频的投放模式要与广告主需求契合，通过设置广告落地页，选择短视频广告展现方式，结合自身推广需求，增加广告转化效果，达到商家引流的目的。利用大数据对客户进行精准分类，通过分析用户阅读习惯、互动行为等数据，对用户进行画像测绘，进而帮助广告主分析品牌用户的定位，进行短视频受众分析。

(1) 开通短视频官方账号。首先要在平台开通企业的官方账号并做相应的链接，获得更多的用户，从而可以获得更多用户的认同，更好地进行品牌传播。

(2) 通过短视频进行广告展示。要做好短视频营销，企业往往不得不采取的一种营销手段就是传统的广告展示。这种方法非常老套，却能达到很好的品牌传播效果。

(3) 通过短视频做信息流广告。短视频用户刷屏时，企业可以插入一些产品或品牌广告，这种方式非常有利于引起用户注意，使用户对企业的产品或品牌产生记忆，覆盖用户范围也比较广泛。

(4) 通过短视频做活动营销。举行歌曲或舞蹈等比赛的活动形式，对于企业的品牌宣传也有着非常重要的作用。所以从用户的角度出发，制作用户喜爱的活动内容，对于企业的短视频营销来说举足轻重。

11.4　QQ传播与营销

QQ 营销是腾讯在即时通信平台的基础上，专为企业用户量身定制的在线客服与营销平台，专为中小企业进行日常企业经营而设计。它基于 QQ 的海量用户，致力于搭建客户与企业之间的沟通桥梁，充分满足企业客服稳定、安全、快捷的工作需求，为企业客户服务和客户关系管理提供解决方案。QQ 营销可按企业需求定制在线客服与网络营销工具，帮助企业拓展并沉淀新客户，帮助企业提高在线沟通效率、拓展更多商机。

11.4.1　QQ营销

1. QQ营销的特点

QQ 营销可一次性将消息发送到客户的 QQ 上，无须人工参与；QQ 营销好友容量初始最高上限为 10 万；QQ 营销在普通 QQ 中会被直接添加到企业好友分组里，并且此分组不可被删除和修改；QQ 营销支持多人同时在线，但对外还是一个号码；QQ 营销的企业空间不同于个人 QQ 空间，商务化的版面更加简洁；QQ 营销有专属企业邮箱，其中，400×××××××或 800×××××××为该商户专属 QQ 营销账号；个人用户可通过查找功能中的"找企业"搜索到所有感兴趣的 QQ 营销商户；QQ 营销必须使用强密码登录，同时支持动态口令，企业信息安全有保障；QQ 营销所有聊天记录无须设置即可全部漫游；面向企业，界面清爽、简洁，功能和应用均可以为企业量身定制；QQ 营销是 24 小时在线客服软件，只要有客户访问公司的网站，QQ 营销就会主动弹出对话框，与访客对话，同时能够把访客的个人 QQ 号码记录下来，24 小时帮助公司积累潜在客户；用户可通过 QQ 专属的企业查找、关键词搜索找到公司，大幅提升曝光量。

QQ 营销号码、企业空间、企业微博都有腾讯认证标志，可以提高公司的可信度；对外是以 400 或者 800 开头的统一靓号提供服务，展示公司统一的企业形象；对内可以多个工号协同工作，提高工作效率；对客户进行分类、分组管理，为每一个客户建立一个客户档案；群发消息、群发调查功能帮助企业进行主动营销，达到率远超各类产品；所有聊天记录永久漫游保存，随时随地查看聊天消息；管理权限，1001 工号可以查看其他工号与客户聊天的情况；宣传功能，专属的企业好友分组，24 小时的品牌展示；宣传功能，通过腾讯认证的企业空间展示公司介绍、公司动态、公司新闻、产品图片，以及公司的联系方式；聊天窗口的右侧展示的都是公司的信息，是永久免费的广告牌位；QQ 营销软件是纯商务办公，无娱乐功能的办公软件；QQ 营销软件的安全性能比个人 QQ 更强大，账号安全；数据分析功能，QQ 营销软件可 24 小时在线，有访客访问网站，QQ 营销软件能够记录访客地理位置、访问页面等信息，还可统计公司网站一天的整体访问情况以及访客的来源；QQ 营销软件可以批量导入个人 QQ 好友，集中管理客户，保证客户信息安全，员工职位变动或者离职不会带走公司的客户信息；转接功能，比如，今天员工张三没有来上班，刚好他的客户有事找他，那么员工李四就可以服务这个客户，这样不会因为内部原因失去客户；可以设置自动欢迎语，提高客户体验；一个窗口，最多可同时与 100 名客户进行会话，退出时可选择保留未结束会话，下次登录时可无缝交谈；支持保存数百条快捷回复，共用回复保存在云端，可按需手动或自动进行同步，可通过"设置共用快捷回复"帮助员工统一口径，统一管理；访客有效分流：可按不同的业务部门职能对来访客户进行引导，按不同的接待员工对来访客户进行引导分流，还可使用咨询内容导航快速回复客户常见问题；有效应对咨询忙碌状态：所有在线工号的自动接入数已满时，新访客会进入未接入列表排队，工号可对未接入列表中的客户进行操作，手动接入、移入垃圾箱或移入黑名单等。

2. 企业用户的QQ营销

企业用户可以通过 QQ 营销号码或关键词查找其他企业；与同行企业有效建立联系，互通有无(如旅行社交换路线和地接等)；接待外部访客时，随时可与内部同事沟通、咨询以了解情况；系统为每个企业分配一个与其账号对应的邮箱账号；支持离线文件发送，文件上传完毕之后支持分享和保存至网盘等；客户不在线，也可发送图片过去；远程协助，音视频沟通：由客户或企业发起远程协助请求，客服端即可进行操作；企业可发起音频或视频通话，支持多媒体沟通方式；嵌入在线咨询代码，电脑上未安装 QQ 客户端也可向企业发起会话。QQ 营销在线咨询图标主要分为固定图标和浮动图标两种风格：固定图标按钮可设置在网页固定位置，访客点击即可发起会话；浮动图标可设置在网页上随访客查看浮动。可实时查看当前企业网站访客情况，任选单个访客，可查看访客来源及浏览页面信息，并手动或自动向其发起交谈邀请。

(1) 网站访问统计辅助。支持查看网站访问情况与来访趋势图，以及客服人员接待服务情况报表(会话量、对话 QQ 数等)；一号对外，多人在线，QQ 营销无论多少个工号在线，统一以一个靓号对外展示，用户可根据需要选择客服开始会话，对不在线的工号，可以按需选择发送手机短信沟通。

(2) 对于跟进型客户可设置独占。可支持二次来访客户仅能被"上次和他聊天的客服"看到和回复，确保跟单过程万无一失；支持将会话无缝转接：可将来访客户转接给对应的客服工号，客服接到他人转接来的客户后，仍可查看之前消息记录。

(3) 实时查看访客来访轨迹。会话中可实时查看客户来访信息、所在地、点击来源、正在浏览页面以及过往接待与服务记录；便捷迁移现有客户或添加新客户：批量导入 QQ 客户，快捷安全，按条件筛选 QQ 客户，有的放矢。

(4) 有效进行客户的分类服务。可对海量用户进行个性化多级分组，并对单个客户打上特殊颜色标签，以进行全方位、多维度的客户关系维护、服务监控与管理；消息记录漫游与查看：支持按照工号、消息类型等进行消息查看与管理，消息记录保留在云端，永不丢失；会话中支持抢接：客服主管在查看客服接待情况时，可以将服务质量不到位的会话抢接过去，为客户提供更优质的服务。

（5）工作日报查看。可以查看工号的工作情况图表，根据工号和日期来进行数据筛选；访客满意度报表：企业可在账户中心设置开启"访客满意度调查"，之后可按需选择始末时间进行满意度结果查询和报表导出进行主动营销与业务推广。

（6）在线访客主动邀请。可展示当前在线访客数与可邀请数，与在线代码紧密结合，向用户弹出邀请；一键群发消息：可实现向海量用户一键发送消息；定期向客户发送通知、促销信息或节日温馨问候；支持向特定的客户分组发送消息；支持仅对在线客户发送。

（7）114市场活动。为企业提供整合的展示平台，定期推出主题市场活动，为企业带来流量与客户。

11.4.2　QQ传播的说服力

一个好的网站就像一个营业员一样，了解客户，具有很强的说服力，能洞察用户的需求，并顺利促使目标客户留下线索或直接下单。

（1）网站速度要快。尽量不要堆积很多图片，过多使用 Flash 会影响企业网站的打开速度，不仅影响用户浏览体验，同时也不利于搜索引擎的收录。

（2）网站设计风格。设计风格不要盲目模拟竞争对手，网站设计要简约，越简单越大气，简单到极致就是艺术，网页设计应以产品为核心。

（3）搜索引擎标准、网站设计要符合搜索引擎技术标准，以利于搜索引擎抓取，并且容易在搜索引擎中获取较好的排名。要考虑到以下几点：关键词策略；关键词布局，按照 SEO 的要求设计网页，网页中搜索引擎最引人关注的地方都会出现关键词；设计吻合 SEO 的 URL，例如避免使用动态 URL；设计方便搜索引擎和用户的内部链接结构；根据客户和 SEO 共同的需求进行内容建设工作。

（4）网站内容规划。在设计网页的时候，不要站到企业自身的角度去考虑要体现什么，要站到客户的角度去思考，客户想要看到什么。另外，还要考虑在网页上呈现哪些内容能够使客户产生好感，并且乐意与企业互动。

（5）网站内容布局。内容导航要清晰明了，用户登录网站首页，点击鼠标不超过 2 次的情况下，可以马上找到想要的信息；安排企业或者产品文案的时候，排版要错落有致，每一句话都要能够打动客户，让客户喜欢。

（6）潜在用户跟踪体系。通过大数据分析，对网络用户进行分类，对企业网站的关注者加以关注，提供潜在用户网络行为分析和跟踪功能，通过各种推广活动与用户互动，不断积累用户和"粉丝"，提升用户对企业品牌的美誉度与忠诚度。

（7）网络营销分析体系，经常检测以下数据：网站的流量；网站用户举动数据，包括跳出率、平均欣赏时间、平均欣赏 PV 量等；用户在网站上产生了哪些举动；哪些产品和网页是最受欢迎的；哪个推广渠道带来了效果；不同渠道流量的转化率是多少。

（8）互动功能。留住客户；加强客户与企业的交流，以及客户群体之间的交流；可以通过互动交流,让客户参与到品牌的建设中,让客户成为品牌的一分子。

(9) 在线客户体系工具。及时进行在线用户互动沟通的工具。

11.4.3 企业QQ营销的技巧与方法

1. QQ营销的技巧

(1) QQ 说说。很多使用 QQ 的用户都开通了 QQ 空间,企业只要发布了一条说说,QQ 好友的动态中就会显示企业的信息,企业可以利用 QQ 说说来进行营销推广。很多做互联网项目的人都是从 QQ 空间入手的,随着营销技术的提高而增加了其他技巧。

(2) QQ 群。QQ 群其实就是一个圈子,每一个群都是精准的用户群体,如果企业做 QQ 营销,那么 QQ 群是不可错过的。做 QQ 群营销有两种方式:第一种是加别人的 QQ 群做营销;第二种是自己创建 QQ 群来做营销。无论哪一种方式,最重要的是了解用户的需求和特点,然后有针对性地对用户进行引导。

(3) QQ 空间。QQ 空间是软文营销和病毒式营销的最佳平台,企业可以有针对性地撰写一篇软文,然后促使用户的分享和转发。当然,软文的质量一定要高,不然效果就不好了。如果一个 QQ 好友分享了企业的文章,从理论上说他的所有好友都可以看到该文章,从而做到病毒式传播。分享和转发的用户越多,企业软文传播范围越大,那么营销效果也就越好。

2. 如何做好QQ推广

(1) 根据产品选择目标群。每一个产品总有属于自身的类别,生活类、娱乐类、旅游类、服务类,每一个类别产品的推广要选择一个与之对应的 QQ 群。假如在一个电影主题的 QQ 群中推广服饰,不难想象,定会引起反感,推广效果大大降低。而假如结合 QQ 群主题进行推广,则会引起较好的反应。

(2) 认识产品潮流现况。许多推广主在推广时一味地只关注本身所推广的产品,这就犯了严重的错误,就目标群体而言,没有贴合潮流进行推广,效果马上大打折扣。例如,在一个 QQ 群里推广电影网站,如果对于现今热播的电影类别都不了解,则推广也就不得人心了。

(3) 选择好广告时间。每一个 QQ 群都有其最佳的营销时段,有些 QQ 群在白天比较热闹,而有些 QQ 群则在晚上才活跃起来,因此广告的时间要把握好。另外,也要把握营销时机,当别人在热火朝天地聊某个与产品毫无干系的话题时,忽然插进广告,相信没有多少人会对产品有好感了。

(4) 营销推广软件。无论做什么体例的推广,都必须有软件来支撑。

11.5 社群传播与口口相传

社群传播和口口相传都是利用熟人的特征开展的,它的优势在于克服了人们对陌生传播的抗拒。

11.5.1 社群与社群传播

1. 社群

社群是由有共同的兴趣、爱好或者有共同的价值观聚集起来的，通过产品或服务满足群体需求而产生的组织形态，分为先有群体再有服务的社群和先有服务后有群体的社群两种模式。当企业把自己定义为一个互联网产品运营的时候，会想方设法地让自己的工作数据化，就需要解决社群如何吸引用户加入、怎样防止他们相互干扰，这是达成运营的基础。企业对运营目的本身的思考是最重要的。

(1) 用户拉新。社群的低门槛加入特性，非常适合在产品还没找到方向的时候或者在产品冷启动阶段获取用户。从运营角度来看，对用户设置了关注公众号、转发图文、注册网站、填写报名信息等进入门槛的社群属于为实现拉新目的而创建的社群。该类社群的最初运营目的是提升公众号关注量、注册量、名单量，完成运营目标后，建议在分享结束的一周内解散微信群，因为如果后续沦落为广告群和死群，或多或少都会对产品的品牌形象有负面影响。

(2) 活跃用户。不同的产品对活跃用户的定义有不同的标准。若是搜索引擎，那么点击一次搜索按钮，就可以认为活跃度+1；若是社区，那么点一次赞同、发一篇有意义的帖子，才可以认为活跃度+1；如果是电商，购买或至少要把物品放入购物车，才可以认为活跃度+1。在实现一小部分用户的互动量或者内容贡献量提升时可以采用社群策略，也叫用户的集中运营。若想让核心用户多分享内容，也可以采用社群方式。对用户规模过 10 万的互联网产品来说，吸引活跃用户最有效的手段是活动策划和产品改造而非创建社群。

(3) 转化用户(复购)。付费转化社群适合客单价高的产品。虽然微信公众号已经可以通过调用标签管理接口实现快速地给用户打标签，但这种方法对于没有开发能力的企业来说很难，所以建议组建各种相关的兴趣社群，然后在公众号里发布社群招募信息，对某方面感兴趣的人自然就会加入相应的社群。在社群管理过程中，可以尝试推荐与兴趣相关度高的产品，再配上一定的优惠力度实现用户付费转化甚至是重复购买。定期分享和答疑可以使品牌与客户建立更紧密的联系而获得更多的二次直接营销机会，提升用户的重复购买率，也可以通过各种线上和线下的社群体验活动实现用户转化和复购。

(4) 留存用户。汽车、房产、美容、旅行等互联网产品的用户，从注册到产生需求往往有很长的周期。在这些低频行业做潜在用户的留存，除了可以用公众号为用户提供有价值的内容，还可以基于用户兴趣做社群运营留住用户，如高尔夫群、足球群、摄像群、养生群和母婴群。毕竟这些兴趣和主营业务差距有点大，所以这类社群的运营需要将管理权发放给个人，从这些用户中选择一个有时间、有意愿的人做群主，让他们参与内容的输出和群的管理，企业只需要管理好这些群主即可。

总体来说，不管是基于哪一个运营目的创建的社群，考虑到效率问题，当用户社群量大到一定程度以后，社群管理需要有一个连接点。这个连接点可以是公众号，也可以是 App，这样就可以做到以群养产品，从讨论中选出优质的内容。同时，可以利用产品辅助群的更新，招募更多的社群成员。要想做到产品反哺社群,那就需要通过社群数据来证明社群对产品有突出贡献,比如将用户导入社群后,社群的复购率比产品的平均复购率高出很多。

2. 社群的数据化运营

社群的数据化运营工作包括:社群用户行为数据分析;社群用户内容数据分析;社群业务数据分析。

(1) 社群用户行为数据分析。社群用户行为数据分析的本质是通过用户在社群里的行为数据统计对用户进行分类,然后根据不同群体的特征进行精细化管理,提高社群用户的活跃度。用户在社群上的交互行为有很多,最基础的有加群、发言、发红包,还可以借助第三方社群管理工具进行签到、购买和投票等操作。拥有不同运营目的的社群里的用户行为是不一样的。用户在社群里的行为包括访问、签到、发言、讨论、引导讨论和分享等,对拥有每一类行为的用户数量进行统计,根据用户在社群里的行为建立用户分层,这样就可以评估社群里的用户分布情况,了解社群管理过程中哪部分用户出现了问题并对其进行重点优化。在社群的用户行为分析中,如果对每个用户打上行为标签,那么它的管理就会更精细,可以对拥有特定行为的人群进行推送。

(2) 社群用户内容数据分析。社群的用户行为分析是基于用户行为的分类和统计,内容分析则是对用户在社群里产生的具体内容数量、内容特征的数据反馈。社区类产品对用户内容的统计项主要是发帖量、评论量、点赞量和分享量,社群用户内容则主要围绕发言量进行数量、趋势、热点的分析,特定运营目的的社群还需要对特定时间段里的发言数进行互动统计。大家都知道,在用户最活跃的时间点发布消息的送达率才会最高,但哪个时间点的效率最高?如果对用户行为特征进行数据分析就可以了解,他们在一周的哪一天活跃度最高,在这一天里的哪个时间点最活跃。例如,为了提升社群的内容输出能力,需要拥有更多的社群成员参与内容输出,所以应根据用户在一周里的活跃走势图确定一个具体的时间进行话题讨论和分享,在 8 点、13 点、18 点和 22 点这 4 个时间点发布话题预告。

(3) 社群业务数据分析。对于纯兴趣类社群,完成上面两步的社群用户分析就可以清晰地知道社群运营情况和需要重点优化的数据。但对于运营来说,社群用户再多,社群再活跃,企业最终关心的也只是对产品的核心业务数据的提升效果,所以做社群的数据化运营,就必须了解一个时间周期里社群对业务数据的提升效果。效果差就停止社群运营,效果好就加大投入。用户增长总量、用户留存率、购买用户量、购买销售额等是绝对数据,由于社群固有的规模化程度低的问题,只是简单地拿绝对值与其他运营手段做比较是不科学的,这就需要一些相对指标。

11.5.2 客户的口口相传

口口相传的推荐是最佳的增加用户数量的方法。企业应持续关注一个指标——病毒系数,即一个用户能帮企业带来多少新用户。1 个用户带来 10 个新用户,病毒系数就是 10,10 个用户带来 1 个新用户，病毒系数就是 0.1，这个系数越高越好，起码要接近 0.7%才是有效率的传播。如果病毒系数超过 1%，就是自然增长的产品。另外，通过广告也能获客，获客成本以及这个用户能带来多少价值，这两个数字是必须要去计算和衡量的。还可以通过用户的使用来获客，比如某型号手机使用的频次很高会潜移默化地对市场产生影响。产品的复购率高也能获得用户数量的增长。

11.6　游戏与植入式广告传播

数字时代是娱乐化时代。如果企业的市场传播没有满足客户，尤其是年轻客户的娱乐需求，那么这个企业基本上是没有生命力的。

11.6.1　游戏与植入式广告

1. 移动游戏正在悄然无声地重塑广告

没人喜爱手机屏幕底部的那种长方形小广告，这种广告的点击率只有 0.5%，而且这些点击更多地源于手指误点而非用户意愿；广告主也认为这种简单、粗暴的广告损坏了企业和商品的美感。游戏开发商找到了新办法，通过原生广告机制将广告无缝整合到用户体验过程中，例如运用发掘、植入广告，以及将游戏人物与原生插页式广告结合起来。采用这些构思巧妙的方法，消费者不仅会点击广告，还会实实在在地完成一些活动。玩家下载应用后，原生广告的互动率一般较非原生广告高 350%。游戏公司会免费提供游戏，然后鼓励玩家用虚拟币在游戏内购买道具或兵器。不过，虚拟币未必一定要用钱买，游戏开发商还开发了奖赏广告形式，只需玩家依照需求与广告互动，便可赢得虚拟币。例如，若是玩家观看一段广告、免费注册一次试用时机、下载一个移动优惠券或是一款应用，便可赢得一些虚拟商品。

和游戏广告性质类似的还有免费软件广告。免费程序开发者在网络上提供程序免费下载，网友每次使用程序软件时都会看到不同的广告。从理财投资到教育学习、娱乐休闲等各类应用程序都有各自特定的用户，广告主所能选择的目标族群也就更加精确。此外，下载程序来使用的网友，由于是基于个人需要而下载，不但在使用时注意力较集中，重复浏览的频率也较高，所以植入式广告的有效率很高，这也是一般广告所不能比拟的。我们发现，植入式广告有时会让人会心一笑，有时也会让人产生负面的情绪，结果的好坏在于是否超过了合适的限度。总体来说，植入式广告对于广告主、消费者和第三方都是有益的。在广告与这些对象的互动中，一种营销美学原则在发挥着作用。

2. 植入式广告

植入式广告相当于隐性广告或软广告，是指将产品或品牌及代表产品或品牌的视觉符号甚至服务内容策略性地融入电影、电视剧或电视节目中，通过场景的再现，让观众在不知不觉中留下对产品及品牌的印象,继而达到营销产品的目的。植入式广告不仅运用于电影、电视,还可以"植入"各种媒介,如报纸、杂志、网络游戏、手机短信,甚至小说之中。植入式广告的悄然兴起有其深刻的背景,这既包括广告投放环境的因素,又包括品牌管理的需要。媒介环境复杂且广告投放成本加大,使得广告的效益呈下降趋势。与复杂的媒介环境相适应的是,受众在广告轰炸下,显示出越来越明显的离心倾向和逆反心理,对广告充满不信任感,对各种营销信息表现得愈发麻木和冷漠,具体表现为对广告的逃避和不专注。电视甚至呈现出类似于广播的"伴随化接收"倾向,报纸出现了"读报读半截"的现象,而网络广告一方面没有发挥其"互动"的特性,另一方面又受到技术性和习惯性阻截,使得大量的广告媒介投入被浪费。广告的强制力与吸引力丧失,导致品牌与消费者的有效接触依赖于轰炸式投放,继而再次加剧了受众的拒绝与逃避,形成恶性循环。

除了媒介方面的原因,植入式广告的盛行还有品牌管理方面的原因。一方面,广告投入的持续增加,并不能使品牌价值同比例增加;另一方面,处于成熟期的品牌需要以广告的方式保持产品的销量和品牌的活力,但硬性的品牌形象广告难以持续地激发消费者的热情,连续的广告投放可能造成消费者的麻木,品牌联想缺少有效的更新,则品牌容易失去年轻的消费者。植入式广告的表现空间十分广阔,在影视剧和娱乐节目中可以找到诸多合适的植入物,常见的广告植入物有商品、标识、VI、CI、包装、品牌名称及企业吉祥物等。

11.6.2 植入传播的方式

(1) 台词表述。即产品或品牌名称出现在影片台词中。

(2) 扮演角色。产品或品牌在影视剧中不再是道具,而是一个角色,这属于深度嵌入型的广告形式。产品或品牌在影片中出现频率极高,更可以为品牌导入新的联想。《海尔好兄弟》就是用海尔的吉祥物做主演,在低龄观众心目中根植对海尔品牌的深刻印象。

(3) 场景提供。《魔戒》的上映在全球影迷心中掀起一股新西兰旅游热,他们希望亲临《魔戒》拍片现场一探"中土"的真实面貌。现在,到新西兰旅游成了全球观光客最热门的选择之一。植入式广告成为旅游目的地推广的新方式。

(4) 植入式广告新形式。美国全球品牌内容营销协会分会主席辛迪·开来普斯说过,"我们正从一个营销沟通的打扰时代进入一个植入的时代"。植入式广告将作为媒体向企业主推广的主打产品,带动更多专业的从业人员参与经营,从而推动植入式广告的产业化,就像电梯广告能够从户外媒体里分离出来,形成一个全新的媒体产业一样。植入式广告产业化的发展是未来广告业发展的必然,因为这种产业化推动了中国创意产业的发展,有助于传媒业、广告业的创新和提升。另外,植入式广告产业化也有助于中国影视产业与国际接轨,推动中国影视产业更好地发展,实现中国影视传媒的突破。

(5) 奖品提供。综艺节目中,嘉宾与现场观众、场外观众常常有获奖的机会,主持人反复介绍所提供的奖品和奖品赞助商,这种情形下很少有人对广告提出异议,因为奖品正是节目的一个重要元素,更是场内外观众的关注焦点。

(6) 节目道具。这是把商品深度嵌入综艺类节目中，提高与受众的接触率的较好方式。典型的例子是湖南卫视《向往的生活》第三季对特仑苏的品牌植入，堪称节目应用道具的典范。

(7) 网络原创小说中，广告植入信息可以体现为小说人物的某个嗜好、对某种品牌的看法、某个日常消费习惯等。

(8) 网络新闻门户中，广告植入信息可以体现为对某个品牌或某个企业的新闻报道。

(9) 个人博客或者网络论坛中，广告植入信息可以体现为博主对某个品牌的点评或推崇。

11.6.3 植入传播的优点和缺点

1. 植入传播的优点

赞助商的追捧源于植入式广告具有独特的传播优势，这些优势归结为一点，就是能够形成强大的品牌渗透力。首先，植入式广告的受众数量庞大。植入式广告的品牌与受众的接触率是极为可观的，其千人成本可以控制在一个合理的水平，甚至会低于某些大众传媒。除接触数量之外，植入式广告更大的优势在于其接触质量，也就是说品牌可以争取到现有媒介状况下的稀缺资源——高度专注状态下的受众注意。隐性的广告由于其出现的不规律性以及与情节的高度相关性，很少会遭到受众的抵触与拒绝。正如业内人士指出的那样，"电视频道掌握在观众手中，而当他坐进黑漆漆的电影院时，就不能不接受你的广告"，这反映出植入式广告本质上是一种强制性广告。植入式广告在受众广告信息接收图谱中处于较高层次——专注接收层。从消费行为的角度考察，植入式广告会对受众消费行为产生一种光晕式影响，在深化品牌影响力的基础上，获得丰富的品牌联想，最终赢得广泛的认同并提升品牌价值。这种潜移默化的影响力正是赞助商梦寐以求的。

2. 植入传播的缺点

植入式广告也存在着不容忽视的缺点：品牌的适用范围较小，多数情况下只适用于知名品牌，这是因为受众需要在相当短暂的时间内准确识别出商品包装、品牌或产品外形。因此，品牌有较高的知名度和认知度是投放植入式广告的第一道门槛。相对而言，综艺类节目更有可能利用植入式广告提高某些导入期产品或新进入品牌的知名度。植入式广告不适合进行深度说服，特别不适合做直接的理性诉求或功能诉求，一些前卫产品的功能性诉求甚至可能被受众当作影片的虚构。因此，品牌诉求一般停留在简单告知与提高个性认知度方面。基于上述原因，广告主可以考虑在同一档期发布硬性广告配合植入式广告，及时将潜在消费者的"兴趣"转化为"欲望"。在影视剧或综艺节目中，可供植入广告的容量有限，过度植入广告会引起受众反感。在现实情况下，受众倾向于把所有说服性信息都理解为"广告"，他们对"广告"高度敏感，一旦感觉到这是"广告"，就会条件反射性地把心灵之门关闭，进而影响对影视剧或综艺节目的态度。对商业效益的过分追求，必然导致植入式广告的泛滥。植入式广告对作品造成的最大伤害是使作品本身主题涣散，又因为这些品牌多与人们日常生活息息相关，很容易唤醒观众感官刺激而带来兴奋点，作品中过多互不相关的兴奋点的突兀存在，必然对作品主线造成影响，降低作品艺术价值，甚至会喧宾夺主，使主题不再突出，正因如此，植入式广告常常会引起观众的反感和抱怨。

11.7 效果评估

信息传播者必须要衡量信息对目标顾客所产生的影响，包括向目标顾客询问他们是否能认识并回忆起该信息，他们见过多少次，能记住哪几个要点，他们认为该信息如何，对企业和产品的过去和现在的态度如何。信息传播者还要对顾客的反应进行收集和衡量，比如有多少人购买该产品，有多少人喜欢该产品并与其他人谈论过。企业应对促销效果进行持续的评估。

11.7.1 信息传递效果的评估

信息传递效果的评估就是评估促销是否将信息有效地传递给目标受众。这种评估在事先和事后都应进行。在做促销之前，可邀请顾客(可以是最终购买者，也可以是经销商或代理商)代表对已经制作好的促销信息进行评价，了解他们是否喜欢，促销信息中及信息传达方式还存在哪些问题。促销之后，企业可再邀请一些顾客，向他们了解是否听到或见到这一促销，是否能回忆起促销内容等。此外，还可采用一些科学手段进行测试。

11.7.2 销售效果的评估

销售效果的评估就是评估促销使销售额增长了多少，这种评估很困难，因为产品销售额增长了多少不仅取决于促销，还取决于许多其他因素，如经济发展情况、顾客可支配收入的增加、产品本身质量的提高和功能的改进、渠道效率的提高、价格定得更合理等。因此，仅仅衡量促销对销售额的影响比较困难。目前有的企业尝试采用试验法来测量促销效果。按照这种方法，可以把某种产品的销售市场按地区划分，在甲地区使用一种促销方式，在乙地区使用另一种促销方式，两种促销方式的预算相等，经过一定时期后，检查各地区的销售额增长情况。通过对比，可大致分析出哪种促销最有效。此外，企业还可以采取另一种做法，即在甲地区大量促销，在乙地区少量促销或不促销，一定时期后，检查各地销售额增长情况，可大致了解促销对销售额的影响。

【拓展阅读11-1】
美团：技术驱动无人配送

本章要领梳理

市场营销就是企业将本企业及产品的信息通过各种方式传递给消费者和用户，促进其了解、信赖并购买本企业产品的过程。企业必须清楚要面对何种目标顾客，并且期待他们做何反应。企业首先考虑目标顾客对于信息有什么样的解译，然后对信息进行编码，将信息通过有效的媒介载体传送给目标顾客，通过反馈了解顾客对信息的反应。市场营销的沟通是所有市场活动的表达，但主要表现为市场促销活动。市场常用的促销工具繁多。企业应关注市场促销活动对目标顾客所产生的影响：信息传递效果和销售效果。广告是企业按照一定的预算方式、支付一定数额的费用，通过不同的媒体(如网络、广播、电视、报纸、期刊、告示等)对产品进行广泛宣传的一种促销方式。人员推销是指企业派出推销人员或委托推销人员，亲自向目标顾客对产品进行介绍、推广、宣传和销售。公共关系是企业以非付款方式通过第三者在报刊、电台、电视、会议、信函等传播媒体上发表有关企业产品的消息报道。营业推广由一系列具有短期诱导性的战术性促销方式所组成。

教练作业

1. 跨界传播的意义和方法是什么？
2. 自媒体传播的意义和方法是什么？
3. 微信传播的意义和方法是什么？
4. 短视频传播的意义和方法是什么？
5. QQ 传播的意义和方法是什么？
6. 社群传播与口口相传的意义和方法是什么？
7. 游戏与植入式广告传播的意义和方法是什么？

第12章 营销渠道的数字化

> 当前，互联网、大数据、云计算、人工智能、区块链等新技术深刻演变，产业数字化、智能化、绿色化转型不断加速，智能产业、数字经济蓬勃发展，极大改变全球要素资源配置方式、产业发展模式和人民生活方式。中国高度重视数字经济发展，持续促进数字技术和实体经济深度融合，协同推进数字产业化和产业数字化，加快建设网络强国、数字中国。
>
> ——习近平致2023中国国际智能产业博览会的贺信（2023年9月4日），《人民日报》2023年9月5日

移动互联网的迅速发展，使得"终端制胜"还是"内容为王"成为行业争论的焦点。但无论如何，网络已经成为商品交易的重要载体，企业的传统销售渠道正在受到移动互联网等新型销售渠道的冲击。企业以移动互联网为依托，综合运用大数据、人工智能等先进技术手段，对商品的生产、流通与销售过程进行升级，进而重塑业态结构与生态圈，并对线上服务、线下体验及现代物流尝试深度融合的渠道新模式正逐渐成为主流。

随着数字经济的蓬勃发展，用户消费场景和消费行为发生了重大变化，企业应当顺应用户需求的变化，调整经营发展模式。另外，电商、疫情等因素的影响，加之经营成本过高，导致线下经营严重受损，线上平台逐渐成为许多企业的主战场，许多传统企业的销售渠道需要向线上转型，发展线上线下一体化全渠道。

12.1 营销渠道体系

如何界定营销渠道？它的功能与结构是什么呢？

12.1.1 营销渠道的概念

归纳起来，学术界主要从以下5个方面来界定营销渠道。

1. 产品

从产品角度来看，有代表性的定义如下。

"营销渠道是指当产品从生产者向最后消费者或产业用户移动时，直接或间接转移所有权所经过的途径。"这是国外学者对营销渠道具有代表性的定义。

我国大部分教科书采用的概念："营销渠道是指产品或服务由生产者转移到消费者的通道或路线。"

从产品的角度定义营销渠道，着重反映了产品从生产者向消费者或用户流通的过程，但没有反映营销渠道中的组织结构。

2. 组织

从组织角度来看，比较有代表性的定义如下。

美国市场营销协会定义委员会将营销渠道定义为："营销渠道是指企业内部和外部代理商和分销商(批发和零售)的组织结构，通过这些组织，商品(产品或劳务)才得以上市行销。"

斯特恩(Louis W. Stern)和艾尔安塞利(Adell El-Ansary)认为："营销渠道是促使产品或服务被顺利地使用或消费的一套相互依存的组织。"

伯特·罗森布罗姆将营销渠道定义为："营销渠道是与公司外部关联的、达到公司分销目的的经营组织。"他认为，营销渠道的本质是使消费者能够方便地在任何时间、任何地点以任何方式购买到他们想要的产品与服务，企业通过营销渠道建立与消费者的接触。

从组织的角度定义营销渠道，重点反映了营销渠道的组织结构，但未能涵盖商品从生产者向消费者或用户流通的过程。

3. 产品和组织

菲利普·科特勒将营销渠道和分销渠道区别对待，他将营销渠道定义为："营销渠道是指那些配合起来生产、分销和消费某一生产者的某些货物或劳务的一整套所有企业和个人。"这就是说，营销渠道包括某种产品供产销过程中所有的企业和个人，如资源供应商、生产者、商人中间商、代理中间商、辅助商以及消费者或用户等。他将分销渠道定义为："分销渠道是指某种货物或劳务从生产者向消费者移动时，取得这种货物或劳务的所有权或帮助转移其所有权的所有企业和个人。"因此，一条分销渠道主要包括商人中间商(因为他们取得所有权)和代理中间商(因为他们帮助转移所有权)。此外,它还包括作为分销渠道起点和终点的生产者和消费者,但是不包括供应商、辅助商等。

4. 服务

巴克林研究发现渠道形成的关键性因素是服务。他认为,营销渠道就是渠道成员为了长期的生存和发展,通过减少顾客调研、等待、仓储和其他费用的方式来参与渠道流程,以满足用户对服务的需要,而最终用户愿意由营销渠道向他们提供高层次的产品和服务也同样重要。巴克林为此提出了营销渠道的4类基本的服务任务:空间的便利性、批量规模、等待或发货时间和经营产品品种的多样性。

巴克林从服务的角度来定义营销渠道,超越了以往单纯地从产品实体或所有权流通、渠道中的组织结构等角度来定义渠道的局限,突出了渠道的服务功能和给消费者提供的便利性。

5. 价值

安妮·T. 科兰认为:"营销渠道不仅以适当的地点、价格、数量和质量提供商品和服务来满足人们的需求,而且能通过有关组织(如批发商、零售商、企业销售部和办事处等)的促销活动刺激需求。因此,应当把营销渠道看作一个和谐的网络系统,它通过提供时间、地点、销售形式、产品和服务为最终用户创造价值。"

以往关于营销渠道的论述都认为渠道是产品的流转路径、利益的交换途径,没有一个论述认为渠道是关乎价值、价值体验、品牌的呈现路径的。从价值的角度定义营销渠道可独辟蹊径地对渠道进行新的定位,提醒营销者重新重视早已存在于营销渠道中的厂商与消费者之间的价值关系,开拓第二渠道,通过满足消费者来征服消费者。

本书认为,营销渠道又称分销渠道、分配渠道、配销通路等,是指某种产品从生产者向消费者转移的过程中所经过的一切取得所有权或协助所有权转移的商业组织和个人,即产品所有权转移过程中所经过的各个环节连接起来形成的通道。通过营销渠道,产品及产品所有权、沟通、融资和支付伴随着风险一起流向消费者。营销渠道由位于起点的生产者和位于终点的消费者(包括组织市场的用户),以及位于两者之间的各类中间商(如批发商和零售商)组成。

12.1.2 营销渠道的作用

营销渠道的主要作用是提高劳动专业化与分工、克服差异和提高接触率。

1. 提高劳动专业化与分工

随着人类社会生产力的发展,企业和市场规模越来越大,其复杂程度也越来越大,导致企业生产的产品要想直接卖到消费者手中越来越困难了。营销渠道的存在、丰富和发展,大大解决了企业和市场的难题,促进了劳动专业化与分工,解决了规模经济效应,降低了经济成本,提高了效率,帮助企业获取利润和创造顾客价格。

2. 克服差异

营销渠道还有助于克服生产规模经济带来的数量、种类、类型、时间和空间等方面的差异。

3. 提高接触率

企业生产的产品与消费者的接触率较低。企业通过营销渠道(如超级市场、便利店等)构建与整合市场,减少了产品的生产商到消费者手中所需要的交易次数,使不同品类的产品出现在同一个市场,从而大大简化了分销过程,有效提高了产品与消费者的接触率。

12.1.3 营销渠道的功能

营销渠道的功能是缩小或消除存在于产品或服务提供者与消费者之间在时间、地点、产品品种和数量上的差异,从而使产品或服务在从生产者向消费者流通的过程中更加畅通和高效。营销渠道的具体功能主要包括交易功能和分配功能。

1. 交易功能

交易功能主要包括以下几个方面。

(1) 接触和促销,指接触潜在的消费者,设计和传播具有说服力的产品与信息,促使消费者购买。

(2) 谈判,指通过谈判确定要购买和销售的产品与服务的数量、价格、运输方式、送货时间,以及支付的方法和期限等交易条件,以促成最终协议的签订,使商品所有权转移。

(3) 承担风险,指承担存货等交易风险。

2. 分配功能

分配功能主要包括以下几个方面。

(1) 分类,指通过挑选、整理,把产品组合成消费者希望可以在一个地方找到的关系或花色。

(2) 调节,指按照顾客的要求调整供应的产品。

(3) 实体分配,指储藏和运输产品,以便克服时间和空间差异。

(4) 调查,指通过调查分配,获得其他渠道成员和消费者的有关信息,为渠道决策提供依据。

(5) 融资,是指渠道成员之间相互提供信用和其他财务服务,以促进产品的流通。

12.1.4 营销渠道结构

营销渠道结构是指营销渠道中所有渠道成员所组成的体系,又称营销渠道模式。

产品流向消费者有多种途径,营销人员往往会在众多选项中选择一个效率最高的渠道形式。营销渠道结构有很多种类型,具体选择哪一种类型还要依企业产品和市场实际情况而定。

营销渠道包括各种不同的相互联系的机构,因其组织方式的不同,这些机构可以形成不同的营销渠道结构形式。同时,一个企业面对不同或相同的细分市场,也可能同时使用几种不同的组织形式或不同结构的营销渠道。这样,企业为了实现有效的产品分销,就需要对可以使用的不同组织形式的营销渠道进行研究。营销渠道结构的基本类型有以下几种。

1. 水平营销渠道结构

水平营销渠道结构是指由同一渠道层次上的两个或两个以上的成员联合起来,共同开拓一个新的市场机会的营销渠道结构。渠道上的各成员水平式联合,可以使各方互相取长补短,获得综合竞争优势。水平营销渠道结构的组织可以通过资产合并的形式建立,也可以通过签订短期或长期协议的形式建立。

2. 多渠道营销结构

多渠道营销结构是指企业使用两种或两种以上营销渠道将其产品销售给顾客的营销渠道结构。企业采用多渠道营销结构时,可以使用多渠道供应同一细分市场的顾客,也可以使用不同类型的营销渠道供应不同细分市场的顾客。由于某一渠道不能更好地满足为所选的细分市场提供满意服务的要求,或原来的营销渠道不能适应开拓新的细分市场的要求,企业会利用多渠道营销组织销售同一产品。对不同品牌的产品、不同的产品项目,使用不同类型的营销渠道是很自然的。企业使用不同类型的营销渠道,可以促使企业进一步提高服务水平,同时也可进一步扩大产品的市场占有率。

注意,当企业使用多渠道营销时,如果不同渠道的服务对象为同一细分市场的顾客,可能会引起不同渠道间的冲突,影响每种渠道的正常运行,也给企业营销渠道的管理带来困难。所以,使用多渠道营销时,通常的做法是不同的营销渠道服务不同的目标顾客,以尽量减少渠道之间的冲突。

3. 传统营销渠道结构

传统营销渠道结构是指从生产者到批发商、零售商,再到消费者的营销渠道结构。在这样的渠道组织中,渠道上的各成员都是独立的机构,相互之间不受其他机构的控制。这种渠道结构对企业有利有弊。有利的方面表现在可以利用批发商和零售商的仓储条件,减少企业在建立营销渠道时的投资;不利的方面表现在批发商和零售商作为独立的经济实体,往往以自己的利益最大为原则做出决策,这样,企业难以对本企业产品的营销活动进行有效控制,同时还可能因相互之间的利益冲突阻碍企业营销渠道的正常运行。

4. 垂直营销渠道结构

垂直营销渠道结构是指由生产者、批发商、零售商作为一个统一体而组成的营销渠道结构。在这种结构中,整个渠道由其中的一个成员(可以是生产者,也可以是批发商或零售商)拥有、控制或管理，使营销渠道中的每个成员为一个统一的目标而共同努力。与传统的营销渠道结构相比，垂直营销渠道结构由于是以一个渠道成员为主，所以便于渠道各成员在利益一致的基础上团结合作。

在数字时代，渠道需要采用新的技术手段实现商品(控货)、交付方式(渠道)、用户体验的改造，更高效、更友好地完成消费过程。以生鲜运营为例，最大的难点是冷链物流成本高、损耗率高，采购共享、仓储系统共享、客流订单共享是降低成本的主要手段，因此行业的整合并购仍会持续。生鲜品类目前主要有3类运营模式：盒马鲜生，线上与线下结合的代表；易果生鲜，以线上运营为主的代表；百果园，以线下社区店为主的代表。盒马鲜生基于实体店将线上与线下的订单合并，双线共享门店固定成本；易果生鲜投资联华超市，意在实现采购和物流体系的合并；百果园并购果多美，提高采购量和终端网点。有线下基础的盒马鲜生和百果园在仓储物流成本和损耗控制上有一定优势，所以能实现盈利，而纯线上的易果生鲜投资联华超市意在加大联合采购量、共享物流体系以降低成本，进而实现盈利。这是全渠道新零售在渠道层面的典型案例。

12.2 渠道进化

在实际的营销活动中，企业在渠道方面主要面临两大选择：直接销售和经销商分销，两者各有优点和缺点。在分销体系中，企业非常关注品牌的销售，但并不在意产品是从哪个渠道体系中销售的；而分销商却非常关注消费者是否从自己的渠道中购买产品，在利润额相同的情况下，分销商并不在意卖的是谁的产品。为此，生产企业与分销商经常会产生各种矛盾，这也是近年来生产企业实施渠道扁平化的重要动因之一。特别是随着移动互联网技术的发展，B2C、B2B、微信、微博、QQ、App、直播带货、社交电商等虚拟渠道逐步得到应用和推广，由此进一步形成了O2O等线上与线下相结合的新型渠道模式。

营销渠道的发展经历了从单渠道、多渠道、跨渠道到全渠道的进化过程。

12.2.1 单渠道销售

单渠道销售是指选择一条渠道，将产品和服务从某一销售者手中转移到顾客或者消费者手中的行为。单渠道策略通常被认为是窄渠道策略，而不管这一条渠道是实体店还是网店。例如，传统上，一台电视机的销售通过工厂、一级批发、二级批发、三级批发、零售店、顾客的单一渠道完成销售，这是典型的单渠道销售。

12.2.2 多渠道销售

多渠道销售是指企业采用两条及以上完整的营销渠道进行销售活动的行为，但顾客一般要在一条渠道完成全部的购买过程或活动。例如，许多家电企业采取线下实体店和线上商城相结合的零售方式，部分型号的家电产品在线下进行销售，特定型号放在线上商城中零售，线上和线下分别针对不同的人群，产品的定位、价格会有不同。

12.2.3　跨渠道销售

跨渠道销售是指多种渠道交互完成销售过程的行为，通常每条渠道仅完成销售的部分功能。在数字时代，更加突出的是线上和线下的互动合作，线下了解产品，线上订购，然后通过线下店铺自提或者快递完成交易。随着移动互联网和智能终端的普及，更直观的体现是移动端和线上的交互。

跨渠道销售容易与多渠道销售混淆，这两个概念有着本质的区别。多渠道销售强调同时经营多个平台，而跨渠道销售则强调在经营各个平台的同时打通各个平台，实现数据的无缝衔接。

企业接触客户的方法无非两种：线上和线下。线上方式包括移动设备、短信、电子邮件、公司网站、社交媒体、电视广告等。线下方式包括展会、客户拜访、电话等。跨渠道销售整合入站和出站两个端口，通过多种方式接触客户。

跨渠道销售意味着各个平台之间的数据共享与流通，当各个平台打通之后，数据所蕴含的能量是无穷的。数据越积累越多，优势地位就会越来越明显，进而可以为企业带来以下好处。

(1) 提高参与度和品牌覆盖度，节省运营成本。跨渠道意味着企业可以在每天的不同时间，以不同方式接触到消费者，这就大大提升了消费者参与的可能性，同时加深了消费者对品牌的印象。同时，不同渠道的数据汇集到某一个平台，不仅扩大了受众群，也降低了获客成本。

(2) 提高定位精度，提高获客质量。数据积累越多，客户人口特征、社会经济特征、兴趣行为特征就越明显，定位的精度就越高，营销活动获得的受众质量也就越高。

12.2.4　全渠道销售

全渠道销售是指企业采取尽可能多的销售渠道类型进行组合和整合(跨渠道)销售的行为，以满足顾客购物、娱乐及社交的综合体验需求，这些渠道类型包括有形店铺(实体店铺、服务网点)、无形店铺(上门直销、直邮和目录、电话购物、电视商场、网店、手机商店)，以及信息媒体(网站、呼叫中心、社交媒体、E-mail、微博、微信、抖音、快手)等。例如，顾客在决定购买一台电视的时候，可以通过网络、线下门店、服务体验中心、社交媒体评价等方式了解产品，购买时可以选择官网、京东、天猫或淘宝网店、线下门店等多种渠道，售后服务可以选择邮寄修理、线下门店等方式。

此外，随着移动互联网技术的发展，企业和消费者高度互动，数据共享，沟通成本大幅下降，在此背景下，销售的发起点可能不只是企业，而是消费者本身。消费者可以通过各种渠道将需求信息传递给对应的企业，企业为之生产出相应的产品，或者企业通过消费者共享的数据批量定制符合特定群体需求的产品。消费者和企业的选择将是相互的，主动权也将进一步向消费者倾斜。

从技术角度来说，全渠道销售和跨渠道销售本质上是一样的，而在数据发掘与数据判别方面，特别是线上和线下数据的配合方面，全渠道销售则更加占据上风。科技在持续进步与革新，一定会触动并激发出更完善的营销策略和更高端的技术手段。

跨渠道销售和全渠道销售的设计给企业对渠道的管理带来了巨大的挑战。在实际企业运营过程中，大多数企业表示设计全渠道、多渠道其实并不难，真正的难点在于不同渠道之间的利益如何协调，尤其是拥有加盟商和经销商的企业。

12.3 数字时代的全渠道

在市场营销学中，渠道策略并非一个单独的组成部分，而是与产品、品牌、价格、促销等密切相关。同时，随着科学技术在日常生活中的广泛应用，无论是全渠道营销，还是无缝化购物体验都有了实现的可能。

12.3.1 渠道演化的阶段

渠道演化可分为 4 个阶段，分别是实体店时代、电子商务时代、多渠道时代、全渠道时代。其中，多渠道时代还包括跨渠道与 O2O 等概念。

(1) 实体店时代。实体店时代以实体店为主要营销业态，商场、超市、百货公司、购物中心等都是典型代表。

(2) 电子商务时代。电子商务、虚拟网络店铺是互联网发展的产物，亚马逊、淘宝网、京东等电商平台就是其中的典型代表。这些虚拟网络店铺的特点是利用互联网技术创造了一种营销模式，将传统的营销业态搬到了网上。例如，淘宝网的 C2C 模式就是传统集贸市场的网络化，天猫商城的 B2C 模式就是传统百货公司的网络化。

(3) 多渠道时代。多渠道、跨渠道出现的时间较短。多渠道，顾名思义就是商家通过多种渠道开展经营活动，比如苏宁、国美等由单一的门店经营模式转向多渠道结合，借助实体店、网上商城、移动手机、微信、微博等多个交易平台从多方位开展营销活动。跨渠道营销是多渠道营销的升级版，解决了多渠道未能解决的不同渠道间的融合、衔接问题。

倡导线上、线下结合的 O2O 模式备受线上、线下企业的青睐。利用 O2O 模式，企业可在线上汇聚流量，获取顾客，再引导顾客到线下消费。O2O 模式所包含的内容非常丰富，如线下企业做电商，线上电商企业在线下开设体验店，线上、线下终端无缝衔接等。

(4) 全渠道时代。在移动互联网时代，顾客通过各种社交媒体可以自由地选择购物终端，在营销方面占据主导地位。站在消费者的角度，全渠道就是指消费者可以在 A 渠道选择商品，在 B 渠道触摸、感受、比较商品，在 C 渠道下单支付。

站在企业的角度，全渠道就是以多渠道为基础使所有渠道进一步融合，前台系统、后台系统实现一体化，使各渠道实现同步化、和谐化、一体化。各个渠道互通，客流、资金流、物流、

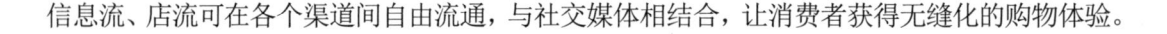

信息流、店流可在各个渠道间自由流通，与社交媒体相结合，让消费者获得无缝化的购物体验。

12.3.2 全渠道时代的消费者行为变化

随着社会的发展，企业战略的制定、销售终端的经营方式都发生了变化，全渠道时代已然到来。从消费者的角度来分析，电商平台的涌现与移动终端的崛起为其提供了多样化的渠道选择；从企业的角度来分析，其销售渠道也更加多元。在全渠道时代之前，企业经历了多渠道与跨渠道阶段。

从本质上来说，全渠道是对多渠道与跨渠道的进一步拓展，其内涵也更加丰富。随着时代的发展与进步，媒体形态不断更新，企业面临的渠道选择也越来越多，不过，在实际运营过程中，企业无法将全部渠道策略都付诸实践。目前来看，企业要想在激烈的竞争中成功突围，就要积极探索全渠道营销模式。

随着信息技术的持续发展，消费者在关注产品功能及质量的同时，也越来越重视精神与价值追求。如果企业仍然固守传统的销售模式，则难以应对外部市场环境的变化，也无法与消费者需求相对接，更无法在激烈的市场竞争中维持自身的生存与发展。

传统企业面临的环境变化主要体现为两点：一是信息技术在营销中的渗透作用越来越强，随着信息传播渠道的增加，信息开放程度也不断提高，企业的销售渠道也更加多元；二是电商行业的发展渐趋成熟，其规范化水平不断提高，随之而来的是移动电商业务的迅速崛起，给传统企业的发展带来威胁。

处于新时代的企业要提高自身发展的持续性，就必须跟随时代发展的脚步，突破传统思维模式，对原有销售模式进行改革。从这个角度来说，全渠道营销模式的应用将成为主流发展趋势。

近年来，全渠道消费群体迅速崛起，并成为企业发展过程中不可忽视的驱动力，如今，全渠道消费群体已经成为市场的重要组成部分，其规模的拓展也对市场发展起到了促进作用。从市场的角度来分析，消费群体在很大程度上决定着市场的走向，企业在选择销售渠道时，也要以消费者需求为核心。

(1) 获取商品的信息更加多元。在传统模式下，消费者只能通过在实体店进行亲身体验来了解商品的功能、质量等信息。在移动互联网高速发展的当下，消费者可通过电视渠道、网络渠道、移动终端等多种渠道接触商品信息，还可以利用这些渠道对不同商品进行比对，根据各方面信息做出最终的消费决策。

(2) 消费者的需求更加多元。越来越多的消费者注重自身个性化需求。以服装产品为例，工业革命以来，批量化的成品服装是大多数消费者的选择，如今，服装定制平台纷纷涌现，能够为消费者进行产品定制，还可以让消费者参与服装的设计与生产过程。消费者需求的多元化，让传统企业在运营及发展过程中面临更多挑战。为了促成与消费者之间的交易，扩大自身的产品销售，经营者需要在营销环节进行创新，为消费者提供详尽的商品信息。

(3) 消费者的购买选择更加多元。在传统模式下，消费者购买前会对不同商品进行比较，但从总体上来说，其选择空间是有限的。如今，同样的产品有许多不同品牌，同样品牌的产品还有多种多样的功能、型号、款式，除此之外，消费者既可以到线下实体店进行现场体验，也可以通过网络渠道进行搜索；既可以现金支付，也可以电子支付，这些都体现出消费者选择的多样化特点。在这种消费环境下，企业要获得消费者的认可，就要改革传统销售模式，通过实施全渠道营销模式来服务全渠道消费群体。

12.3.3 全渠道战略转型

随着消费需求不断升级，线上与线下深度融合的全渠道营销成为企业的主流发展趋势。而要想实现全渠道营销，最为关键的就是发展O2O，以全渠道营销的思维同时布局线下和线上。企业在加强自身的信息化建设的同时，要提升服务意识，通过优质而完善的服务，赢得广大消费者的认可与信任。

随着消费需求不断升级，电商以及移动电商开始无法充分满足消费者的购物需求，尤其是在购买一些客单价较高、安全性要求较高的产品时，缺乏产品体验的线上渠道很难赢得消费者的认可与信任。而采用全渠道营销模式的企业可以通过社交媒体、电商平台、购物App、实体门店等十分多元化的购物渠道，让消费者随时随地选购满足自身需求的产品。

企业进行全渠道营销转型将成为主流发展趋势，苏宁、国美等作为国内从实体营销转型全渠道营销的典型代表，两者以全渠道同价、商品独供、增强线下服务体验等方式，通过将线上的庞大流量引入实体门店获取了高额利润。商超百货在巩固线下布局的同时，采用入驻电商平台、自建电商商城、开发电商App等方式布局线上，进一步扩大交易额。

移动互联网将会使营销产生颠覆性变革，企业不仅要重视产品销售价值，更要注重服务价值，而布局O2O则是企业开发服务价值的重要基础。

从当前的发展情况来看，很多国内传统企业对线上营销的布局缺乏足够的重视，部分企业虽然认识到了线上营销的价值，但受制于缺乏足够的专业人才、组织内部缺乏转型积极性、资金匮乏等方面的问题，全渠道营销转型之路举步维艰。

移动互联网时代，信息及资源的流通阻碍被打破，需求方与供给方能够无缝对接，位于中间环节的代理商、渠道商的生存空间被极大地压缩，很多企业多年建立的传统分销体系面临瓦解。电商崛起后，传统企业遭受了巨大冲击，这也使得很多人将电子商务与传统营销放在对立面，认为两者最终将难以共存。

随着消费需求不断升级，无论是电商还是移动电商都难以解决消费者十分关心的产品及服务体验缺失问题。只有发展线上与线下结合的全渠道营销，才能真正满足新时代消费者的购物需求。

面对日益复杂的竞争环境与不断升级的消费需求，企业一方面要对自身的组织结构、经营模式及管理手段进行变革，为转型全渠道营销模式提供制度基础；另一方面要以开放合作的心态引入更多的合作伙伴，通过打造覆盖产业链上下游多个环节的营销生态来充分满足消费者的个性化需求。

12.3.4　全方位购物渠道

目前，消费者的消费观念发生了巨大的改变，他们希望自己的购物需求能随时随地得到满足。在这种情况下，企业就要随时随地为消费者提供优质、满意、迅速送达的商品或服务。过去的营销理念是，企业开设一家实体店铺，开展各种营销活动，等待消费者前来购买商品；如今的营销理念是，企业通过各种渠道进行全媒体营销推广，在规定的时间内将商品交到消费者手中。

营销渠道表现出了多样化的特点，这种特点的出现要归功于移动互联网的发展。各种智能移动设备都被引入了营销领域，电子商务、移动商务为消费者购物提供了更多选择。

每一种渠道都有优势，也有劣势。比如，传统渠道的优势在于消费者可以直接触摸、试穿、感受、体验商品，店员可与顾客面对面地沟通、交流，精准地把握顾客需求，为其提供合适的商品，为顾客带来更真实、更满意的购物体验。传统渠道的劣势就在于受时间、空间的限制，不能随时随地地为顾客提供服务。

电子商务的优势在于打破了空间、时间的限制，能为世界各地的顾客提供 24 小时服务，并且商品展示也不受货架限制，可以无限量地展示商品。如果企业的仓储商品不足，就可以借助商城平台对商品进行展销。

电子商务的缺陷在于早期需要大量投入，包括技术投入、物流投入等。另外，电子商务属于一种虚拟的购物模式，顾客只能通过商品详情、店铺信誉与顾客评价来做购物决策，无法亲自体验商品，而网店卖家要与顾客建立信任关系也需要耗费较长的时间。当然，从顾客看到商品到获得商品会有一段时间间隔，在这个时间段内顾客很有可能产生冲动消费，但在消费者获得商品之后，就又有可能产生新的问题，比如退货、换货等。

与电子商务相比，移动商务有很多独特的优势，比如不需要电脑，只需要手机、平板电脑，顾客就能随时随地地购物，这为顾客的消费活动提供了极大的方便。比如，借助扫描与图像识别功能，顾客能快速搜索到需要的商品，还能找到同类商品进行对比，最终选到一款符合心意的商品下单付款。

另外，移动商务还有电子商务没有的功能——定位功能。如今，在营销领域，O2O、基于位置的服务已甚为常见，如果没有智能手机为依托，O2O 也好，基于位置的服务也罢，都将成为空谈。基于定位功能，企业可将附近提供商品与服务的商家吸收进来。另外，设备间的感应功能也极为重要，比如在物联网的助力下，人与人、物与物、人与物可实现连接；再比如，借助可穿戴设备，消费者可将产品与其他物品相联，还能与朋友互动，倾听朋友意见，以做出更合理的消费决策。

但是，可穿戴设备的搜索能力、屏幕大小、商品展示能力都极其有限，还不能实现多窗口浏览，消费者不能在各个浏览窗口间自由跳转。未来，可穿戴设备要想方设法解决这一问题。

12.4 数字时代的全渠道营销

随着互联网整体商业生态的发展和成熟，共享经济、社群经济、大数据经济等各种创新商业形态不断涌现，不仅颠覆了以往的商业模式，也导致了传统商业价值链的解体。取而代之的是一个以消费者体验为中心，拥有全新商业价值、商业逻辑和商业模式的互联网商业时代。在这一背景下，传统实体企业也开始主动或被动"触网"，借助大数据、云原生等移动互联网新技术打通线上和线下，实现全渠道的无缝对接与融合，从而逐渐走向新零售。

12.4.1 数字时代的新零售

1. 呈现新实体零售形态

新实体零售在形式上具有互联网、数字化零售的基本特征，内在层面则是对商业价值的重塑和资源重组。

具体来看，新实体零售通过对互联网技术、文化、服务等诸多元素的有机融合，打破专业、技术和服务边界的束缚，为消费者创造出全新价值。传统企业可以利用大数据、云原生等新技术以及开放共享平台，为用户提供优质的场景化、多元化、个性化服务，赢得用户认可与青睐，并以此为基础打造全新的商业价值链，从而改变传统零售模式中价值获取的单一方式，使企业、消费者都能获得更多价值。

当前，社会化专业分工与社会化资源整合在传统企业的互联网化运营和O2O模式转型方面发挥着越来越重要的作用，有助于实体企业改变信息孤岛、各自为战的割裂状态，实现数据互联共享和全渠道营销。

总体来看，新实体零售的特征主要有：以互联网为工具；创造全新的商业价值；重新整合线上与线下资源；注重小众化、个性化的消费诉求；积极利用开放、连接、共享的互联网平台，获取平台经济效应；充分利用新一轮的社会化专业分工；注重数字化运营；摒弃传统商业思维、经营理念与模式，构建更能适应新常态要求的全新商业价值链。

2. 新零售的互联网转型促使渠道发生变革

互联网商业模式对传统实体企业的变革和重塑是全方位的，渗透到实体企业的每一个运营环节。比如，借助互联网、大数据技术和开放性运营平台的有力支撑，传统企业的招商、采购环节的覆盖范围将脱离物理边界的束缚，从区域扩展到全国乃至全球；再比如，终端零售商可以借助互联网平台渠道，跳过诸多渠道商直接与上游供应商对接，实现商品和品牌渠道的去中间化，零供关系发生变化。

"零售+互联网"通过对线上、线下的打通与融合，彻底重构了以往的商业供应链。小到便利店，大到综合性的购物中心，能够选择的商品和品牌资源，以及可使用的规模都得到了极大拓展。

在新实体零售中，零售商不仅能更快速地发现和找到品牌，而且能实现更高效、更合理的零售业态组合与品牌组合，从而满足快速变化的多元零售诉求。此外，借助互联网平台渠道，供需两端能够实现直接、高效、精准对接。

总体来看，传统实体企业的互联网化转型带来的渠道变革的主要特征为：传统供应链思维和模式被颠覆，零供关系的权重被重置；以往受制于物理空间的商圈思维与模式发生改变，招商、采购范围从地域性扩展为全国甚至全球；网络品牌被纳入零售企业品牌筛选与品牌组合的考虑范围；品牌渠道的去中间化使实体零售供应链大幅缩短。

12.4.2 线上与线下渠道的无缝对接

2024年"双11"十一期间，天猫、京东及物流领域均呈现显著增长态势，展现出消费回暖、品牌集中度提升、直播与会员经济深化等趋势，国货与新兴赛道增长强劲，物流体系高效支撑了消费需求的释放。

天猫方面，全周期内有589个品牌成交额破亿，同比增长46.5%，其中45个品牌成交额突破10亿元，国货品牌与新锐品牌表现亮眼，珀莱雅等国货稳居品类榜首，469个新锐品牌在新兴赛道领跑。用户规模上，全周期累计访问用户超8亿，88VIP会员规模达4200万，下单人数同比增长超50%；三线以下城市新增超2000万购买用户及超1.4亿订单，与2023年持平。业务增长方面，百亿补贴订单量超1.5亿，带动多行业成交翻倍；淘宝直播119个直播间破亿，店铺直播占比54%；新增商家会员超9000万，会员订单连续多日增长超100%。

京东的成交额、订单量、用户数均创新高，购物用户数同比增长超20%。采销直播订单量同比增长3.8倍，超1.7万个品牌成交额增长超5倍，3万余个中小商家增长超2倍，超60个品牌销售额破10亿元，羽绒服等品类及以旧换新政策拉动的家电消费表现突出。

物流领域，国家邮政局数据显示，自10月21日进入旺季以来，快递市场规模持续扩增，日均业务量超5.8亿件。10月21日至11月11日，全国共处理快递包裹127.83亿件，日均处理量是日常业务量的125%。其中，10月22日快递业务量达7.29亿件，刷新单日业务量纪录。

与电商平台令人瞩目的销售业绩相对应的是多数传统企业及零售商陷入生存困境。其实，面对电子商务的强力冲击，很多传统企业也在通过各种方式积极进行线上渠道布局，试图打通线上与线下，获得更多消费触点，为用户提供更好的消费体验。然而，在营销活动不断向线上转移的大背景下，很多企业的线上布局并没有发挥向线下导流的功能，传统企业的发展依然困难重重。

同时，不仅中小企业逐渐陷入生存危机，很多大中型企业近些年的销售业绩也在持续下滑。在电商快速崛起的背景下，传统企业确实受到了强烈的冲击，但这并不意味着电商与实体企业是对立关系，未来，电商不会取代实体店，实体店也不会导致电商走向灭亡。随着零售业逐渐走向成熟，将线上的电商及移动电商与线下的实体店相结合的新实体零售模式受到了诸多企业的青睐。

智能手机、可穿戴设备等智能移动终端的推广和普及，使得商家与消费者能够真正实现无缝对接，从而为全渠道营销模式的发展打下了坚实的基础。在新实体营销模式中，企业可以随时随地满足消费者的购物需求。与此同时，电商企业布局线下、实体商家布局线上已经成为主流发展趋势。

企业要做的是与顾客建立更为稳固的关系，实时获取消费者的购物需求，并能够结合移动互联网、物联网、大数据、云原生等新一代信息技术为其创造相应的购物场景。

企业只有不断进行创新拓展，才能在线上与线下的购物场景中为消费者提供最为优质的服务体验，才能有效应对不断变化的市场环境以及竞争对手的同质化竞争。如果为了短期的盈利而不进行变革，仍沿用传统的管理及经营模式，未来随着新实体零售浪潮的不断推进，等待企业的必然会是失败的结局。

12.4.3 线下门店的互联网化转型

1. 坚持发展线下实体门店

实体零售商的新零售之路经过了两个阶段：第一阶段是线上与线下双线分别独立发展，在这个阶段，实体零售商遇到了线上与线下相互冲突的问题；第二个阶段是线上电商与线下店商融合，线下店商为主，线上电商为辅，后者为前者服务。

无论是在门店商品方面，还是在物流、支付环节，实体零售业的全渠道模式都将实体店价值视为核心，沃尔玛、优衣库、大润发等实体连锁店铺都立足于线下实体店，秉持线上服务于线下的原则，以实体门店为基础发展自提业务，以实体店的物流与供应链为基础发展电商，推动线下销售迅速发展。

2. 完善供应链

在探索新实体零售转型之路的过程中，面对网络电商的挑战，实体零售商对"互联网+"有了更深入的认识，"互联网只是一个工具，供应链依然是竞争的焦点"已成为行业共识。在这种情况下，永辉超市、华润万家等实体零售商都从完善供应链的角度出发去寻求成功发展线上电商的机会。也就是说，如今，很多实体零售企业都将完善供应链视为发展新实体零售的重要方法。

3. 注重增强门店体验

实体店体验要围绕接触点展开，体验重点是产品及附加其上的文化、社交、品位等属性给消费者带来更好的感觉，实体店设计的重点是注重参与感。人是感性的，氛围是营造用户的第一眼体验的关键因素，良好的氛围能让用户有较好的体验。

增强门店体验，要把握以下要求。

(1) 理解品牌价值(门店价值和产品价值)。所谓品牌价值，即门店吸引顾客的核心卖点，一切能够吸引顾客的差异化卖点都是门店赖以生存的品牌价值所在。

(2) 了解当下顾客体验和期望。门店要充分分析目标顾客的消费期望，客观考量店铺能给顾客带来的实际体验值,通过满足顾客消费期望来提升消费者满意度。

(3) 找出关键接触点。将店内能够影响顾客体验的所有环节、所有接触面进行排序分析,找出关键接触点。

(4) 分析理想体验与实际差距。针对关键接触点,要弄清楚顾客希望得到的是什么样的体验,他们心目中的理想体验是什么,同时分析店铺在这些关键接触点给顾客提供的实际体验,找出差距。

(5) 制定改善措施弥补差距。找到问题所在,下一步就是研究改进措施,结合店铺实际情况,进行相应完善。

(6) 将改善过程和店铺能力相结合。在弥补顾客体验短板的同时,应注意保持自身优势,结合实际能力,有所取舍,弥补明显的体验洼地,强化自身的竞争优势。

(7) 构建持续改善的反馈机制。

有一家叫尚品宅配C店的门店,在体验方面值得学习。

以尚品宅配C店第二家分店为例,超5000平方米的生活方式体验中心拥有全生命周期解决方案体验区、全屋套餐户型区、最新风格产品区,以及花艺、茶艺、无人零售等多业态集合,将吃、喝、玩、乐的多元生活融于一体,成为集家居、时尚、艺术、社交等多业态于一体的生活方式体验中心。开业当天,尚品宅配C店与网易严选、苏宁易购、腾讯智慧门店、一花花艺、友宝魔盒、方太烘焙、贡茶轻餐、本来生活、剪艾美学设计工坊同时联动,提供了一种全新的门店体验。

随着线上流量的减少及获客成本的增加,企业需要深挖客户价值,同时在新零售浪潮的推动及消费升级的背景下,用户的消费行为及消费观念发生巨大变化,尚品宅配C店应运而生,它迎合了市场变化,是消费升级的产物。

这家体验店把城市各群体的不同需求进行了盘点与延伸,开放式的区域划分与自由选择的体验路线,让人可以根据自身的需求与爱好选择不同的体验路线,既体现新生代消费群对于自主生活新主张的推崇,同时也把个性化选择的品牌主张融合到了店面的布局设计中。

尚品宅配C店北京第一家分店集合了线上与线下的客流;第二家分店让产品与消费者的体验、生活方式相结合,通过多业态的引入,为店铺带来话题和内容,让消费者拥有深度体验和感受;第三家分店则把传统的家具向前和向后延展。通过线上的智能驱动和线下更丰富、更多元的场景体验,实现线上与线下融合,多业态并举是尚品宅配C店的核心。

从卖有故事的产品,到体验式场景的落地,再到生活方式生态的打造,在新零售快速发展与新生代消费群不断崛起的当下,一批极具生活质感的网红店开始走进大众的视野。从花店转型艺术生活品牌的野兽派(The Beast),从生活零售到开餐厅、办酒店的MUJI,从卖书到推文创、讲生活的诚品与方所……这批走心的品牌背后似乎都有一个共同的标签:生活方式传递者。而尚品宅配C店正是以家为核心的生活方式体验中心。

在这里,女生可以做美甲、做口红、做衣服。超集店入口处崇尚自然、推崇健康护肤的品牌捣仙草会教女孩们制作口红,从加入材料、选择颜色、选择包装到制作完成,只需30分钟,一支口红就可亲手制作完成。剪艾美学设计工坊的形象设计师会为消费者私人定制一条裙子,消费者也可以和剪艾美学的老师一起学习如何制作。超集店里会有专业的美甲师为消费者设计一个心仪的美甲图案。

在这里，消费者可以和家人体验茶艺、古筝、瑜伽的乐趣，拍摄全家福。茶艺体验区紧邻古筝体验区，茶艺老师一边泡茶一边讲解，让消费者在品茶时学到相关茶艺知识，加上古筝老师的演奏，在这个像家的超集店，任何人都不再认为自己是顾客，而是一位享受生活的度假者。

如果想体验瑜伽课程，YoYoga 优瑜伽就会带着消费者放松身心，也可以让旁边的摄影老师为消费者拍一张照片，记录消费者当时的"美丽"。

在这里，消费者可以和孩子一起在游乐园玩耍，做手工、烘焙、水果餐。在超集店各种适合儿童玩乐的区域，很容易就让他们玩上一整天，儿童玩乐区的乐高墙、滑梯、积木墙、绘本架都让孩子兴奋不已。

而在亲子互动游戏体验区，家长可以和孩子一起制作一份无防腐剂、无添加色素、无合成香料和无活性剂的古法冷制手工皂，或者在方太烘焙体验区制作并和他人分享自己做出来的小饼干和小蛋糕。本来生活也会为大人和孩子备好健康的水果，以随时补充消耗的体力。如果刚好家长喜欢品酒，则还有调酒师为其精心调制一杯颜值极高的鸡尾酒。

除此之外，超集店内每月都会新加入一些生活体验，如花艺体验区可以让人了解不同的花种和花语，还可学习插花；逗猫区可以满足消费者想好好接触一下可爱小动物的想法；网红派对也可以让消费者见到真实的"爱豆"；智能体验区可以让人一键比对不同风格样板间……这些有生活质感的体验区组成了一个从亲子互动区到休闲享受区，从文创 DIY 区到黑科技体验区的网红店。

各个体验区附近都有随处可见的装有冰激凌、饮品、小零食等的无人零售机，强烈吸引着路过的人停下查看一番，有顾客打趣道："这里的休闲项目和食物几乎可以满足我的全部需求，就差一个电影院了。"

而除去这些日常生活中的吃、喝、玩、乐等活动，这里真正的"身份"其实是一家定制家居体验店，消费者在这里可以沉浸式地感受多种居家样本。如果希望给家中孩子打造一个独特的空间，则可以在按照不同年龄划分的空间中寻找属于不同个性孩子的真实家居空间。除此之外，还有按照不同风格和面积打造出的适合单身贵族、二人世界、儿孙满堂等生活场景的样板间。

这家体验店把消费者在装修过程中最关注的照明、窗帘、吊顶、门、散热等品类产品纳入其中，成为一家不仅包含定制家具，还包含建材、软装和家居用品，集设计与体验于一体的生活方式超集店。无论是置业前，还是买家具后，都可以来店内体验不同家庭周期的生活方式。

尚品宅配在业内最先提出全屋定制概念，致力于为消费者提供个性化和一站式的定制家具产品和服务。回归生活的本质，每个人都有自己的喜好和偏爱的生活方式，但大家都似乎偏爱更为生活化的购物场景，没有压力，更加贴近生活。尚品宅配正是通过引进多种业态来创造更加贴近消费者的定制家居体验，并提升消费者对家居体验的感受，打造更有温度、有黏度的家具购物体验。

【拓展阅读12-1】
衣邦人：数字化服装定制的典范

本章要领梳理

作为传统营销 4P 中的重要环节，对于企业来说，渠道的设计与管理直接影响产品能否顺利到达消费者，关乎市场问题；对于已有的产品来说，渠道管理和控制是产品销售的重要保证，同时也是企业市场竞争力的直接体现，关乎可持续发展问题。因此，科学的营销渠道设计及完善的营销渠道管理和控制体系构建对企业来说，不仅是市场营销中的重要问题，更是企业战略性发展的关键决策。

教练作业

1. 什么是数字化的营销渠道？
2. 营销渠道是如何演进的？
3. 营销渠道主要有哪些？它们各自的功能是什么？
4. 为什么数字时代要实行全渠道营销？
5. 为什么数字时代消费者的体验感非常重要？

参考文献

[1] 菲利普·科特勒. 营销管理[M]. 16 版. 北京：中信出版集团，2023.

[2] 菲利普·科特勒，等. 营销革命 4.0：从传统到数字[M]. 北京：机械工业出版社，2019.

[3] 李永平. 市场营销：理论、案例与实训[M]. 2 版. 北京：中国人民大学出版社，2018.

[4] 李永平. 国际市场营销管理[M]. 2 版. 北京：中国人民大学出版社，2018.

[5] 黄海平. 经营哲学&阿米巴经营实学二十二条经规——构建幸福型企业[M]. 北京：清华大学出版社，2014.

[6] 董彦峰. 大摩擦时代来临？——中国与世界经济新变局[M]. 北京：经济管理出版社，2019.

[7] 三谷宏治. 经营战略全史[M]. 南京：江苏凤凰文艺出版社，2017.

[8] 戴维·阿克. 创建强势品牌[M]. 北京：机械工业出版社，2019.

[9] 赵兴峰. 数字蝶变：企业数字化转型之道[M]. 北京：电子工业出版社，2019.

[10] 周茂君. 数字营销概论[M]. 北京：科学出版社，2019.

[11] 罗熙昶. 战略规划：公司实现持续成功的方法、工具和实践[M]. 上海：上海财经大学出版社，2018.

[12] 埃里克·格林伯格，等. 数字营销战略[M]. 北京：清华大学出版社，2016.

[13] 阳翼. 数字营销[M]. 北京：中国人民大学出版社，2019.

[14] 稻盛和夫. 心：稻盛和夫的一生嘱托[M]. 北京：人民邮电出版社，2020.

[15] 稻盛和夫. 阿米巴经营[M]. 北京：中国大百科全书出版社，2016.

[16] 稻盛和夫. 活法[M]. 北京：东方出版社，2015.

[17] 松下幸之助. 松下幸之助致未来领导者[M]. 北京：人民邮电出版社，2017.

[18] 埃里克·施密特，乔纳森·罗森伯. 重新定义公司：谷歌是如何运营的[M]. 北京：中信出版社，2019.

[19] 陈春花. 危机自救：企业逆境生存之道[M]. 北京：机械工业出版社，2020．

[20] 杨飞. 流量池[M]. 北京：中信出版集团，2018．

[21] W 钱·金，勒妮·莫博涅. 蓝海战略(扩展版)[M]. 北京：商务印书馆，2016．

[22] 韩志辉，雍雅君. 价值再造：无限度竞争时代品牌制胜法则[M]. 北京：清华大学出版社，2017.

[23] 吴声. 超级 IP：互联网新物种方法论[M]. 北京：中信出版集团，2016．

[24] 丁丁. 深度粉销[M]. 北京：人民邮电出版社，2018．

[25] 叶明桂. 如何把产品打造成有生命的品牌[M]. 北京：中信出版社，2018．

[26] 陈春花. 冬天的作为：企业如何逆境增长(修订版) [M]. 北京：机械工业出版社，2016．

[27] 知萌咨询. 2020 中国消费趋势报告，2018 中国消费趋势报告．

[28] 周建波. 市场营销学：理论、方法与案例[M]. 2 版. 北京：人民邮电出版社，2019.

[29] 庄贵军. 营销渠道管理[M]. 北京：北京大学出版社，2018.

[30] 郑玉香，范秀成. 市场营销管理理论与实践新发展[M]. 北京：中国经济出版社，2014.

[31] 陈钦兰，苏朝晖，胡劲，等. 市场营销学[M]. 2 版. 北京：清华大学出版社，2017.

[32] 曹虎，等. 数字时代的营销战略[M]. 北京：机械工业出版社，2017.

[33] 王先庆，彭雷清，曹富生. 全渠道零售：新零售时代的渠道跨界与融合[M]. 北京：中国经济出版社，2018.